THE SUPPORTIVE STATE 돌봄지원국가

FAMILIES, THE STATE, AND AMERICAN POLITICAL IDEALS

맥신 아이크너 지음

김희강 · 나상원 · 강묘정 · 안형진 옮김

"자유주의 버전의 돌봄국가책임론"

박영사

이 책에 영감을 주었고
동시에 이 책의 출간을 상당히 더디게 한
한나(Hannah), 에이브(Abe) 그리고 엘리(Eli)와
누구보다도 나의 첫 번째이자 마지막이자
최고의 독자인 에릭(Eric)을 위해

돌봄, 가족, 국가

김 희 강

맥신 아이크너(Maxine Eichner)의 『돌봄지원국가(*The Supportive State*)』는 돌봄을 지원하는 국가(돌봄지원국가)의 당위와 그 역할에 대해서 논하고 있는 책이다. 무엇보다도 이제껏 돌봄 책임을 담당해 왔던 가족에 주목하며, 가족에 대한 국가지원을 정당화하고 가족-국가 관계에 대한 새로운 규범적인 논의를 담고 있다. 정치철학을 전공한 법학자인 아이크너는 법제도와 공공정책의 근간이 되는 자유민주주의 사상이 돌봄과 인간발달을 등한시해 왔음을 비판하고 이를 포용할 수 있는 더 나은 방향의 자유민주주의 이론과 제도를 제시한다.

자유민주주의 개정판

아이크너는 『돌봄지원국가』에서 자신의 논의가 자유민주주의 전통 위에 수립되었음을 강조한다. 돌봄지원국가 모델은 자유민주주의 가치와 충분히 양립될 수 있을 뿐만 아니라 "자유민주주의 개정판"으로서 진정한 자유민주주의 가치를 재건하려는 시도라는 점을 부연한다. 아이크너는 돌봄지원국가의 이론과 제도를 소개하며, 기존의 자유민주주의가 어떤 한계가 있고 자신의 수정된 자유민주주의가 어떤 가능성이 있는지를 전개한다.

먼저 기존 자유민주주의의 치명적인 한계는 인간조건으로서 의존성을 간과하고 있다는 점이다. 시민을 유능하고 자율적인 성인으로 상정함으로써 의존성이라는 인간의 존재론적 특징을 배제하고 있다고 지적한다. 아이크너에 따르면, 유능하고 자율적인 성인이라는 전제는 인간의 생애주기 중 특정 시점에 국한된 편협한 인간상일 뿐만 아니라 유능하고 자율적인 성인이 되기 위해 수년간 타인의 돌봄을 받아야 한다는 사실을 간과한 왜곡된 인간상이라고 비판한다. 이렇듯 편협하고 왜곡된 인간상의 전제는 이를 도덕적 초석으로 한 현대정치이론(예, 롤즈의 자유주의)의 사상적 한계로 이어지고, 또한 이러한 사상을 근간으로 한 미국 법제도와 공공정책(예, 가족의료휴가법, 민권법 7편)의 실체적 한계로 이어진다고 설명한다.

아이크너는 인간상에 대한 잘못된 전제를 바로잡음을 통해 기존 자유민주주의가 새롭게 재편될 수 있다고 주장한다. 예컨대, 권리 중심의 정의(justice), 시민의 좋음(good)에 대한 국가의 중립성, 엄격한 공/사 구분 등은 인간 삶에 있어 불가피한 의존성을 배제한 채 돌봄이 필요 없는 단지 자유롭고 평등한 존재로 시민이 상정되었을 때 나올 수 있는 자유민주주의 가치들이다. 이들 가치가 자유민주주의를 핵심적으로 구성하는 것은 틀리지 않지만, 자유민주주의의 조건이 수정된다면 이들도 수정될 수밖에 없음을 아이크너는 강조한다. 그렇다면 시민은 불가피한 의존을 경험하며 상당한 돌봄을 필연적으로 받아야 하는 존재로, 자유와 평등은 돌봄을 통해 성취되는 결과물로, 국가는 가족이 수행하는 사적 돌봄에 대해 개입과 지원이 가능한 주체로 재개념화될 수 있다.

아이크너의 수정된 자유민주주의는 돌봄과 인간발달을 주요한 자유민주주의 가치로 상정한다. 인간 조건에 내재된 의존성을 엄중히 고려한다면, 인간존엄성에 대한 자유민주주의의 존중은 돌봄과 인간발달에 대한 존중으로 이어진다고 보았다. 왜냐하면 인간의 존엄성은 근본적으로 인간의 생명을 이어가고 삶을 번영(flourishing)시켜주는 돌봄과 인간발달의 지원을 통해서만 보장받고 성취될 수 있기 때문이다. 따라서 인간존엄성에 대한 자유민주주의의 존중은 개인의 권리를 보호하고 자율성을 증진하는 것을 넘어서야 하며, 돌봄과 인간발달을 자유민주주의의 주요한 가치로 정당하게 다룰 수 있어야 한다고 아이크너는 주장한다. 여기에서 강조할 점은 돌봄과 인간발달의 중요성에 주목한다는 것이 자유, 평등, 기회균등, 자율성 등 기존 자유민주주의 가치를 도외시하는 것이 아니라는 점이다. 오히려 기존 자유민주주의가 자유와 평등 같은 주류 가치만 편중하여 다른 가치들을 등한시하였다면, 돌봄지원국가 모델은 돌봄과 인간발달, 성평등, 아동복지, 시민참여 등을 기존 자유민주주의 가치의 목록에 정당하게 편입시키고자 한다고 설명한다. 즉, 자유민주주의의 구현을 위해서는 이들 모든 가치가 중요하기 때문에, 어떠한 가치도 월등히 우월한 것으로 특혜받아서도 혹은 하찮은 것으로 희생되어서도 안 된다고 지적한다.

하지만 이러한(자유민주주의 가치의 목록을 공정하게 확장하자는)

아이크너의 주장을 받아들이기에는 실제로 조심스러울 수 있다. 왜냐하면 자유민주주의 목적에 부합하는 가치의 목록을 늘리는 것에 동의하더라도 (그리고 비교할 수 없는 가치들 간 합의는 불가능하다는 입장을 논외로 치더라도) 이들 가치 간 조화와 절충을 어떻게 이룰 것인지는 상당히 풀기 어려운 숙제이기 때문이다. 아이크너도 이 점을 인정하며 돌봄지원국가는 여러 가치들 사이에서 치밀하고 신중하게 어려운 결정을 해야 한다고 부연한다. 가치들 간 긴장을 완화하고 주의 깊은 혼합과 균형을 이루기 위해서는 이를 가능하게 하는 섬세한 이론과 정책이 요구된다고 역설한다. 그리고 신중하게 고안된 이론과 정책으로 이를 해결할 수 없을 경우, 확장된 가치의 목록에서 불가피하게 어려운 선택을 할 수밖에 없음을 인정한다. 그럼에도 불구하고 돌봄지원국가 모델을 통해 자유민주주의를 재편하고자 하는 아이크너 주장의 중요한 의미를 찾는다면, 진정한 자유민주주의의 비전은 돌봄과 인간발달 같은 주요한 가치를 백안시함으로써가 아니라 이들을 포함한 확장된 가치의 목록 속에서 가치들을 견주는 신중한 고민과 정교한 선택을 통해서 만이 가능할 수 있다는 점을 보여주고 있다는 것이다.

가족에 대해

『돌봄지원국가』는 기존 자유민주주의 사상에서 개념화된 가족에 대한 잘못된 이데올로기에 도전한다. 개인이 비의존적이고 자율적으로 전제되듯, 기존 사상에서 가족도 사적 영역의 자율적으로 운영되는 제도로 간주되어 왔다고 아이크너는 지적한다. 그래서 가족은 돌봄과 인간발달의 주된 책임을 담당해 왔지만 '가족 사생활'과

'가족 자율성'이라는 화두 아래 독립된 섬처럼 국가의 지원이 미치지 못하는 영역으로 간주되어 왔다는 것이다. 하지만 아이크너는 가족을 설명하는 '가족 사생활'과 '가족 자율성'이라는 이데올로기는 왜곡된 것이라고 비판한다. 역사상 가족이 역할하는 방식은 언제나 공적 영역 즉 정부조치와 정책과 분리될 수 없을 정도로 두텁고 밀접한 관계였으며 가족이 오롯이 자율적인 사적 영역이었던 적은 없었다. 이와 같은 아이크너의 주장은 자유민주주의의 엄격한 공/사 구분에 도전하고 가족에 대한 국가지원을 정당화한다.

이를 기반으로 아이크너는 기존 자유민주주의가 전제하는 가족-국가 관계에 대해서도 비판한다. 기존 자유민주주의에 따르면 가족에 대한 국가지원이 허용되는 경우가 있는데, 이는 가족의 돌봄역할이 실패했을 때라는 것이다. 자녀와 어르신 등 가족구성원을 돌보는 주된 책임은 가족에 있으며, 이러한 가족 돌봄이 실패한 경우에만 가족에 대한 국가지원이 정당화된다는 것이다. 따라서 기존 자유민주주의에 의하면 돌봄에 대해 국가의 역할은 단지 잔여적이었다. 반면 아이크너의 돌봄지원국가 모델에서는 '연대 책임(conjunctive responsibility)' 개념을 활용하여 가족-국가 관계를 새롭게 설정한다. '연대 책임'이란 가족과 국가가 함께 연대해서 시민의 돌봄을 담임해야 할 책임이 있다는 것으로, 가족이 돌봄을 책임진다는 사실이 동시에 발생하는 국가의 돌봄책임을 상쇄시키지 못한다고 보았다. 물론 가족과 국가의 돌봄책임의 영역과 역할은 다르겠지만, 이는 가족과 국가가 함께 시민의 돌봄필요를 충족해야 할 책임을 진다는 의미이다. 아이크너에 따르면, 가족은 일상에서 가족구성원의 돌봄을 주로 책임지는 반면, 국가는 가족이 돌봄책임을 잘 담임할 수 있도록 이를 뒷받침하는 사회제도를 구축해야 하는 책임을 져야 한다고 보았다.

따라서 돌봄지원국가는 가족의 돌봄을 지원하는 방식으로 돌봄과 인간발달이라는 자유주의 가치를 진흥할 수 있게 된다고 아이크너는 주장한다. 동시에 돌봄지원국가는 가족을 지원함으로써 다른 자유민주주의 가치들, 일예로 아동복지, 성평등, 시민참여 등도 진흥할 수 있게 된다고 강조한다. 예컨대, 그렇지 않았으면 충분한 돌봄을 받지 못해 빈곤을 경험했을 아이들의 빈곤을 예방하고 복지를 지원할 수 있고, 아이, 아픈 가족, 연로한 어르신의 불평등한 돌봄전담에서 벗어남으로써 여성의 성평등을 진흥할 수 있으며, 시민들이 가족 돌봄의 부담에서 벗어나서 사회적 연대와 관계맺기에 대한 시민참여를 독려할 수 있는 기회를 만들 수 있다고 보았다.

돌봄지원국가의 다른 의미 있는 지점은 돌봄에 대한 국가역할을 아이, 연로한 어르신, 장애인을 대상으로 한 수직적 관계를 넘어, 성인 간 수평적 관계 측면에서도 다루고 있다는 것이다. 즉, 인간 조건으로서 의존성은 아이들뿐만 아니라 성인에게도 피할 수 없는 삶의 사실이기 때문에, 국가는 성인 간의 돌봄관계를 보호하고 증진할 수 있도록 제도적 지원을 해야 한다고 보았다. 특히 이러한 국가역할은 가족에 대한 중요한 함의를 갖는다. 왜냐하면 돌봄과 인간발달을 지원하는 국가의 관점에서 보면, 이성애 중심의 결혼이나 핵가족의 모습에만 특권을 부여하는 현재의 결혼제도 및 가족제도에 국한될 필요가 없기 때문이다. 국가는 함께 살며 서로를 돌보는 두 노인 자매 혹은 자녀를 키우는 동성커플 등과 같이 돌봄을 중심으로 한 광범위하고 다양한 성인 간 관계에 가치를 둘 수 있게 된다.

이 책의 의의

돌봄지원국가는 수정 자유민주주의로서 자유주의가 갖는 내생적 한계를 벗어나지 못하고 있기도 하다. 예컨대, 돌봄윤리학자들이 강조하듯 돌봄필요에 대한 응답과 반응의 지속적인 과정으로서 돌봄을 보는 관계적 이해가 부족하다. 성평등을 주요한 자유민주주의 가치로 상정하고 있지만, 돌봄책임의 불평등한 분배와 이에 따르는 구조적 부정의에 대한 체계적인 관점이 부족하다. 또한 가족(개인)-국가 관계를 주목한 채 돌봄책임에 대한 시민적 역할과 책임 논의로까지 확대되지 못하고 있다. 일예로, 가족돌봄에 시간을 쓰기 때문에 시민의 사회적 관계맺음이 어렵게 된다는 아이크너의 주장은 가족의 돌봄관계를 확장된 사회적 유대의 씨앗으로 보는 입장과 결을 달리한다. 역시 중요하게, 돌봄을 정치적 이슈로 보거나 사회운동의 초석으로 지적하기 어렵다.

이러한 한계에도 불구하고『돌봄지원국가』가 갖는 중요한 함의는 인간의 불가피한 의존성을 인정하고 돌봄과 인간발달의 가치에 주목한다면, 자유민주주의 사상과 제도가 더 개선되고 확장될 수 있다는 가능성을 보여주고 있다는 데 있다. 특히 돌봄과 인간발달이 인간존엄성의 핵심이자 주요한 자유민주주의 가치라는 사실은 왜곡된 자유와 평등 논의에서 잊었던 본래의 자유민주주의 가치를 상기시키는 데 도움이 된다. 물론 아이크너의 수정된 대안이 충분하거나 명확한 것이 아닐 수 있다. 앞서도 언급했지만, 여러 자유민주주의 가치들 간의 조화와 절충의 지점을 잡는 것은 그것이 가능할지에 대해 논외로 치더라도 매우 어려운 작업이며, 가치들 간 긴장을 줄일 수 있도록 제안된 절묘한 이론과 정책은 그 자체로 매우 논쟁적일 수 있다. 예컨대, 기존의 이성애 중심 가족 이데올로기를 비판하면서도 한부모가족보다 두부모가족을 선호한다는 아이크너의 주장은 고개를 갸우뚱하게 만든다.

하지만 돌봄과 인간발달을 자유민주주의 근본가치로 상정한다는 것은 자유민주주의의 근간을 수정하는 변혁적인 작업일 수 있다. 이는 돌봄정책 몇 개를 추가하거나 일부 가족정책을 수정하는 것으로는 성취될 수 없는 것이다. 돌봄을 지원하는 국가의 역할을 재고하기 위해서는 기존 사상의 근본적인 변화가 요구되기 때문이다.

시민의 삶에서 의존성의 중요 역할을 고려하기 위해 정치이론을 개편하는 것은 주요 방식에서 정치이론 자체를 탈바꿈하는 것이다. 정치이론의 개편은 단순히 시민 사이에서 자원이 어떻게 공정하게 분배되어야 하는지를 고려하는 이슈에서 시민이 최선으로 지원받을 수 있고 육성될 수 있는지의 이슈로 그 중심을 바꾼다. 또한 정치이론의 개편은 돌봄과 인간발달을 포함하기 위해 국가가 고려해야 하는 가치를 확충한다. 나아가 정치이론의 개편은 근본적으로 국가의 역할을 질적으로 변혁시킨다(『돌봄지원국가』 중).

『돌봄지원국가』는 우리가 어떤 국가를 원하는지, 국가의 역할은 본질적으로 무엇이어야 하는지, 국가란 무엇인지 등의 근본적인 질문을 던지면서 기존 자유민주주의 국가론보다 더 나은 국가의 적극적인 역할을 주문하며 국가역할의 질적 변화를 요구하고 있다. 이 책이 돌봄을 사적·가족적 이슈로 방치하던 것에서 벗어나 공적 이

슈로 다루고 돌봄의 국가책임을 진흥하고자 하는(예컨대, 돌봄국가
책임, 늘봄학교, 치매국가책임 등) 작금의 한국사회에 의미 있는 전환
적 통찰을 줄 수 있을 것으로 기대한다.

감사의 말

"아이를 키우기 위해 마을이 필요하다"는 진부한 문구로 첫 문장을 시작하지 않으려 했지만, 사실 내게 많은 힘이 된 문구였다. 책으로 나오기까지 많은 시간이 지났다. 그간 도와주신 많은 분들께 감사 인사를 드려야 할 것 같다.

프로젝트 단계였던 이 책의 기획을 독려해 주신 아브라함(Kathryn Abrams), 리네시(Michael Lienesch), 모토무라(Hiroshi Motomura), 스콧(Elizabeth Scott), 쉔리(Mary Shanley), 그리고 스프라겐(Thomas Spragens)에게 감사드린다. 이들의 격려와 충고가 큰 힘이 되었다. 또한 수많은 점심과 함께 자유주의 이론에 대해 열띤 토론을 해준 톰(Tom)의 관대함에 감사를 드린다. 어마어마한 양분이 되었다. 마이크(Mike) 또한 엄격하도록 나를 독려해 그렇지 않으면 허술했을 이 책을 탄탄하게 해주었다. 너무 감사하다.

아브라함(Kerry Abrams), 아이켄(Jane Aiken), 바렛(Katharine

Barlett), 빅포드(Susan Bickford), 브릿지맨(Curtis Bridgeman), 카안(Naomi Cahn), 카본(June Carbone), 콜린스(Jennifer Collins), 커노버(Pamela Conover), 데이비스(Adrienne Davis), 그로스만(Joanna Grossman), 제이코비(Melissa Jacoby), 존슨(Margaret Johnson), 켈리(Alicia Kelly), 케네디(Joseph Kennedy), 클래르만(Michael Klarman), 라우(Holning Lau), 레오나드(Steven Leonard), 마샬(William Marshall), 맥클레인(Linda McClain), 뮬러(Eric Muller), 니콜(Gene Nichol), 온와치-윌리그(Angela Onwuachi-Willig), 리프카인드-피시(Ziggy Rifkind-Fish), 사바스타-케네디(Maria Savasta-Kennedy), 쇼덴(Carisa Showden), 싱어(Jana Singer), 와이즈만(Deborah Weissman)을 포함한 학자들과 동료들은 중요한 시점에서 내게 비판적이고 유익한 논평을 주었다. 또한 나는 지적으로 파인만(Martha Fineman)과 스프라겐스(Thomas Spragens)에게 많은 빚을 졌다. 의존성(dependency)에 대한 파인만의 저서와 시민적 자유주의(civic liberalism)에 대한 스프라겐스의 저서가 없었다면 이 책은 나오지 못했을 것이다.

  세 분의 탁월한 동료이자 친구인 헌팅턴(Clare Huntington), 쉔리(Molly Shanley), 그리고 스피너-할레프(Jeffrey Spinner-Halev)는 이 책 전체의 초고를 읽고 상세하고 유익한 논평을 주었다. 무한 감사를 드린다. 또한 대학원 동료였던 파워스(Denise Powers)는 옥스퍼드대학출판사(Oxford University Press)에 초고를 넘기기 전까지 원고 편집자로서 비범한 실력을 보여줬다. 옥스퍼드대학출판사의 편집 담당 맥브라이드(David McBride)는 직업적 지혜와 우아함 그리고 인내를 보여주며 출판의 지난한 과정에서 나를 끌어줬다.

이곳 노스캐롤라이나대학(University of North Carolina) 법학도서관의 사서, 특히 쉐우드(Jim Sherwood)와 킴브로우(Julie Kimbrough)의 조사 능력에 탐복했다. 또한 연구조교였던 콘티자노(Cameron Contizano), 쿨리탄(Caitlin Cullitan), 도우레스(Jerry Dowless), 포마넥(Kristen Formanek), 허프만(Blake Hoffman), 케이스(Ian Keith), 메이나드(Molly Maynard), 프렛(Carolyn Pratt), 로즈(Dan Rose), 그리고 스퐁(Angie Spong)에게도 감사를 전한다. 특히 몰리(Molly)와 앤지(Angie)는 탈고의 마지막 고비를 넘길 수 있도록 도와줬다. 더불어 원고를 직접 타이핑 해준 프라이스(Kim Price)와 챈스(Mika Chance)에게 많은 감사를 전한다. 공공문제 밀러 센터(Miller Center of Public Affairs), 캘리포니아 여성 센터(California Women's Center), 그리고 노스케롤라이나대학 법학전문대학원(UNC School of law)에서 지원해준 지원금과 펠로우십은 큰 도움이 되었다. 감사의 말씀을 올린다.

마지막으로 이 책을 쓰는 긴 시간 동안 인내심을 보여주고 나를 지지해준 많은 아름다운 가족에게 감사의 말을 전한다. 비키(Vicky)와 아서 아이너(Arthur Eichner), 제인(Jane)과 아담 스테인(Adam Stein), 준 아이너(June Eichner)와 엘만(Barry Elman), 페이스(Faith)와 제프 애들러(Jeff Adler), 스테인(Gerda Stein)과 쿼르시아(Roberto Quercia), 조쉬(Josh)와 애나 스테인(Anna Stein), 로버트 아이너(Robert Eichner), 테를리찌(April Terlizzi) 그리고 나를 지켜봐준 모든 이들의 아이들에게 정말로 감사한 마음이다. 이 책은 가족이 줄 수 있는 환희를, 그리고 인간적 삶의 의미에서 가족이 제공하는 중요한 역할을 재삼 누차 가르쳐준 한나(Hannah), 에이브

(Abe), 그리고 엘리 스테인 아이너(Eli Stein Eichner), 그리고 에릭 스테인(Eric Stein)에게 바친다.

차 례

05 돌봄지원국가, 가족 사생활, 아이들

서 장

우리는 대부분 가족이라고 여기는 사람들과 오랜 기간 함께 살아
간다. 이 관계는 우리가 이 세상에 나면서부터 삶에 큰 영향을 주며,
우리의 감성과 도덕적 가치형성에 중추가 된다. 이 관계는 우리의
생활방식에 지대한 영향을 미친다. 더 나아가 이 관계는 시민 자신
과 사회가 번영하기 위해 반드시 해야 하는 돌봄필요(dependency
needs)*를 충족하는 귀한 역할을 담당한다. 우리가 주로 자녀를 키
우고, 아픈 사람, 장애가 있는 사람 그리고 연로한 어르신에 대한 돌
봄을 담임하고, 그리고 재정적 의존을 포함한 기타 의존을 전반적
으로 관리하는 것도 바로 이 관계를 통해서이다.

이러한 시민 간 긴요한 유대(ties)의 관점에서 국가는 어떤 역할
을 해야 하는가? 지금까지 미국의 정치사상과 공공정책을 주도한

---

* 역자주 — 원서에서 dependency needs는 인간의 의존성에 따르는 돌봄필요라는 의미로
사용하였고 이를 돌봄필요로 번역하였다.

신념들과 전제들은 의존(dependency)이라는 인간 삶의 불가피성에 대해 거의 거론하지 않았으며, 의존을 감수해온 가족의 역할에 대해 함구하고 있다. 이들 신념과 전제는 전반적으로 미국 정치사상의 지배적인 전통, 즉 자유민주주의에서 연원한다.[1] 특히 미국적 자유주의는 대체로 시민을 능력 있고(able), 자율적인 성인(autonomous adults)으로 개념화하며, 가족구성원보다 개개인의 시민에 주목해왔다. 이러한 시민 개념은 값진 임무를 해왔다. 즉 이 개념은 모든 시민은 자유롭고 평등한 존재로 상대되어야 한다는 자유주의 도덕적 이상을 위한 초석이 되었다. 또한 시민에게는 국가가 수호해야 하는 권리(rights)가 있다는 중요한 개념을 정당화해왔다.

하지만 '능력 있고 자율적인 성인으로서의 인간'이라는 자유주의 개념은 중요한 도덕적 이상이지만, 그것은 그래도 하나의 도덕적 이상에 불과할 뿐이다. 흔히 접해왔듯, 자유주의 개념은 인간의 조건을 존재론적으로 충분히 이해하지 못한다. 능력 있는 성인으로서 시민이란 개념은 인간의 생애주기 중 특정 시점에 국한된 인간상으로 특정된 모습을 시민으로 고정시키고 인간이 서로에게 비의존적인(independence) 존재임을 과장한다.[2] 다소 차이가 있기는 하지만, 실상 시민은 삶의 대부분을 서로에게 의존하며 생활한다. 시민은 완전한 의존 상태로 태어나 대개 처음 10년은 다른 사람에게 거의 전부를 의존하는 삶을 산다. 의존의 정도가 줄어들긴 하지만, 시민은 다음 10년도 누군가의 상당한 도움을 받으며 살아간다. 태어나 20년 또는 그 이상 동안 시민은 건강하고 성숙한(flourishing) 성인이자 정치공동체의 어엿한 구성원이 되기 위해 많은 것들을 필요로 한다.

일례로, 영유아기에 시민은 전방위적이고 전폭적인 노고가 있어야 하는 총체적인 돌봄(caretaking)을 받아야 한다. 수없는 활동 중에서도 아이들에게 안전, 놀이, 교감하기, 먹이기, 씻기기, 기저귀 갈아주기, 재우기, 울 때 안아주기, 아프면 의사한테 가기 등이 보장되고 있는지 살펴봐야 한다. 돌봄 외에도 아이들은 건전한 성인이 되고 좋은 시민이 되는데 필요한 인간발달을 진흥하는 무언가를 필요로 한다.

유년기에는 어른들이 담임해주었던 일 중 많은 부분을 혼자 할 수 있도록 배워야 한다. 또한 적어도 몇몇 사람들과는 깊이 있고 안정적인 애착관계를 발전시켜야 하며, 이러한 관계 속에서 도덕적 가르침을 함양 받고, 사회생활에 필요한 기량을 체득하고, 성인기에 혼자 설 수 있도록 교육과 기술을 습득해야 하며, 시민적 자질 역시 발전시켜야 한다. 따라서 돌봄필요에 부응하는 것처럼, 인간발달에 필요한 것들을 충족한다는 것은 엄청난 시간, 관심, 그리고 자원의 투입을 요구한다.

몇 안 돼 보이지만 상당수의 시민은 신체적 혹은 정신적 장애 때문에 돌봄을 받지 않아도 될 정도로 상당한 비의존적인 상태가 되지 못한다. 대부분의 사람들은 완벽은 아니어도 대개 비의존적인 성인기로 접어든다. 의존이라는 이슈에 있어, 어떤 어른도 섬처럼 고립된 예외적인 존재가 아니다. 실질적으로 모든 어른은 신체적·정신적 질병 때문에 상당한 돌봄이 필요한 시기를 겪게 되며, 대다수는 간헐적으로 이러한 의존이 필요해지는 시기를 보내게 된다.[3] 나아가 꽤 많은 성인은 평생은 아니어도 본인을 장기간 의존적이게 만드는 중증 장애를 겪게 된다.[4] 그리고 나이가 들어 삶의 끝자락에 가까워질수록, 대부분의 성인은 전폭적인 돌봄을 필요로 하게 된다.[5] 이는 대다수 사람이 삶의 많은 부분을 타인에게 의존해서 생활해야 함을 의미할 뿐만 아니라, 많은 시민——특히 여성과 소수자——의 성인으로서 삶의 상당 부분도 아이나 아픈 사람 또는 연로한 어르신의 돌봄을 담당하는 일과 연관된 삶임을 의미한다.[6]

인간의 조건으로서 의존에 주목한다면, 시민이 정부로부터 무엇을 필요로 하게 되는지에 대한 자유민주주의 이론이 그려왔던 그림보다 훨씬 복합적인 그림을 그릴 수 있게 된다. 자유민주주의 이론에서 국가의 역할은 시민이 각자의 삶을 계획할 수 있도록 시민의 자유를 보장하고, 어느 정도의 최소한의 평등을 보장하는 것이다. 국가의 역할을 이러한 방식으로 이해하는 것은 시민을 능력 있는 성인으로 개념화하는 순간부터 예정된 결과이다. 즉 시민 개념이 이렇게 상정되었을 때, 이에 맞는 국가의 적절한 역할이란 시민 개개인의 권리를 존중하고 보장하는 것이다. 나아가 성인이 유능하고 자율적인 존재로 개념화되면, 자유주의의 기반이 되는 인간존엄에 대한 존중은 무엇보다도 유능하고 자율적인 시민의 자유와 평등을 보장하는 것을 의미하게 된다. 하지만, 인간 삶의 주기를 이 그림에 넣게 된다면, 돌봄과 인간발달의 중요성은 자유민주주의의 과업에서 주류 자유주의의 가치(좋음, goods)인 자유와 평등의 수호만큼 중요하게 부각된다. 결과적으로, 돌봄과 인간발달의 중요성은 이러한 역할을 담당해서 큰 틀의 책임을 담임해왔던 우리 사회의 제도인 가족의 역할에 대한 주목을 의미한다.

가족에 대한 자유주의 이론의 관심은 인색한 수준이었으며, 그마

저도 가족을 이끄는 성인처럼 가족이 적정하게 자율적이어야 하는 것으로 인식해왔다. 이런 시각에서 공공정책의 목표는 가능한 가족이 국가의 간섭을 받지 않도록 하는 것이었다. 게다가 아이들을 돌볼 필요가 생길 경우, 자유주의 이론은 가족의 수장인 자율적인 성인들이 국가의 작용(action by the state) 없이 돌봄필요를 적절하게 대처해야 한다고 주장한다. 하지만 개인의 자율성에 대한 관점과 똑같은 가족의 자율성에 대한 이 같은 시각은 총론적으로 보면 지나친 단순화다.[7] 실제로 가족이 제 역할을 하는 방식은 언제나 정부 정책과 분리될 수 없을 정도로 두텁고 밀접한 관계였다.[8] 예를 들면, 아동노동법(child labor laws)은 아이들이 부모에게 재정적으로 계속 의존하게 하고, 고용평등법은 여성들이 집을 나서 노동시장에 진입하도록 장려하며, 사회보장연금의 혜택은 일부 수령자들의 미혼 결정에 영향을 미친다. 그러나 이 책의 목적 중에서 가장 중요한 것은, 법과 공공정책이 돌봄필요에 대처하는 가족의 능력(families ability)에 영향을 미친다는 점이다. 이 점 때문에, 즉 건강한 가족이 좋은 시민의 삶과 좋은 사회에서 기능하는 중차대한 역할 때문에, 가족과 국가의 관계는 자유민주주의 이론에서 중추적인 위상을 차지해야 한다. 의존성과 이에 대처하는 가족의 역할을 자유민주주의 이론에 통합하려는 작업과, 미국 가족과 관련하여 국가가 해야 하는 역할을 생각하는 것이 이 책의 주제이다.

비록 이 책은 가족을 이론의 관점에서 고찰하고 있으나, 자유주의 진영의 아성인 미국 주류의 관점에서 인간의 의존성과 가족을 인정하지 않는 현 사태는 이론보다 더 앙상한 모습이다. 공공정책으로 바로 적용해도 되는 정치이론은 있을 수 없다. 즉 이론과 정책 사이에는 간극과 불연속성이 상존한다. 이와 관련해 가족의 중요성을 유명무실하게 만들어온 이론적 신조는 미국의 가족에 관련된 정합성 있는 법과 공공정책의 형성을 막고 있다. 이러한 여파로 정부 정책들은 국가가 돌봐야 하는 상당 부분의 가치를 실현하기에 부족한 정책들이 되고 말았다.

이러한 가치의 대표적인 것이 아동복지이다. 현대 자유민주주의가 유능한 성인의 자유와 권리의 보호에 초점을 맞추고 있다는 점과, 아이들의 의존성 이슈는 유능한 성인이 수장(首長)이 되는 가족이 담당하는 것뿐이라는 자유민주주의의 예측은 아동복지를 적정하게 지원할 수 있는 정부의 정책형성을 더욱 어렵게 해왔다. 결과적으로 미국 아동의 빈곤율은 21.9%로 산업화된 국가 중 가장 높으며, 아프리카계 미국 아동 30%의 삶은 빈곤선에도 못 미치는 수준이다. 프랑스, 아일랜드, 뉴질랜드, 영국 등 비교적 부유한 다른 국가들의 정부지원 이전의 아동 빈곤율도 미국보다 높긴 하지만, 미국 정부의 아동빈곤 정책이 이들 국가보다 훨씬 왜소하기 때문에 결과적으로 미국의 아동 빈곤율이 실질적으로 더 높을 수밖에 없는 실정이다.[9]

가족 자율성이라는 전제와 조화를 이룰 정리된 의존성 이론이 없기 때문에, 결과적으로 아이들이 제대로 성장(flourishing)하는 데 필요한 돌봄을 아이들이 받는 데 부족한 법들이 제정되었다. 지난 두 세대 동안 여성들이 노동시장에 진출하면서 육아 대부분을 책임졌던 시민이 이제는 자신의 시간에 대한 상당히 다른 요구를 하고 있다. 1975년부터 2008년까지 기간 중 6세 미만의 자녀를 둔 여성 노동 인구비율은 39%에서 63%로 증가했다.[10] 6세에서 17세 사이의 자녀를 둔 여성의 노동시장 참여율은 1975년의 55%에서 2008년에는 75%로 증가했다.[11] 현재 미국 가족의 70%는 부모가 모두 일을 하거나 미혼부모 한 명이 가족을 책임지고 있다.[12] 하지만 미국은 가족구성원이 일과 가족의 갈등을 완화할 수 있는 정책 처방을 거의 시행하지 않고 있다.[13] 그 결과 평균적으로 미국 가족은 과거보다 훨씬 더 많은 시간을 일하고 있으며,[14] 다른 산업화된 국가의 부모들보다도 더 많은 시간을 일한다.[15] 반면 더 어린아이들은 대부분 규제되지 않고 발달적으로 좋다고 평가받지 못하는 주간돌봄시설(day care settings)에 맡겨진다.[16] 좀 더 큰 아이들은 방과 후 아무도 없는 집에서 시간을 보낸다.[17]

부모의 근로시간이 늘어나면서 아이들에게 돌아가게 되는 많은 불이익 중 하나는, 부모와 자녀 간 관계에 미치는 부정적인 영향이다. UNICEF의 최근 보고서에 따르면 OECD 25개 회원국 중 십대 자녀가 일주일에 몇 번 부모와 같이 저녁을 먹는지에 관한 비율 조사—이는 UNICEF가 아동복지에 있어 부모와 자녀의 상호작용 관계의 주요인으로 삼은 지수임—에서 미국은 23위를 차지했다.[18] 이 지수와 아동빈곤율은 여타 지수들 중 아동복지에 있어 미국이 21개 OECD 국가 중 20위를 차지한 원인이었다.[19]

의존성과 관련된 이 같은 맹점 역시 젠더불평등을 고착시키는 원인이다. 앞에서 지적했듯이 이들 맹점은 아픈 가족 혹은 연로한 가족구성원을 보살피는 다수의 노동자뿐만 아니라 일하는 부모를 위한 보호를 국가가 제공해야 한다는 정당성을 약화시킨다. 돌봄을 병행할 수 없는 직업일 경우, 돌봄을 하는 충분한 시간을 확보하기 위해 전문직의 진로(career track)에서 내려서고, 경력을 포기하거나 병행의 하중이 없는 "엄마의 길(mommy track)"에 있는 일을 선택하게 되는 이들은 대개 여성이다.[20]

여성들은 큰 경제적 손실이 생겨도 그러한 선택을 한다. 더 많은 미국의 증거는 양육으로 인한 여성의 소득감소가 남성보다 지속적인 경제적 불평등을 겪게 되는 기본 요인임을 보여준다.[21] 단순 수치로 보더라도 아이가 없는 여성은 남성 소득의 90%를 올리지만, 아이가 있는 여성은 남성 소득의 70%에 그치게 된다.[22] 연구자들은 "아이들이 여성의 임금을 상당히 감소시키며, 이러한 불리함(penalty)은 견고한 상태"라고 결론지었다.[23] 임금 상의 이러한 불평등은 결혼생활에서 여성이 남성보다 더 적은 의사결정권을 갖게 하고, 이혼을 할 경우 남성보다 기대 수입이 더 떨어지며, 배우자가 사망하면 남성보다 더 적은 연금을 받게 되는 원인이 된다. 더 나아가 줄기차게 빈곤의 여성화에 가장 큰 요인으로 지목되는 것이 바로 여성의 육아책임이다.[24]

하지만 의존성에 대한 관심 부족과 의존성 이슈를 씨름하는 가족을 지원하는 국가의 중요한 역할에 대한 관심 부족은 매우 광범위한 영역까지 확대되어 그 파장을 낳고 있다. 국가가 돌봄을 담당하는 노동자들을 지원하지 않기 때문에, 이는 상당한 돌봄책임을 지고 있는 수많은 가족을 시간적으로 묶여있게 한다. 지난 40여 년간 여성이 노동시장으로 진출하면서 가족은 집밖에서 주당 10~29시간의 일을 더 하게 되었다.[25] 되도록 가족과 함께하는 시간을 줄이지 않기 위해, 미국의 부모들은 그 전과 비교해 공동체 활동, 그리고 친구들과 지내는 시간을 대폭 줄여가며 대응해왔다. 이 같은 노력으로 부모의 사회활동 반경은 크게 좁아졌으며, 더 큰 이웃과 공동체라는 사회적 관계망이 위축되었다.[26] 이 같은 노력은 사회활동 반경이 좁아진 부모의 삶의 질에 영향을 미칠 뿐만 아니라, 사회적 의무를 외면하지 않는 시민(engaged citizens)이라는 유익이 사라져 공동체의 안녕에도 영향을 미친다. 나아가 시민 사이의 사회적 유대가 약해지면서, 민주주의가 제대로 작동하는데 중요한 요소인 시민적 신뢰(civic trust) 수준에도 부정적인 영향을 미친다.[27]

가족 자율성이란 신화와 더불어, 의존성에 대한 자유주의적 맹점에서 비롯된 다른 많은 부정적인 효과 중 하나는, 의존성에 호의적인 사회[보장]프로그램을 우리의 생활방식에 유해하다는 비판에 무방비로 방치한다는 점이다. 이러한 프로그램은 "소름 돋는 사회주의(creeping socialism)" 혹은 "유모국가(nanny state)"로 조롱받는다. 이 프로그램을 지지하는 사람들조차도, 자신이 속한 주류 자유주의적 이해 속에서 일관된 이데올로기적 구조를 갖지 못하기 때문에, 이 프로그램을 정당화하기가 어렵다.[28] 그 결과, 의존성과 가족이라는 쟁점에 접근하는 공공정책은 일관성 있게 제시되기보다 대체로 짜깁기였으며, 시의적인 정치적 상황과 부침에 특히 취약해졌다. 이는 90년대 한부모가족의 적절성 논쟁뿐만 아니라 같은 시기 복지와 위탁돌봄(foster care) 모두에서의 전폭적인 변동을 설명한다.

또한 가족에 대한 제대로 된 자유주의 이론이 없으므로 특정한 모습의 가족에 대한 합법성(legitimacy) 이슈를 해결하지 못하고 있다. 미국에서 동성결혼에 대해 뜨겁게 요동치는 격론이 그 예다. 최근 매사추세츠, (임시적이긴 해도) 캘리포니아, 코네티컷, 아이오와, 버몬트 및 뉴햄프셔 등의 주에서 동성커플의 결혼이 제도적으로 허용됨으로써 미국 내 가족법에 있어 상전벽해(桑田碧海) 같은 변화를 보여주었다.²⁹ 하지만 아직도 대다수 주에서는 동성결혼을 주법 (state law)으로 금지하거나 주헌법(state constitutions)으로 불허하고 있다.³⁰ 연방정부도 연방법으로 불허하고 있다.³¹ 동성결혼을 둘러싼 미국 내 주들의 이 같은 양분화는 가족과 국가의 관계에 대한 정합성 있는 이론이 없는 상황에서 미국의 국가권력이 관행적으로 특정한 모습의 가족을 다른 가족의 모습보다 선호한다는 점을 분명히 보여준다. 현행 연방법과 대부분의 주법은 이성애 부부에게 수천 개는 아니어도 보장받게 되는 수백 개의 특권을 부여하고 있다.³² 그러나 이러한 특권은 이를 정당화하는 일관성 있는 이데올로기적 기반을 갖추지 못하고 있다.

동성결혼은 국가가 다른 형태의 가족을 어떻게 다뤄야 하는지에 관한 무거운 이슈 중 비록 유일한 문제는 아닐지언정, 가장 인화성 있고 가시적인 논란거리이다. 작금의 높은 이혼율,³³ 눈에 띄게 증가한 동성관계,³⁴ 한부모가족의 급증 비율,³⁵ 그리고 미혼 동거 커플 수의 증가³⁶는 가족이 정치사회적 환경과 동떨어져 이미 정해진 (pre-given) 가족의 모습이 반드시 있다는 습관적 이해에 도전한다. 오늘날 미국 내 4가구 중 1가구 미만이 남편, 아내, 자녀로 구성되며 이는 1960년 44%에서 줄기 시작한 수치이다.³⁷ 이 수치는 부모모두가 생물학적 자녀와 함께 살며 아내는 전업주부인 가구의 비율로 보면 10%도 안 된다.³⁸ 가족과 국가 관계에 대한 섬세한 이론의 부재는 전통에 없던 가족의 모습에 대한 양분화된 논쟁을 악화시켰고, 가족에 적용된 공공정책을 일관성없이 양산해왔다.

가족과 의존성에 대한 자유주의의 문제 있는 관계 설정은 최근의 법이론가들과 정치이론가들 사이에서도 노정되고 있다. 지난 몇십 년 동안 가족을 축으로 한 법적·정치적·사회적 발전은 가족과 국가의 관계를 두고 미뤄왔던 대화의 충분한 기폭제가 되었다.[39] 페미니스트들, 공동체주의자들, 퀴어(queer) 이론가들 모두 가족과 관련한 자유주의 이론의 허점(虛點)을 지적하기 시작했다. 이처럼 아직은 상대적으로 새로운 논쟁의 대다수는 자유주의 이론과 그 이론에서 파생된 정책에 대한 비판이었다. 그런 점에서 더 생산적인 방식으로 국가와 가족의 관계를 재구축하는 데에는 주목하지 않았다. 더 나아가 새로운 비전을 추구해온 이론가들은 대개 자유주의적 원칙을 폐기해야 하고 다른 이론적 틀을 채택해야 한다고 피력해 왔다.

이 책은 다른 길을 제시한다. 이 책은 적어도 자유주의적(liberal)이라는 용어가 넓게 해석된다면 본래 자유주의적이라 볼 수 있다. 가족과 국가의 관계에 대한 규범적인 논의를 전개한다. 필자는 이 책에서 자유주의라는 용어를 모든 인간의 평등한 존엄, 제한 정부론, 개인의 생활방식과 생각에 대한 존중, 그리고 정통성 있는 정부는 인민의 동의에 기반한다는 원칙을 따르는 국가론으로 넓게 이해되는 자유주의의 맥락 속에서 사용한다.[40] 자유주의를 이렇게 정의하는 것은 일부 자유주의자들의 정의보다 넓지만, 그것은 초창기 자유주의의 계통과 맞닿아 있다. 필자 생각에는 자유주의가 이러한 방식으로 이해되었을 때, 자유주의는 의존성과 가족의 역할을 수용하도록 수정되는 한 그것은 지켜야 할 전통이라고 본다. 자유주의 전통을 고수한다는 것은 또한 정치적 일관성에 대한 가능성을 버리지 않는 장점이 있다. 장단점이 있겠지만, 우리의 정치적 전통은 압도적으로 자유주의적이다. 자유주의 전통에 들어맞는 의존성 이론은 그렇지 않은 의존성 이론보다 실현될 더 많은 가능성을 갖는다.

그러나 필자가 전개하는 이론은 훨씬 제한된 자유주의를, 즉 좋은 삶(good life)에 대한 비전에서 국가는 중립적이어야 하며 (이론가들이 일반적으로 기술하는 자유와 평등의 어떤 최적 조합인) 개인의 정의를 최우선으로 증진해야 한다는 이론을 사양한다. 롤즈(John Rawls)[41]와 가장 두드러지게 연계되는 제한된 자유주의 이해는 자유주의 수정파(liberal revisionists)의 비판 대상이었다.[42] 자유주의 수정파들은 자유주의 정체(liberal polity)는 현대자유주의 이론에서 정의(justice)의 개인주의적 버전보다 큰 범주의 가치와 목적을 진흥하도록 노력해야 한다고 역설한다. 자유주의 수정파 중 일부는 건전한 자유민주주의라면 전형적인 자유주의적 가치뿐만 아니라 공동체의 가치와 시민적 미덕(virtue)을 국가가 진흥해야 한다고 보는 자신의 입장을 알리는 의미에서 자신을 "시민적 자유주의자(civic liberals)"라 부른다.

필자는 최근에 자유주의가 보여준 것[43]보다 더 큰 도덕적 복잡성(moral complexity)을 달성해야 한다는 입장에 동의하지만, 이들 자유주의 수정파도 자신의 인식의 투망(投網)을 보다 크게 직조(織造)해야 한다고 생각한다. 특히 인간조건에서 의존성이 차지하는 중요한 역할을 생각한다면, 국가는 그 목적을 돌봄의 담당과 인간의 발달을 지원하는 것까지 확장해야 한다. 이러한 입장이 필자를 자유주의 국가는 돌봄이란 미덕(virtue of care)을 인정해야 한다고 강변해온 페미니스트들에 합류하게 만들었다.[44]

필자는 가족을 지원하는 것이 돌봄과 인간발달을 지원하는 가장 중요한 방법이라고 주장한다. 가족을 지원하는 것은 자유민주주의의 규범적 호소력을 제공하는 인간존엄의 가치를 증진하는 데 필수적이다. 일단 우리가 의존성이라는 인간의 조건을 인정하게 되면, 돌봄과 인간발달의 지원은 개인적 차원과 집단적 차원 모두에서 시민들이 충실하고 존엄한 삶을 영위할 수 있기 위해 반드시 필요해진다.

이 책에서 전개하는 논지는 자유주의 원칙뿐만 아니라 민주주의 원칙에 근거하고 있다. 비록 필자가 가족과 국가의 이슈에 있어 자유주의와 민주주의가 잘 어울리는 것처럼 일반적으로 다루긴 하지만, 이 둘이 빈번히 결합된다는 사실은 때로 두 개념 간 긴장을 간과할 수 있게 만든다.[45] 자유민주주의에서 자유를 강조하는 혹자들은 정부의 자유주의적 요체(要諦)를 각자가 선택한 대로 삶을 살아갈 수 있도록 시민에게 개인의 권리를 보장하는 것으로 이해한다. 반면 민주를 강조하는 혹자들은 시민 개인이 자신 삶을 함께 결정하는 정치공동체를 만들기 위해 같이 하는 과정에서 집단적인 자치(self-government)를 행사하는지에 주목한다. 가족은 많은 시민의 삶의 계획에서 감성적인 중추를 담당할 뿐만 아니라 민주주의가 의존하는 집단적인 자치에 필수적인 특성(traits)과 미덕을 배양하는 데 핵심축이라는 점에서, 민주와 자유라는 두 개념 간 이음점으로 중요한 역할을 한다.

자유민주주의 이론은 설명력 있는 이론으로 남기 위해, 가족의 사적 및 공적 측면 모두를 인정하지 않으면 안 된다. 그러기 위해서 자유민주주의 이론은 자유와 평등의 수호라는 주류 자유주의의 국가 목적을 돌봄과 인간발달의 지원과 함께 직조해야 한다. 또한 자유민주주의 이론은 가족이 시민의 공동체의식을 포함해 민주주의에 필수적인 가치와 시민의식(citizenry)에 살아있는 시민적 미덕의 실재(presence)에 영향을 미치는 복합적인 방식을 반드시 고려해야 한다. 이러한 넓은 범위의 가치와 원칙을 고려함으로써만이, 그리고 이들 사이의 불가피한 긴장을 개선하는 더욱 세심한 접근법을 모색함으로써만이, 가족과 국가 간의 적절한 관계 설정이 가능할 수 있을 것이다.

가족을 지원하는 국가의 통합적 역할을 강조하는 필자의 논지는 정치적 스펙트럼을 막론하고 많은 학자들 및 논평가들과 긴장되는 지점에 서게 되었다. 필자는 보수주의 일각의 지적과 달리, 가족에 대한 국가의 지원이 잘못된 의존성(dysfunctional dependency)을 불러올 것이라는 발상을 사절한다. 사실 필자 시각에서 보면, 가족을 지원하는 것은 시민 안전을 보장하는 유능한 경찰력을 육성하는 것만큼 건강한 정체(政體)의 중추적인 소임이다. 하지만 필자는 자유주의 내에서 왼편에 있는 동료들이 생각하는 것보다 돌봄과 인간발달에 대한 여타 책임 및 상당한 재정적 책임이 가족에 있다고 생각한다.[46] 또한 국가가 특정한 모습의 가족만 지원하는 것이 편협하고 차별적이기 때문에 특권을 없애야 한다고 주장하는 자유주의 왼편의 동료들과 달리, 필자는 국가가 특정한 가족관계를 지지하고 우선해야 하는 그럴 만한 근거가 있다는 입장이다.[47]

어떤 관계가 국가의 지원을 받아야 하는지를 결정하는 문제에 있어, 정치적 스펙트럼 상 오른쪽 혹은 중도에서 정의하는 것과 달리 필자는 이 관계의 범위를 더 크게 정의한다. 넓은 범위의 장기적 관계는 성숙한 시민의식에 필수적인 돌봄과 인간발달을 진흥할 수 있으며, 그렇기 때문에 국가가 지원해야 할 관계의 좋은 후보이다. 결론적으로 필자는 어떤 "당연한(natural)" 가족의 모습이 있기 때문에 국가가 그 모습의 가족만을 특혜를 주어야 한다고 강변하는 사람들,[48] 그리고 이성 간 결혼이 아이들을 키우는 가장 좋은 환경이기 때문에 국가가 그 같은 결혼만을 지원해야 한다고 강변하는 사람들[49]과 각을 세우고 있다.

그렇다면 사회가 의존성이란 이슈를 어떻게 다룰 것인가를 고민하는 데 있어 그 출발점으로 왜 가족을 고려해야 하는가? 이 책에서 논하는 이 질문에 대한 긴 답은, 가족은 성숙한 시민과 성숙한 사회를 이루기 위해 반드시 있어야 하는 돌봄의 네트워크의 핵심 부분——비록 모든 네트워크는 아니지만——을 구성하기 때문이다. 간단히 답하면, 넓은 의미의 가족은 지금의 의존성 이슈를 책임지고 담당하는 가장 핵심 제도이기 때문이다. 우리가 바닥부터 다시 사회를 건설하는 중이라면, 의존성 이슈를 또 다른 방식——예컨대, 모든 돌봄노동은 국가의 임무로 다루는——으로 하자고 결정할지도 모른다. 연방대법원 판사 맥레놀즈(Justice McReynolds)가 자녀들을 부모에게서 떼어 공동으로 키워야 한다는 플라톤의 생각에 대해 언급했듯이, "비록 위대한 철학자가 그러한 방법을 인정했다 해도, 개인과 국가 간 관계에 대한 그들의 생각은 우리의 제도가 기초한 생각과 정면으로 배치된다."[50]

바닥부터 사회제도를 설계하고자 하는 정치이론은 적실성이 떨어질 위험이 있다. 사피로(Ian Shapiro)의 조언처럼, 인간은 "제도를 좀처럼 새롭게 설계하려 하지 않는다." 대신에 기존 제도를 재설계한다.[51] 그렇다면 중요한 문제는 우리 최선의 정치적 이상에 가장 근접하는 방식으로 제도를 재설계하도록 어떻게 설득할 것인가이다. 이 질문에 답하기 위해, 필자는 적어도 우리가 "가족"으로 생각하는 사람들과의 친밀한 돌봄관계 안에서 돌봄을 담당하고 인간의 발전을 진흥하는 과제의 상당 부분이 계속 일어날 것이라고 상정한다. 그렇다고 이러한 전제가 다른 제도가 그러한 과제에 대한 책임을 담당해야 함을 고려대상에서 제외하는 것은 아니다. 실제로 이 책은 돌봄책임의 재분배를 주장한다.

규범적으로 외면할 수 없는 가족과 국가 관계의 강력한 비전은 가족이 번영하게 되는 조건을, 그냥 당연한 것으로 간주하기보다 이를 진흥하기 위해 각별한 관심을 쏟아야 한다. 이 관점에서 건강한 가족은 불가피한 무엇이 아니라 추구할 수 있는 성취물이다. 하지만 이 같은 비전 역시 장밋빛 색안경으로 가족을 바라봐서는 안 된다. 가족과 국가의 관계를 다루는 충분한 이론이 되려면, "가족"이라는 이름으로 국가가 허가한 많은 관계에서 지속적으로 반복되는 불평등, 그리고 가족은 때때로 가족구성원이나 정치공동체의 복지에 유익하지 않은 방식으로 작동함에 대한 인정, 이 두 사실을 명심하고 유의해야 한다. 이러한 이론적 전제 위에 설계된 현실적이지만 동시에 생산적인 가족정책은 나라의 재정을 파탄 내지 않고도, 가족구성원이 아닌 사람들에게 공정성의 원칙을 무시하지 않고도, 또한 가족의 수장인 성인의 자율성과 책임성을 잠식하지 않고도 성취될 수 있다. 하지만 이 목표를 이루기 위해서는 자유민주주의가 진력을 다해 추진해야 하는 다양한 가치들 간 긴장을 조화시킬 수 있는 섬세한 정책이 있어야 한다.

이 책에서 필자는 미국이 가족과 국가의 관계를 어떻게 조직해야 하며 다른 중요한 가치와의 긴장을 어떻게 해소해야 하는지 보여주기 위해 돌봄지원국가(supportive-state) 모델을 전개한다. 현행 공공정책의 기저에 있는 시각과 달리, 국가의 돌봄지원은 가족이 돌봄이나 인간발달을 위한 역할을 적절히 수행하지 못했다고 간주했을 때 즉 가족이 "실패"한 후뿐만 아니라, 국가책임의 필수적인 부분으로 간주해야 한다는 의미에서 적절한 것으로 이해되어야 한다. 그렇다고 가족에 대한 국가책임이 아이들의 복지와 다른 가족구성원들의 돌봄필요에 대한 가족책임을 대신하지는 않는다. 가족은 일상에서 해야 하는 아이들에 대한 매일매일의 돌봄(혹은 돌봄을 처리하는 것)과 다른 구성원들에 대한 돌봄필요의 충족에 대한 책임을 적절하게 져야 한다. 한편 국가는 가족이 각자의 돌봄을 다하도록 돕고 적절한 인간발달을 진흥하도록 돕는 방식으로 사회제도를 구조화할 책임을 진다. 적어도 국가는 가족구성원이 헤라클레스 같은 초인적인 능력이 아닌 평범한 성실함으로 아이들 혹은 다른 의존인들의 기본적인 신체적, 정신적, 그리고 정서적 필요가 빈곤해지거나 정서적 안정을 위협받지 않고도 충족될 수 있도록 제도를 정비해야 한다. 부연하면, 국가는 "게임의 룰"이 돌봄과 인간발달을 촉진하도록 보장해야 할 책임을 져야 한다.

이 같은 과제를 달성하는 핵심은 가족을 지원하는 것이다. 돌봄지원국가 모델은 가족 안에서 좋은 삶에 대한 가족구성원 개개인의 비전뿐만 아니라 가족 전체 스스로의 비전을 추구할 수 있는 자유를 여전히 허용하면서, 가족을 든든하게 뒷받침해준다. 더 나아가, 돌봄지원국가 모델은 가족이 더 큰 공동체의 장애물이 아니라 구성부분임을 보장하기 위해 온건하게 설계되는 방식으로 가족을 지원한다. 필자는 비록 미국적 맥락에서 논의를 전개하지만, 전개된 원칙은 다른 자유민주주의에도 적용될 수 있을 것이다.

해당 이슈들을 다루기 위한 필자의 계획은 다음과 같다. 1장은 미국에서 이론과 공공정책에서 가족과 국가 관계의 적절한 개념화를 막아온 이데올로기적 걸림돌에 대해 고찰한다. 1장의 전반부는 현대자유주의 이론에서 가족의 부재를 다루고, 이러한 공백의 원인일 수 있는 몇몇 가족을 살펴보기 위해 롤즈의 연구를 활용한다. 필자가 롤즈의 연구에 초점을 두는 것은 롤즈가 70년대 이후로 자유주의 이론의 의제를 설정해왔기 때문이다. 1장의 후반부는 가족과 국가 관계에 관한 이와 같은 많은 전제가 법과 공공정책 모두를 관통하고 있음을 보여준다. 이를 위해 필자는 일과 가족의 양립점이 미국법에서 만들어지는 방식을 살펴본다. 학계 정치이론의 지배적인 신조와 실제로 집행되는 공공정책의 지배적인 신조 간에는 상당한 차이가 있음에도 불구하고, 일-가족법(work-family law)과 관련해 이들 사이에는 상당한 공통점이 있음을 보여주고자 한다. 필자는 이러한 신조가 가족-국가의 적절한 관계를 구축하는 데 있는 문제가 있는 기조를 만들어 냈다고 주장한다.

2장에서는 우리가 인간의 생애주기에 있어서 의존의 역할과 의존을 다루는 데 있어 가족의 역할을 무겁게 받아들인다면, 자유민주주의 이론은 어떻게 변해야 할 것인지를 살펴본다. 이 장은 다른 정치이론에 비해 자유주의 정부론의 일부 특징으로 인해 가족에 초점을 맞추기 어렵지만, 그렇다고 가족이라는 주제가 자유주의가 세밀하게 다루지 못할 본질적인 어떤 특징이 있음이 아님을 보여주면서 시작한다. 이 같은 논지에서 출발하여 2장은 가족을 이론적인 문제로서 어떻게 개념화해야 하는지를 면밀히 살펴보고, 이후 중요한 자유민주주의 가치에 일익을 담당할 가족-국가 관계의 모습을 제시한다. 필자가 제시한 돌봄지원국가 모델에서는 돌봄필요가 있는 가족구성원을 돌보고 이들에 대한 돌봄을 처리하는 일차적인 책임이 가족구성원에게 있다. 하지만 국가는 이 같은 돌봄을 촉진하고 사회 근간의 과제로서 가족을 지원하는 여타 사회제도를 조직해야 하는 상응하는 책임이 있다. 2장의 마지막 절에서는 가족 사생활이라는 개념이 돌봄지원국가에서 어떤 역할을 해야 하는지 고찰한다.

3장에서는 돌봄담당자와 의존인(caretaker-dependent)의 관계, 이름하여 "수직적" 관계의 맥락에서 돌봄지원국가 모델을 전개한다. 필자는 아이, 노인, 장애가 심한 사람들을 포함해 누군가에게 실질적으로 의존해야 하는 시민에 대한 국가책임을 가족책임과 비교해 고찰한다. 국가가 책임져야 할 의존인의 복지는 어디까지이며, 가족이 담임해야 하는 책임은 어디까지인가? 복지개혁, 위탁돌봄, 육아휴직과 관련된 논란이 되는 정책의 기저를 관류하는 이슈가 바로 이것이다. 필자는 돌봄지원국가 모델이 이러한 갈등을 해소하는 데 어떻게 일조할 수 있을지 설명하고자 한다.

4장에서는 성인과 성인 간 관계, 이름하여 "수평적" 관계와 관련해 국가가 견지해야 할 입장에 대해 살펴본다. 앞서 논의된 대부분의 돌봄담당자-의존인 관계와 달리, 자유주의 정치체제의 성인은 일반적으로 본인의 일을 주관할 수 있다. 그렇다면 국가는 이 관계에 개입하지 말아야 하는가? 동성결혼, 국가의 민법상 결혼 폐지를 촉구함, 그리고 두부모가족을 장려하는 입법 등의 논쟁들은 이 이슈와 관련된다. 필자는 돌봄지원국가 모델이 관련한 중요한 가치들와 원칙들 사이에서 수긍할 수 있는 균형을 찾는데 유익할 것이라

논증한다.

마지막으로 5장은 가족 사생활의 가치는 존중되어야 하며, 또한 완벽한 가족은 거의 없으며 흔히 이러한 불완전함이 아이들에게 해롭다는 점을 인정하는 시각에서, 국가가 아이들의 이해관계를 어떻게 보호할 것인지 고민한다. 현대정치이론과 공공정책의 기저에 흐르는 주류의 관점은 가족 사생활이라는 독트린을 강화해왔으며, 가족이 아이들의 복지를 수호하기를 실패하기 전까지 국가가 아이들의 복지를 지원하지 못하도록 막아왔다. 이것이 바로 가족에 대한 강제적인 간섭(coercive intervention)이 적절하다고 수긍되는 지점이다. 하지만 필자는 돌봄지원국가 모델이 통상적이고 일반적인 사안들에서 가족을 지원하는 데 있어 더 낫다고 주장한다. 그렇게 함으로써 가족은 위기의 정점으로부터 그리고 강제적 간섭으로부터 여러 번 벗어나게 될 것이다. 이와 동시에 아이들은 부모에게 의존할 수밖에 없기 때문에, 부모를 대상으로 행사하는 권리를 아이들에게 주기보다 부모를 지원함으로써 국가는 아이들의 복지를 전반적으로 더 잘 보호하게 된다. 그러나 돌봄지원국가는 가족 사생활이란 가치에 상당한 비중을 두지만, 그것을 국가의 작용보다 완전히 우위에 있는 것이라기보다 번영하는 사회에서 지원받아야 하는 가치들 중 하나로 간주한다. 그러므로 돌봄지원국가는 중요한 자유민주주의의 규범을 한결같이 수호하면서도, 동시에 가족 사생활을 가능한 존중하는 섬세한 방안을 추구한다.

용어와 방법론

논의에 앞서 가족과 국가라는 ——어떤 것도 자명하지 않지만——
용어를 포함해, 필자의 기획과 관련된 주요 용어를 명확히 하고자
한다. 전자와 관련해서 어떤 친밀한 관계를 가족으로 볼 수 있으며
또한 봐야 하는지의 이슈는 정말 어려운 논쟁거리이다. 필자의 기
획은 이 질문에 대한 어떤 명확하고 비정치적인 답을 상정하지 않
은 채, 가족이라는 것은 본질적으로 정치와 파워가 같이 얽혀있다
는 관점에서 시작한다. 필자가 가족이라는 용어를 사용한다는 것은
가족의 개념상 문제를 건너뛰려는 것이 아니라 가족이란 개념을 탐
구하겠다는 의미이다. 이를 통해 필자는 가족이라는 용어에 대한 법
률적 이해에 어떤 관계가 들어있고 빠졌는지, 이 같은 포함과 배제
가 가족과 국가의 관계 정립에 어떤 영향을 미치는지, 그리고 어떤
형태의 결합이 자유민주주의 정체에서 가족으로 인정되어야 하는
지를 고민하고자 한다.

이 이슈와 관련해 필자는 가족들(families)을 복수의 형태로 채택하
며, 그 연장선에서 친밀한 결사들(intimate associations)과 국가 간
의 관계를 지칭하기 위해 가족-국가 관계(families-state relation-
ship)라는 용어를 사용하는 것을 고려했다. 이렇듯 다소 번거로운
전문용어를 사용함으로써 가족과 동일시될 수 있는 딱 하나의 어떤
실체가 있다는 그릇된 인상을 피할 수 있을 것이다. 하지만 필자는
의미의 간결성과 명확성을 위해 단수 형태의 가족(family)*을 사용하

---

* 역자주 — 원서에서는 복수 families 대신 단수 family를 사용한다고 하였다. 번역에서는
  맥락에 따라 가족/가족들의 단수/복수 형태를 모두 사용하였다.

였다. 이러한 배경에서 우리를 지탱하고 있으며 또한 실현가능한 자유민주주의가 발 딛고 있는 중요한 돌봄의 관계가 다양한 모습과 크기가 될 수 있음을 독자들께서 명심해 주실 것을 당부드린다.

국가(state)*라는 용어의 사용 또한 어느 정도 정교한 설명이 필요하다. 이 용어는 으레 사용되고 있으나, 많은 이론가들이 지적하듯,[52] 정확히 규명되는 경우는 드물다. 더군다나 국가라는 용어는 관계, 구조, 제도의 복합체를 지나치게 단순화시킬 위험을 안고 있다. 부연하면, 필자는 국가라는 용어를 법적 권위체(leagal authority)(이 책의 기획에서 보면 행정부, 입법부, 사법부)에 대한 독점권을 갖는 정부제도의 집합을 자유주의 전통에서 불러낼 때 일반적으로 사용된다는 의미에서 활용한다. 국가는 가족과 관련해서 여러 다양한 방식으로 그 권한을 쓸 수 있다. 현재 모든 주에서 일부다처제를 허용하지 않듯, 국가의 권한은 적절한 가족의 모습을 결정하는 것을 넘어서까지도 형법이란 강제력을 동원할 수 있다. 또한 국가는 예를 들어, 결혼을 할 수 있고 부모가 될 수 있는 사람의 자격을 결정하는 법령을 제정하는 등 민법을 통해서도 가족을 규제할 수 있다.

강제적 파워에서 한 걸음 더 나아가, 국가는 또한 연방 세제로 아이들이나 아이 돌봄에 세금감면을 주듯, 특정한 가족 또는 특정한 활동에 보조금을 제공함으로써 작용할 수 있다. 국가는 또한 예를 들어, 보육시설을 규제하고 이에 보조금을 지원하거나 무분별한 난립을 막기 위해 구역을 정비하는 것처럼, 우리 주변 사회의 조성과

---

* 역자주 — 원서에서 state는 미국의 주 및 연방정부를 모두 통칭하는 의미로 쓰였다. 번역에서는 주로 state를 국가로 번역하였고, 맥락에 따라 주와 연방정부로 표기하였다.

기능에 영향력을 행사함으로써 가족의 행동패턴에 영향을 미칠 수 있으며, 그렇기 때문에 부모의 출퇴근 시간도 줄일 수 있다. 국가는 강제적 수단 외에도, ──미래의 시민을 젠더 중립적인 역할에 영향을 받게 하듯── 시민을 교육하거나 설득하기 위해 국가의 권력을 활용할 수 있다. 마지막으로, 정부의 고위공직자들은 또한 오바마 (Barack Obama)가 아프리카계 미국인들에게 보다 책임 있는 아빠의 모습을 보일 것을 권장했을 때처럼, 가족이 어떻게 작동해야 하는지를 시민에게 주문할 수 있는 영향력으로서 자신의 공직을 활용할 수 있다. 위 사례가 보여주듯 우리의 연방제에서는 연방정부와 주정부 모두가 가족과 관련된 이러한 권한을 행사할 수 있다.

방법론으로 돌아가 이 책의 기획은 가족이 자유민주주의적 기획에 동력을 불어넣어야 하는 복합적인 이상과 목적에 어떻게 관련되는지 고민하는 것이다. 당연하지만 만일에 대비해 부연하자면, 필자의 연구방법은 초기 롤즈처럼 필요한 근본적인 도덕원칙에서 결론을 도출하는 것이 아니며, 필자 주장의 성패는 독자들에게 필자 제안의 규범적인 호소로 확신을 드리는 정도까지라고 본다. 스프라겐스(Thomas Spragens)는 비슷한 연구에 대해 이렇게 말한다: "이와 같은 특별한 담론의 세계에서 그 누구도 한 방의 논거로 모두가 받아들일 수 있는 마침표를 찍을 수 없다는 점을 분명히 알아야 한다."[53] 그래도 필자의 희망은 여전히 필자가 제안하는 가족-국가 관계의 관점이 기존의 지배적인 시각이나 현재의 관점보다 아이, 어른, 그리고 정치체제를 위해 훨씬 더 낫다는 점을 독자들에게 설득하는 것이다. 이론적이고 실천적인 고려사항을 볼 때 가족에 대한 국가의 지원은 정의롭고 번영하는 정치질서에 반드시 있어야 철칙이다.

현대정치이론과 공공정책에서
가족-국가 관계

01

현대정치이론과 공공정책에서
가족-국가 관계

국가는 가족에 어떤 책임이 있으며, 가족을 어떻게 대해야 하는 가? 이 질문은 미국 내 주류 자유주의 정치이론에서는 거의 제기 되지 않고 있다. 개인에 주목하는 자유주의는 가족에 대한 고려를 상당 부분 막아왔으며, 개인을 자율적(autonomous)이고 능력있음 (able)으로 개념화하는 자유주의는 가족이 복무하는 돌봄필요 (dependency needs)를 보이지 않게 했다. 하지만 정치이론 밖에서 가족은 그렇게 쉽게 무시되지 않았다. 실상 현실 세계의 정치적 담 론에서 가족은 상당히 많이 거론되었다. 가족 친화(pro-family)에 이름표를 붙인 정치인들은 자신이 가족을 어떻게 도울 것인지 설명 하는데 열을 올린다. 법령의 이름 또한 몇 개만 예를 들자면, 한시적 빈곤가족지원법(Temporary Assistance for Needy Families), 가족 의료휴가법(Family and Medical Leave Act), 입양및가족안전에관한 법(Adoption and Safe Families Act) 등 가족에 대한 고양된 인식을 보여주려는 제목이 붙는다.

얼핏 보면 이들 이슈에서 정치이론과 공공정책은 관계없는 것처럼 보인다. 하지만 좀 자세히 보면 이 장에서 탐구하는 정치이론과 공공정책 사이에는 상당한 유사점이 있다. 필자는 이 장의 전반부에서 현대정치이론이 가족 그리고 가족과 국가 관계를 개념화하는 방식에 주목하고자 한다. 필자는 현대정치이론에서 갖는 롤즈(John Rawls)의 대단한 영향력을 고려하여 그의 저작을 현대자유주의 정치이론의 일례로 사용할 것이다. 롤즈는 『정의론(A Theory of Justice)』(1971)의 출판을 통해 제2차 세계대전 이후 침체기를 보내던 규범적 정치이론의 부활을 이끈 인물로 인정받는다.[1] 그의 대표작은 자유주의 정부는 무정부나 내전보다 단지 나은 대안일 뿐이라는 당시에 팽배하던 시각으로부터 자유주의를 구하면서, 자유민주주의를 도덕적으로 강력하게 방어할 수 있는 논거를 제공했다는 점에서 그만한 영향을 갖게 되었다. 자유민주주의에 대한 롤즈의 정당화, 그리고 사회적·정치적 제도의 정통성(legitimacy)을 평가하는 그의 프레임은 학계 안과 밖 모두에서 여전히 그 맹위를 떨치고 있다.[2]

필자는 롤즈의 『정의론』과 이후 저작을 통해서, 현대정치이론에서 가족에 대한 것이 왜 이렇게 부족한지 살펴보고자 한다. 현대자유민주주의 이론의 아젠다를 설정하고 있는 롤즈 이론의 몇몇 특징 —자유민주주의 이론이 자유와 평등의 관점에서 정의(justice)에 초점을 맞추고 돌봄과 인간발달과 같은 다른 가치를 배제한 것, 자유민주주의 이론이 인간 삶의 조건에서 불가피한 의존성을 개념화하지 못한 것, 그리고 시민과 관련된 좋음(good)의 개념에 있어서 국가가 중립을 지키도록 노력하는 것— 이 가족에 주목하지 못하게 하고 있다. 더 나아가 롤즈가 가족에 주목하는 경우에도, 그의 이론을 구성하는 다른 요소들은 가족-국가 관계가 구축되어야 하는 방식을 제한되게 개념화한다.

필자는 이 장의 후반부의 정치이론에서 가족-국가 관계를 적절하게 개념화하지 못하게 하는 대동소이한 이론적 신조가 현행법 및 공공정책에서 재현되고 있음을 보여주고자 한다. 미국법에서 일과 가족의 양립(교차, intersection)을 다루고 있는 방식을 일례로 들어, 필자는 현행법에서의 가족-국가 관계의 개념화가 롤지안 정치이론에서 나타나는 것과 같이 일관성이 없음을 논증하려 한다. 역시 이 지점에서 일과 가족의 양립은 자유와 평등의 이름으로 짜인 개인의 권리로 일반적으로 이해된다. 따라서 인간의 의존성은 개념화되더라도 매우 협애하게 설정되며, 국가는 가족의 돌봄필요를 돕기에 적절하지 않다고 간주된다. 결과적으로 이는 미국 시민과 미국 내 공동체를 번성시킬 중추적인 가치를 뒷받침하지 못하는 가족-국가 관계의 버전이 된다.

롤즈 이론에서 가족-국가 관계

롤즈는 획기적인 그의 저서『정의론』에서 정의로운 사회를 이끌 원칙을 제시했다. "진리가 사고체계의 첫 번째 미덕인 것처럼, 정의는 사회제도의 첫 번째 미덕"이기 때문에, 정치공동체를 견인하는 행복, 미덕 혹은 인간발달과 같은 여타의 원칙이 아니라 정의의 원칙에 한정시켜 이론의 초점을 맞추고 있다고 그는 말한다.[3] 롤즈는 자유롭고 평등한 시민들이 동의할 원칙을 추론하기 위해 지금은 유명한, 이름하여 "원초적 입장(original position)"이란 가상의 구조를 사용한다.[4] 이 같은 구조를 기반으로, 롤즈는 시민들이 사회를 조직하고 사회의 자원을 분배하는 정의의 두 가지 원칙에 도달한다고 주장한다. 첫 번째 원칙은 두 번째 원칙에 대해 축차적 우선성을 갖는다. 첫 번째 원칙은 자유에 관한 것이다. 즉 개인에게는 모두에게 보장되는 자유가 보장되어야 한다. 두 번째 원칙은 평등에 대한 것이다. 사회적·경제적 불평등은 최소수혜자에게 최대한의 혜택이 돌아가야 하며, 직위는 (단순히 형식적인 것이 아니라) 공정한(fair) 기회의 평등이라는 조건에서 모두에게 그 가능성이 열려있어야 한다.[5]

롤즈의 설명에 따르면, 이 정의의 원칙은 시민 간의 모든 상호작용에 적용되는 것이 아니라 "사회의 기본구조, 즉 더 정확하게는 주요한 사회제도가 기본적인 권리와 의무를 분배하고 사회협력의 산물로 나온 이익의 분배를 결정하는 방식"만을 규율한다.[6] 롤즈는 이 범주에 속하는 주요 사회제도로 경쟁적 시장, 생산수단으로서의 사유재산, 그리고 무엇보다도 곧 살펴볼 주제인 가족을 나열한다.[7] 그 다음 롤즈는 정의의 원칙이 이러한 사회제도에 어떻게 적용되는지를 검토하는 데 정의론의 대부분을 할애한다.

롤즈는 『정의론』의 초반에 기본적 구조의 일부로서 가족을 범주에 넣었지만, 『정의론』의 나머지 부분에서는 몇 번만 거론할 뿐 가족을 대체로 대수롭지 않게 다뤘으며 그 후에는 그냥 건너뛰었다.[8] 롤즈가 가족을 언급했을 때는 전체적으로 그의 정의의 원칙에서 가족이 문제가 되는 경우가 대부분이었다. 예를 들어, 롤즈는 그의 두 번째 원칙이 보장하는 기회의 평등에 대한 가족의 함의를 다음과 같이 설명한다.

공정한 기회라는 원칙은 적어도 가족이라는 제도가 존립하는 한, 단지 불완전하게 실행될 수 있다. 어느 정도까지 자연적 역량이 발전하고 결실을 맺는지는 다양한 사회적 조건과 계급적 태도에 의해 영향을 받는다. 통상적인 의미에서 노력하고 시도하며 그리고 보상을 받을 수 있게 만들려는 의지 그 자체는 행복한 가족과 사회적 환경에 따라 달라진다.[9]

비록 가족이라는 제도가 검토될 수 있고, 그리고 아마도 심지어 국가가 이러한 자연적 역량의 발달을 증진하도록 가족을 어떻게 지원할 것인지에 대해 고려될 수 있음에도 불구하고, 롤즈는 이 주제를 다루지 않았다. 대신에 그는 단지 가족환경의 차이에서 연유하는 차이점을 보상하거나 또는 불이익을 주는 것은 공정하지 않은 것이며, 그렇기 때문에 이들 차이는 사회적 혜택이 주어지는 목적으로 적실하지 않다고 주장할 뿐이다.[10]

정의와 관련해 가족의 어떤 긍정적인 역할을 롤즈가 인정한 유일한 지점은『정의론』의 3부에서 협소하게 언급한 부분이다. 롤즈는 이 부분에서 정의감(sense of justice)에 대한 아이들의 발전을 사랑과 훈육을 포함하는 아이들과 부모의 특별한 관계와 관련지었다. 하지만 롤즈는 마치 아이들의 정의감이 일종의 암상자(black box)에서 생겨나듯 —마치 가족 내 아이들의 정의감을 발달시킬 수 있는 가족의 역량이 사회적·정치적·경제적 맥락에서 영향을 받지 않는 것처럼 가족에서 아이들의 정의감의 발달을 다루고 있다. 정의롭게 분배하기 위해 사회를 어떻게 조직해야 하는지에 관한 그의 논의는 가족이 융성해지는 데 필요한 것과 관련된 이슈까지 결코 미치지 못했다.

가족을 홀대하는 롤즈 이론의 특징

『정의, 젠더, 가족(*Justice, Gender, and the Family*)』에서 오킨(Susan Moller Okin)은 롤즈의 저작에서 가족이 없음에 주목한다.[11] 롤즈 논의에서 아이들의 정의감 발달은 가족 내부의 정의에 따라 좌우된다고 하지만, 롤즈의 논의로는 젠더 관점에서 이성애 가족(heterosexual family)이 실제로 정의로운지 설명하지 못한다고 오킨은 주장한다.[12] 오킨은 롤즈 이론이 페미니즘 측면에서 대단한 잠재력을 지녔지만, 그것은 그의 이론이 가족에 적용되어야 그렇게 될 수 있다고 단언한다. 필자는 오킨의 롤즈 비판에 상당히 동조하지만, 이 마지막 결론 부분에서는 의견을 달리한다. 롤즈가 가족을 고려했었어야 했다는 오킨의 기본적인 주장은 맞지만, 롤즈 이론에서 가족이 빠진 부분은 오킨보다 필자의 시각에서 설명이 더 잘 된다. 필자의 논지에서 보면, 롤즈 이론만의 특징 때문에 롤즈는 필연적으로 가족을 소홀히 다루게 된다.

(자유와 평등이란 이름으로 짜인) 개인적 정의에 맞춰진 초점

무엇보다 국가의 작용에 관한 자신의 이론을 정의라는 가치에 한정시킴으로써,[13] 롤즈는 가족이 갖는 자유민주주의 및 시민과의 적실성의 상당 부분을 분명치 않게 만들었다. 정의론의 목적은 기본적인 권리, 의무, 가치를 그가 정의하는 사회적 협력의 결과물을, 사회 내에서 어떻게 분배할 것인가라는 질문에 답하는 것이라고 롤즈는 말한다.[14] 그리하여 롤즈는 개인의 자유와 평등의 보장의 관점에서 정의의 두 가지 원칙을 규정한다.[15] 이렇듯 정부의 목적에 대한 협소한 틀과 그가 주목하는 가치의 협애한 스펙트럼은 가족이 자유민주주의에 어떤 의미가 있는지에 대해 그 대부분을 놓치게 된다. 롤즈의 렌즈로 보면, 가족이 돌봄과 인간발달에 복무하는 중요한 역할은 그 역할이 정의와 관련되지 않는다면 적실하지 않다.

롤즈 이론의 이러한 틀은 가족이 공헌하는 돌봄과 인간발달의 가치를 못 보게 할 뿐만 아니라 롤즈 이론에서 가족은 주로 문제로서 등장하게 된다. 롤즈에 따르면, 가족이 기여하는 의미 있는 기능이 있지만, 가족은 보통 부, 역량, 노력, 인성(character)의 불평등한 분배로 이어지기 때문에 평등에 장애(obstacle)가 되는 경향이 있다.[16] 이러한 이유로 평등을 준거 틀로 직조된 정의에만 집중한 결과 가족은 제도에서 제외해야 한다고 본다. 실제로 롤즈는 이 문제와 관련해 "더 큰 질문의 시각에서 보면 가족이라는 제도는 문제 될 것이며 그래서 다른 제도(arrangements)가 실제로 더 선호될 것"이라고 언급하면서도, "질서정연한 사회의 기본구조는 어떠한 형태의 가족"을 포함한다고 말하고 있다는 점에서 이러한 결론을 암시하는 태도를 보였다.[17] 가족이 기여하는 가치를 인정할 수 없을 정도로 이론이 지나치게 협소하게 초점을 맞추고 있다기보다, 롤즈는 가족을 단지 전제하면서 이 이슈를 기피하고 있다.

가족을 개념화함에 있어 롤즈 이론의 난점은 돌봄과 인간발달의 가치가 다른 가치들에 단지 추가된다고 해결될 수 없다는 점이다. 왜냐하면 정의의 원칙을 전개하는 롤즈의 방식은 정의와 다른 원칙 간의 어떤 유의미한 타협도 배제하기 때문이다. 롤즈는 어떤 질서정연한 자유로운 사회가 모든 시민에게 참정권, 법치, 공정한 법의

판단을 보장함으로써 부응해야 하는 기본적인 제도적 기초로 정의
(justice)를 개념화하지 않는다. 이러한 방식으로 정의에 접근하는
것은 정의의 필수요건들이 충족된다면 다른 가치들과 열망을 추구
하기 위해 남은 사회적 자원이 사용될 수 있게 된다. 하지만 이와 달
리 롤즈의 정의의 원칙은 기본구조를 구성하는 모든 권리, 책임, 가
치들이 분배되는 방식을 좌우한다. 다른 가치들의 측면에서는 다른
결과가 나오더라도, 분배적 정의(distributive justice) 관점에서는
대안적 논의(alternative schemes)가 평등한 상황에서라야 다른 가
치들이 고려될 수 있다.[18] 두 가지 가능한 분배 논의가 가능할 수 있
다. 첫째는 정의의 수준이 높고 돌봄의 수준은 낮을 수 있으며, 반면
둘째는 정의의 수준이 높고 돌봄의 수준은 더 높을 수 있는 논의가
가능한데, 롤즈의 이론은 전자가 선택되도록 요구한다. 하지만 롤
즈의 기준에 따라 분배적으로 정의롭지만 그 사회의 시민이 어리석
고 아프고 행복하지 못한, 그러한 사회를 선정하는 이론은 근본적
인 방식에서 흠결이 있다고 주장할 만한 강한 논거가 있다.

　더욱이 우리가 돌봄과 인간발달이라는 가치를 롤즈 이론에 통합
시켜 가족의 가치를 롤즈 이론이 파악할 수 있게 된다 해도, 롤즈 이
론은 이러한 가치와 그의 이론에서 고려하는 자유와 평등 중에서
선택하는 방안을 우리에게 제공하지 않는다. 부분적으로 롤즈 이론
의 장점은 서로 다른 사회프로그램을 평가하는 정의의 원칙을 제공
한다는 점이다. 그러나 롤즈가 정의의 원칙에 축차적 우선성을 부
여하는 것은 단지 자유와 평등의 가치로 한정된다. 만약 롤즈 이론
에서 가치의 범위가 돌봄제공과 인간발달을 포함할 수 있을 정도로
커진다면, 그의 이론은 다양한 가치 간 상쇄됨과 우선순위를 어떻

게 평가할지에 대해 우리에게 어떤 지침도 제공할 수 없게 된다. 인간발달을 증진시키기 위해 국가가 가족을 지원하는 것이 불평등을 유발한다고 한다면, 국가는 가족을 어느 정도 지원해야 하는가? 롤즈의 원칙은 이 문제에 대해 답할 수 있는 방안을 우리에게 제공하지 않는다.

인간의 의존성을 보지 못함

정의에 맞춰진 롤즈의 주안점만이 가족을 못 보게 하는 것은 아니다. 인간조건에 대한 롤즈의 개념 역시 가족을 보이지 않게 한다. 롤즈가 호혜성(reciprocity)과 상호존중(mutual respect) 위에 서로 협력하는 자유롭고 평등한 시민으로서 인격체라는 도덕적 이상을 토대로 이론(그리고 원초적 입장에서 인격체에 대한 개념)을 모델링 했다는 점은 문제가 없다.[19] 하지만 롤즈는 때때로 도덕적 이상과 인간조건을 혼동하는 것 같다. 이러한 혼선으로 인해 그는 인간 삶에서 피할 수 없는 의존성을 전반적으로 무시하는 이론을 만들었다.[20] 이는 다시 궁극적으로 사회 내에서 의존성을 감당하고 있는 일차적인 제도—가족—를 못보게 한다. 실제로 롤즈에 있어서 사회기획의 중추적인 프레임은 건전한 시민을 양성하고 시민의 발전을 육성하는 방식이라기보다, 기본적인 사회적 가치들을 시민에게 어떻게 나눌 것인지에 관한 것이라는 점에서, 의존성을 상대적으로 경시하는 인간관을 대표한다.[21]

정의와 더불어 의존성 이슈가 기본적인 사회적 가치에 대해 적실하다는 점에서 이는 사회정의에 중요한 함의가 있다. 하지만 롤즈는 이 점을 간과했다. 의존성과 정의의 관계를 고려하지 않음으로써 사회의 필수적인 돌봄노동이 전횡될 수 있는 가능성의 여지를 남겨두었다.[22] 다른 나라도 예외가 아니듯, 미국에서 돌봄노동은 대개가 여성이 담당해왔고 그렇게 계속될 것이다.[23] 돌봄의 상당 부분은 무보수이다. 게다가 가족구성원에 대한 돌봄노동 부담의 편중은 주로 돌봄노동을 구매할 형편이 없는 소수자와 저소득 가족에게 전가된다.[24] 이러한 돌봄노동은 임금의 손실, 스트레스, 사라진 교육기회 및 직업기회의 관점에서 막대한 대가를 치르게 될 수 있다.[25] 더군다나 보상되는 돌봄노동조차도 전체적으로 대우가 형편없으며, 이 또한 아프리카계 미국인이나 다른 소수민족 여성에게 편중되어 전가되고 있다.[26] 정의를 구현하겠다는 국가가 돌봄노동을 정의로운 방식으로 실현되도록 적정하게 담보할 수 있는 것은 의존성을 인간조건에 내재된 일부로 인정함으로써 일 것이다.

국가의 중립성

좋은 삶에 대한 시민의 비전(visions)이란 측면에서 국가가 중립을 지켜야 한다는 롤즈의 노력 역시 가족을 대하는 롤즈 이론의 역량을 제한한다. 롤즈의 관점에서 자유주의 국가는 "도덕적 인격체로서, 각인의 좋음이란 가치를 갖고 있는 생명체로서, 정의감이란 능력이 있는 인간 사이의 평등과 … 가치적으로 우열을 가릴 수 없는 목적들로 이뤄진 시스템"이란 아이디어에 근거한다.[27] 국가는 무엇이 가치 있는 삶을 구성하는지에 대한 일부 견해를 다른 견해보다 지지하기 위한 수단으로 활용되어서는 안 된다는 그의 관심은, 시민이 어떤 삶의 계획을 하고 또는 어떤 활동을 실행하더라도 시민이라면 똑같은 기본적 가치(primary goods)를 분배받을 수 있는 자격이 주어진다는 그의 주장으로 이어진다.

중립성이란 교리 아래에서, 자유주의 국가는 가족이란 유대를 발전시키는지의 여부와 무관하게 시민들을 똑같이 대해야 한다. 더나아가 자유주의 국가는 다른 활동보다 시민의 돌봄활동을 우선시하면 안 된다. 롤즈의 견해에서 보면, 중요한 것은 시민 자신이 바라는 인생의 계획이 무엇이든, 국가의 간섭없이 그것을 선택할 수 있는 기회를 시민이 갖는 것이 중요하기 때문에, 아이들을 돌보는 시민이든 비디오 게임을 하는 시민이든 동일한 자원을 분배받는 자격이 부여된다. 이러한 논리는 국가가 돌봄과 가족이 담당하는 다른차원의 공로의 중요성을 인정하지 못하게 가로막는다. 가족에 대한국가의 지원이 가족이 돌봄을 잘 담당하기 위해 필수적인 정도만큼, 이는 자유주의 국가는 번성한 사회에 필수적인 이러한 실천을 증진할 수 없게 됨을 의미한다.

가족-국가 관계를 왜곡하는 가족에 대한 전제들

자유주의는 가족의 중요성을 흐리게 하는 신조를 포함하고 있을뿐만 아니라, 가족을 고려하더라도 자유주의의 다른 전제들은 가족-국가 관계가 구축되는 방식을 왜곡한다. 롤즈의 후기 저작들에서이러한 전제들을 볼 수 있다. 『정의론』이후 25년이 더 지난 1997년논문 「공적 이성의 재고(The Idea of Public Reason Revisited)」[28]에서 롤즈는 그가 초기에 가족을 논의하지 못했다고 비판한 페미니스트 비평가들에게 "그것은 나의 잘못이지, 정치적 자유주의 자체의잘못은 아니다"라는 말로 사과를 했다.[29] 하지만 자신의 정의론을가족에 적용해 논의하려는 롤즈의 노력은 의도는 좋았지만, 가족과 국가 관계에 대한 충실한 이론을 구축하는 데 있어 롤즈 식의 이론화가 갖는 문제 그 이상을 보여준다.

롤즈는 「공적 이성의 재고」에서 가족이 한 세대에서 다음 세대로 사회와 문화를 전수하고 존속시키는 기능을 담당하기 때문에, 사회 기본구조의 일부라는 정의론에 있는 그의 주장을 발전시킨다.

> 재생산노동(reproductive labor)은 사회적으로 필수적인 노동이다. 이를 받아들이며, 가족의 중추적인 역할은 아이들의 도덕적 발달과 교육이 더 넓은 문화를 지향할 수 있도록 보장하며, 아이들을 키우고 돌보는 합당(reasonable)하고 효과적인(effective) 방식을 재편하는 것이다. 가족은 지속적인 사회를 유지하기 위해, 시민들의 육성과 발달을 반드시 보장해야 한다.[30]

다음과 같이 롤즈는 앞선 저작에서 주목하지 못했던 지점, 즉 가족은 정의의 원칙으로 포착되지 않는 돌봄과 인간발달의 기능에 복무한다는 점을 명시적으로 인정한다. 롤즈에 따르면, 이렇듯 중요한 기능 때문에, 가족이라는 구조의 필연성은

> 기회의 평등을 성취하는 노력을 포함한 기본구조의 모든 제도편성을 제한한다. 가족은 이러한 목적이 성취될 수 있는 방안을 구속하며, 정의의 원칙은 이러한 제약을 고려해서 천명해야 한다.[31]

그 다음 롤즈는 가족 내에서 재생산노동이 젠더를 기준으로 배당되지 않도록 국가가 나서야 한다는 페미니스트 비평가들의 문제제기

를 다룬다. 이 문제제기에 대한 응답에서 롤즈는 "우리는 정치적 정의라는 원칙들이" 남성과 여성의 평등한 돌봄분배를 담보하기 위해 "가족 내에 직접 적용되는 것을 원하지 않는다." 대신 국가는 "사회 모든 구성원의 기본적 권리와 자유, 그리고 자유와 기회"의 보장을 추구해야 한다고 표명한다.[32] 이같은 주장을 뒷받침하기 위해 롤즈는 정의의 원칙이 이들 결사체 밖에서 작동하지 못하도록 막지 않는 한, 결사체 내부에 제약될 필요는 없는 사립대학과 교회 같은 자발적 결사체와 가족을 관련시킨다.[33] 예를 들면,

> 정의의 원칙이 요구하는 것처럼, 공법(public law)이 이단이나 배교를 범죄로 인정하지 않고 교회 구성원들이 언제나 자신의 신념을 버릴 수 있는 것을 자유로 하기 때문에, 교회는 효과적인 불관용(intolerance)을 실천할 수 없다. 따라서 비록 정의의 원칙이 교회의 내적 생활에 직접적으로 적용되지 않는다 해도, 정의의 원칙은 모든 교회와 결사체도 준수해야 하는 제약으로 교회 구성원들의 권리와 자유를 보호한다.[34]

롤즈는 내부-외부라는 이분법에 기초해서 국가가 결혼으로 맺어진 젠더화된 노동분업에 개입해서는 안 된다고 조언한다. 롤즈는 다음과 같이 말한다.

> 일부에서는 젠더화된 노동분업이 최소로 축소되는 사회를 원한다. 하지만 정치적 자유주의에서는 이러한 분업이 안 된다고 할 수 없다. 누구도 가족 내에서 평등한 분업을 관철해야 한다거나 혹은 평등한 노

동분업을 하지 않는 사람들을 법으로 처벌하는 식으로 없어져야 한다고 할 수 없다. 문제가 되는 가족 내 노동분업은 종교의 자유를 포함하는 기본적인 자유와 연결된다는 점에서 제외된다. 따라서 정치적 자유주의에서 젠더화된 노동분업을 최소화하기 위한 노력은 노동분업이 자발적으로 해결되는 사회적 조건에 도달하려는 노력을 의미한다. 이는 원칙적으로 상당한 수준의 젠더화된 노동분업이 지속되도록 허용하는 것이다. 젠더화된 노동분업을 하나도 없게 만드는 것은 강제성 있는 노동분업일 뿐이다.[35]

롤즈는 결혼기간 중 젠더화된 노동분업의 최소화를 추구하는 대신, 양육에 대한 여성에게 정당한 보상이 담보되도록 결혼 종결지점에서 정의의 원칙이 적정하게 적용되어야 한다고 주장한다. 이는 "특정한 방식의 가족생활이나 관계가 사회의 질서있는 재생산에 오랜 시간을 두고 영향을 미치는 것을 제외하면, 정부가 가족생활이나 양성 간의 관계가 특정한 형태여야 한다는 관심을 일절 두지 않는 것으로 보인다는 점"을 의미한다.[36]

「공적 이성의 재고」를 통해 가족에 대한 자신의 무관심을 최종적으로 수정하려는 롤즈의 노력에도 불구하고, 그의 노력은 자신 이론이 가족이라는 제도와 씨름해야 하는 난제를 오히려 반증하고 있는 셈이다. 비록 결국 롤즈가 돌봄과 인간발달에서 가족이 담당하는 중요한 역할을 인정했지만, 그는 여전히 정의론에서 이러한 가치를 인정하는 방법을 찾지 못했다. 그는 이 난제를 어떻게 다루었는가? 정의의 원칙에 대한 예외를 선언함으로써, 다시 말해 자신의 원칙을 위반함으로써 이 난제를 다루려 했다. 가족은 정의의 원칙으로 제약되기보다 "기회의 평등을 이루려는 노력을 포함한 기본구조의 모든 배열을 제한"하며, "[기회의 평등이] 이뤄질 수 있는 방식에 제약"을 부과한다.[37] 부연하면, 다소 비정상적인 이론적 궤도 이탈을 하며, 돌봄과 인간발달 그리고 이들 가치를 증진시키는 가족 역할의 중요성으로 인해, 롤즈는 정의의 원칙이 가족을 제한한다기보다 가족이 정의의 원칙의 작용을 제한할 것이라 선언했다.

다른 중요한 가치들에 기여하는 제도를 직면했을 때, 롤즈의 이론은 자신이 제시한 정의의 원칙에 대한 사후적 예외를 만들어내는 것을 제외하고, 이러한 다른 가치들을 통합하거나 혹은 정의의 지침에 따라 이들 가치의 경중을 판별할 방안을 갖고 있지 않다.[38] 비록 롤즈가 가족의 존재가 반드시 전제되어야 한다고 단정하였지만, 그는 자신 이론이 인정할 수 있는 가치들의 관점에서 그 이슈를 자신 이론의 틀 속에 넣을 수 있었다. 따라서 가족에 대한 국가 관련된 질문은, 가족 내에서 발생하는 성별분업에 국가가 어느 정도까지 간섭해야 하는지를 결정함으로써, 평등과 자율성이라는 롤즈의 정의 개념과 관련된 가치들 사이에서 국가가 어떻게 균형을 잡아야 하는지와 연관된다. 이러한 논의에서 가족-국가 관계를 다루는 롤즈 이론의 문제점이 복합된, 가족에 관한 두 가지 전제들이 부각된다.

공적 영역과 사적 영역의 분리: 자연적인 내적 동학을 갖는 가족

우선 롤즈는 공적 영역과 사적 영역의 확실한 선 긋기로 세상을 개념화한다. 좋은 삶에 대한 시민 각자의 개념에 중립적인 국가라는 아이디어를 견지하며, 롤즈는 가족을 국가 파워의 영향력이 미치지 않고 또한 미치면 안 되는 그리고 국가가 간섭한다면 부패하는 어떤 자연적이고 전정치적인(pre-political) 방식으로 작동하는, 내적 영역을 담지하고 있는 것으로 이해한다. 국가의 작용은 반드시 "자유롭고 도덕적으로 완성되는 내적 삶의 공간을 남겨두어야" 한다고 그는 단언한다.[39] 가족-국가 관계에 대한 이러한 개념은 원을 그리며 도표로 설명되어질 수 있다. 국가가 규제할 수 있는 영역은 그 원의 둘레——국가와 가족의 접점——까지이다. 그 원 안의 모든 것은 가족 자신의 "자연적인" 기능에 맡겨져야 하는, 그리고 국가가 무엇인가를 해서는 안 되는 가족의 사적 영역이다. 롤즈의 표현으로 하면, "어느 지점에서는 사회가 성숙한 가족구성원들의 자연적인 애착과 선의에 의존해야 한다."[40] 하지만 롤즈는 이러한 식으로 가족-국가 관계를 이론화함으로써 가족-국가 관계를 잘못 설명하고 있다. 요즘처럼 복잡한 사회에서 어떤 식으로든 국가의 작용과 분리해 가족의 "자연적인" 기능을 분리할 수 있는 방법은 없다.[41] 대신에 가족이 기능하는 방식은 법과 사회정책과 매우 밀접한 관계로 얽혀있다.[42]

같은 이유로 롤즈는 가족 내에서 벌어지는 개인의 선택과 의사결정의 작용을 특유의 명료함으로 설명한다. 롤즈의 입장에서 가족의 결정은 가족을 구성하는 구성원들에 달려 있다고 볼 수 있다. 다시 말해, 가족의 결정은 자발성과 비자발성 사이의 어떤 중간지대가 없는 자발적이거나 그렇지 않은 것이다. 이 개념에서 볼 때, 사회적 제약, 문화적 역할, 종교 그리고 성원 간에 이뤄지는 동학 등은 국가가 간섭해서는 안 되는 가족이라는 암상자(black box)의 일부로 다뤄진다. 즉, 이러한 요인들로 동기부여된 결정은 문제가 안 되는 자발적 선택이다. 그렇기 때문에 롤즈의 분석은 젠더적 역할에 대한 문화적이고 종교적인 강력한 메시지를 여전히 타전하는 사회에서 "자발적인" 선택이 무엇을 의미하는지에 대한 곤란한 문제를 회피한다.

롤즈는 유사한 맥락에서 도덕적 책임의 완수를 단지 시민들이 할 수 있는 많은 자발적인 선택 중 하나로만 다룬다. 따라서 이러한 관점에서 볼 때, 연로한 인척을 돌보겠다는 시민의 결정은 초콜릿 아이스크림보다 바닐라 아이스크림을 고르려는 시민의 결정과 같은 것으로 다뤄진다. 마지막으로, 개인의 "선택"은 국가책임의 종료를 의미한다는 롤즈의 전제는 공적 시스템이 사적 선택에 미칠 수 있는 영향을 간과한다. 이 같은 전제는 또한 비록 아이들에게 선택의 여지가 주어지는 상황에서도 국가가 아이들에 대한 돌봄과 같은 특정한 활동을 지원하는 일정한 책임이 있을 수 있으며 더 나아가 그래야 한다는 가능성을 간과한다.

자율적으로 번영하는 가족

롤즈는 연관된 주석에서 가족은 국가에 의해 간섭을 받지 않는다면 일반적으로 잘 번창할 것이라고 가정한다. 비록 롤즈가 국가는 학대(abuse)와 해태(neglect)의 경우 등을 방지하기 위해 가족에 모종의 제약을 부과해야 한다고 인정하지만, 가족과 관련해 최적화된 국가의 태도는 가족의 "자연스러운 애착과 선의"가 유효하도록 국가는 손을 떼야 한다고 보았다.[43] 이는 『정의론』에서 제시된 아이들의 정의감 발달을 위한 롤즈의 방식과 일치한다. 『정의론』에서 롤즈는 가족 내 아이들의 정의감을 발달시킬 수 있는 가족의 능력은 가족의 자원과 가족을 둘러싼 주변 조건에 영향을 받지 않는다고 전제한다. 이러한 그의 가정은 번창할 수 있는 가족의 능력 그리고 건전하고 건강한 미래의 시민을 길러낼 수 있는 가족의 능력이 경제적, 사회적 그리고 정치적 자원으로부터 영향을 받는 방식을 간과한다.

요약하면, 롤즈 이론의 몇몇 특징은 미국과 그 시민의 이해관계에 적절하게 복무하는 가족-국가 관계가 발달하지 못하게 한다. 개인 중심의 정의, 인간의존성을 주목하지 못하는 한계, 국가는 중립적이어야 한다는 시각 같은 몇몇 특징은 가족을 외면하고 있다. 또한 가족은 국가작용으로 부패되지 않도록 기능해야 하며, 가족은 그대로 둔다면 번창할 것이라는 전제 같은 그외 특징은 가족-국가 관계의 현실을 설명하는 데 단지 역부족일 뿐이다.

미국법에서 가족-국가의 관계: 일과 가족의 양립

일견 미국 내 정치권의 언사(言辭)와 공공정책에서 주변화된 가족의 위상은 학계의 정치이론에서 주변화된 가족과 다른 것처럼 보인다. 정치권의 언사는 보통 가족에 초점을 맞춘다. 개중에는 가족에 과하게 집착하는 이들도 있다. 언론, 여론조사 및 여러 정치연설의 현장에서 미국인은 아이들과 가족을 강력하게 지원하며 건강한 가족과 좋은 양육의 중요성에 신념을 두고 있다고 말한다. 하지만 가족에 대한 이 뜨거운 관심이 법의 많은 영역에서 가족에 대한 실질적인 지원으로 이어지지 않는다는 점은 놀라울 따름이다. 흥미롭게도 정치적인 언사와 공공정책 사이의 불일치는 적어도 부분적으로 현대자유주의 이론의 기조가 되는 미흡한 전제들과 똑같은 종류의 산물이다. 여기에서도 마찬가지로 이러한 전제들은 가족을 지원하는 일관성 있는 정책형성의 걸림돌이 되고 있다.

가족에 대한 책임과 일(노동, work)이 부딪힐 때, 부모에게 제공되는 법적 보호들은 가족-국가 관계가 미국법에서 구축되는 역기능을 보여주는 구체적이고 중요한 사례이다. 가족과 일의 충돌은 오늘날 미국 가족에서 주요한 이슈이다. 1930년에는 극소수의 아이들이 부모 모두가 일하는 가족에서 컸다. 아이들의 약 55%는 아버지는 일하고 어머니는 집안일을 하는 가족에서 자랐다.[44] 하지만 오늘날 생계벌이(breadwinner)를 하는 아버지와 전업주부(homemaker)인 어머니를 둔 가족은 드물다. 전술했듯이 아이들의 70%는 부모 모두 일하거나 혹은 일하는 한부모와 산다.[45] 18세 이하의 자녀를 둔 아버지의 약 94% 그리고 어머니의 약 70%는 현재 노동가능인구에 포함된다.[46] 더 나아가, 대략 노동자의 15%는 연로한 노인이나 친구를 몸소 돌본다.[47] 아이들과 노약자에게 필요한 돌봄의 상당부분은 직장을 다니지 않는 여성이 제공해왔다. 어머니가 노동시장에 뛰어들었지만, 미국에서 가족이 아이들과 연로한 시민을 돌볼수 있게 부양해주는 제도적인 변화는 거의 없었다. 실제로 173개국의 노동시장에서 육아휴직보호(parental leave protections) 정책을 비교했을 때, 미국은 라이베리아, 파푸아뉴기니, 그리고 스와질랜드와 함께 최하위수준이었다.[48]

노동(노동책임)과 관련된 미국법은 왜 그토록 가족을 보호하지 못할까? 정치이론에서 보이는 것과 같은 종류의 문제가 있는 전제들이 미국법에서도 있기 때문이다. 이들은 개인의 자유와 평등은 법이 적절하게 인정하는 가치라는 전제, 국가는 가족의 이슈에 있어 중립적이어야 한다는 전제, 국가가 가족 내부의 동학을 부패시키면 안 된다는 전제이다. 이 같은 전제는 가족을 효과적으로 지원하는 정책의 발전을 가로막고 있다.

일과 가족의 책임이 충돌하는 고용인은 일반적으로 다음의 두 법령에서 보호의 근거를 찾는다. 하나는 1964년 민권법 제7편(Title VII of the Civil Rights Act)[49]이고 다른 하나는 1993년 제정된 가족의료휴가법(Family and Medical Leave Act)[50]이다. 법 이름만 봐도, 두 법령은 매우 다르다. 민권법 제7편은 직장의 고용차별 철폐와 관련되며, 가족의료휴가법은 가족의 필요를 살펴야 하는 시간을 고용인에게 보호하는 것과 관련된다. 하지만 두 법령은 모두 특히 무엇을 어려움으로 인정하는지, 그리고 가족에 대한 고용인의 책임과 관련해 국가의 역할이 무엇인지 등을 해석하는 방식은 마찬가지로 편협하다.

민권법 제7편에서 일과 가족의 보호

가족의료휴가법은 돌봄제공의 책임을 담당하는 이유로 이에 역행하는 고용상 불이익을 당하지 않도록 미국의 고용인을 명시적으로 보호하는 유일한 연방보호법이다. 하지만 가족의료휴가법의 제한된 적용 범위 때문에 가족에 대한 돌봄책임을 위해 보호받아야 하는 고용인은 일반적으로 민권법 제7편을 근거로 자신의 불만을 법적으로 제기한다. 민권법 제7편은 고용주가 "성(sex)을 … 이유로 어떤 개인을 해고하거나 고용을 거부하는 또는 그러한 이유로 어떤 개인을 차별하는 것을" 불법으로 규정한다.[51] 따라서 민권법

제7편에 근거하여 돌봄제공책임을 위한 보호를 요구하기 위해서는, 고용인은 돌봄제공에 역행하는 고용주의 행태가 어떤 식으로 성차별과 관련되는지 보여줘야 한다.

돌봄의 경우 성차별에 대한 민권법 제7편의 금지조항을 재판부가 해석해왔기 때문에, 돌봄책임으로 말미암아 해고된 고용인들은 자신과 비슷한 상황에 있는 반대 성의 고용인이 다른 대우를 받았음을 일반적으로 입증해야 한다. 그 결과 민권법 제7편은 직장에서 직무를 다하고자 하나, 자신의 돌봄책임을 꺼리거나 이에 무관심한 사람이라고 그릇되게 고정 관념화된 노동자들에게 큰 도움이 되고 있다. 하지만 민권법 제7편은 돌봄책임을 다하기에 부적합한 방식으로 구조화된 직업에 종사하는, 따라서 일을 돌봄에 맞게 조정해야 하는 많은 노동자들에게는 별 도움이 되지 않는다.

재판부는 *Chi v. Age Group* 사건[52]에서 자녀를 돌보기 위해 장시간 노동을 거부했다는 사유로 해고되었다고 원고가 주장했을 때, 원고(그녀)가 민권법 제7편의 위반을 적시하지 않았다는 점을 판시했다. 재판부는 원고가 본인의 해고를 장시간 일하지 않고도 해고당하지 않았던 비슷한 처지에 있는 남성의 예를 들며 성차별과 연관시키지 않았기 때문에, 원고 측 주장을 기각한다고 판결했다. 재판부에 따르면, 원고가 아이들을 보살피기 위해 늦게까지 일을 하지 못한다는 이유로 원고가 당한 해고가 법의 보호를 요구할 정도로 충분하지 않을 뿐만 아니라, 늦게까지 남아서 일을 할 수 없다는 것은 원고가 해야 하는 직무에 스스로가 부적격임을 보여주는 것이기에, 따라서 민권법 제7편의 구제 대상이 되지 않는다고 명시했다.[53] 마찬가지로 *Guglietta v. Meredith Corporation* 사건[54]에서 재판부는 이른 아침에 아이돌봄을 할 수 없음으로 원고가 근무시간을 이른 아침으로 옮기려 하지 않은 것을 사유로 해고된 사례에서도 원고에게 이유가 없다고 판시했다. 이 사건을 공개하면서 재판부는 고용주에게는 원고의 아이돌봄필요에 대한 "적극적인 조정(편의제공, affirmative accommodation)"을 해야 할 의무가 없다고 판시했다.

여성에 치우친 불평등한 돌봄책임이 성평등에 지속적인 가장 큰 장애라는 강력한 증거가 존재하지만,[55] 민권법 제7편에서 양육 혹은 육아를 명시적으로 보호하는 유일한 지점은 고용주가 임신이나 출산을 이유로 차별하지 못하도록 한 제7편의 수정조항, 즉 임신차별금지법(Pregnancy Discrimination Act)에서이다. 임신차별금지법은 "임신, 출산 혹은 관련된 의료적 조건에 처해 있는 여성은 직장의 목적과 관련된 모든 부분에 있어서, 이러한 임신, 출산 혹은 관련된 의료적 조건에 영향을 받지 않는 그러나 일을 하는 그들의 능력 혹은 능력 없음에 있어 비슷한 다른 사람들과 … 똑같이 대우해야 한다"고 적시하고 있다.[56] 임신차별금지법의 논리에 성공적으로 부합하기 위해서는, 여성은 자신과 비슷하게 일을 할 수 있거나 혹은 일을 할 수 없는 다른 사람들과 비교해 실제로 자신이 다르게 대우받았다는 점을 증명해 보여야 한다. 하지만 임신이나 출산으로 인해 자신의 능력이 정말 제한받는 사람들은, 유사하게 일을 못 하게 된 다른 사람들에게도 편의가 제공되지 않는다면, 임신차별금지법에 의해 보호받지 못한다.[57] 이것은 민권법 제7편에 일반적으로 근거했을 때, 임신차별금지법은 일을 할 수 있음에도 임신 때문에 일을 할 수 없다고 그릇되게 고정 관념화된 제한된 경우에만 주로 도움이 된다는 의미이다. 하지만 임신으로 인해 직장의 요구를 다 마치는 데 진정으로 어려운 여성의 경우, 이들은 일반으로 보호받지 못한다.

연방대법원 *International Union, UAW v. Johnson Controls* 사건은 민권법 제7편이 일과 가족의 양립을 구성하는 데 있어 문제가 되는 모습을 보여준다.[58] 이 사건에서 배터리 제조사인 피고 존슨사 노동자들은, 불임을 소견서로 증명한 사람들을 제외하고, 납에 실제적인 혹은 잠재적인 노출을 포함하는 작업에서 모든 여성을 제외하고 있는 회사의 정책에 이의를 제기했다. 회사는 납으로 인한 불임의 위험에 대응하고자 이와 같은 정책을 제도적으로 시행해왔다. 원고측은 존슨사의 정책이 성별을 이유로 차별을 금지하는 민권법 제7편을 위반했다고 주장했다. 반론으로, 사측은 비록 회사의 배제적인 정책이 여성을 남성과 다르게 대하지만, 그것은 직업적격 (bona fide occupational qualification, BFOQ)상 예외이기 때문에 적법하다고 항변했다. 이 같은 예외는 "만일 특정 직종이나 업종의 정상적인 작업에 합리적으로 필수적이라면" 성별에 근거해 차별하는 고용 관행을 허용하는 것이다.[59]

연방대법원은 원고측 손을 들어주면서, 직업적격의 예외는 관련된 작업을 수행하는 능력 혹은 능력 없음에 해당되기 때문에, 따라서 이는 납 노출에 따른 태아에 대한 유해 가능성을 고려할 수 없다고 판단했다. 재판부에 따르면, "출산이 가까운 산모의 고용은 보통 태어날 아이에게 위험할 수 있다 … 하지만 의회는 고용주가 본인의 직무를 다하는 여성의 능력만을 고려할 수 있다고 명시하고 있다."[60] "다음 세대의 안녕(welfare)"[61]은 이 같은 시각으로는 인식될 수 없다. "누구도 다음 세대 아이들에 대한 피해의 가능성을 무시할 수 없다. 그렇다 하더라도 직업적격은 미래 세대 아이들에 대한 깊은 사회적 관심을 배터리 제조의 본질적 성격으로 탈바꿈할 정도로 그 적용 폭이 크지는 않다."[62] 아이들의 안녕과 아이들의 안녕에 대한 공적 이해관계를 기각하며, 재판부는 "미래 아이들의 안녕에 대한 결정은 아이를 품어서 낳고 기르고 지원하고 키우는 부모들에게 있어야 하기" 때문에, 사측의 정책이 불법이라 판시하면서 이 이슈를 부모의 자율성 문제로 상정한다.[63]

존슨사 판례는 일과 가족의 양립에 무엇이 문제가 되는지에 대해 민권법 제7편이 파악하기 어려운 많은 지점을 보여주며, 이러한 시각이 중요한 많은 가치를 왜곡 또는 배제하는 방식을 보여준다. 이러한 시각에서 자율성과 평등만이 적실한 이익으로 부각되며, 의존성의 이슈는 적실하지 않은 것으로 사절되고, 국가는 시민의 선택에 대해 적정하게 중립을 지켜야 하는 것으로 본다. 이렇듯 차별금지(antidiscrimination) 분석은 롤지안 자유주의 이론과 공통점이 많다. 필자는 이들 특징을 차례로 논의하고자 한다.

(자유와 평등의 관점에서 짜여진) 개인적 정의에 맞춰진 초점

존슨사의 사례에서 볼 수 있듯이, 민권법 제7편은 개인에 초점이 맞춰진 정의를 증진하기 위해 제정된 차별금지법이다. 이는 롤지안 자유주의 이론처럼, 민권법 제7편은 정의에 적실하다고 고려되는 가치들——자유와 평등——로 적실한 이슈를 성형한다. 이러한 시각에서 보면, 자신의 사업을 운영하는 권리의 관점에서 고용주의 자유라는 자유주의 이해관계는 자유와 성평등에 대한 고용인의 이해관계와 대치되게 된다. 현대자유주의 이론에서처럼, 자유와 평등으로 제한한 범주 밖에 있지만 중요한 가치들——아이들과 부모의 안녕, 정치공동체 미래 시민의 발전, 가족의 안녕 등을 포함한——은 배제된다.[64]

일부 정치영역에서 성평등이란 가치에 상당한 불편함이 있지만 가족의 중요성에 대해서는 상대적으로 의심할 여지 없는 정치적 공감대가 있는 사회에서, 아이를 돌볼 수 있게 보호해 달라는 사람들이 성차별의 관점에서 자신의 주장을 견지해야 한다는 것은 다소 아이러니하다. 하지만 바로 이 점이 정확히 민권법 제7편이 요구하는 바이다. 이러한 측면에서, 불리한 고용 조치(adverse employment actions)가 성평등과 연결될 수 있고 따라서 성평등의 가치와 연결될 수 있을 경우에만, 민권법 제7편은 고용인의 가족돌봄책임에 근거한 불리한 고용 조치로부터 고용인을 보호한다. 나아가, 가족을 돌보는 노동자의 책임은 그 자체로 보호되지도 장려되지도 않는다. 부연하자면, 해당 노동자의 이해관계는 그녀의 직무가 (가족돌봄에 대한 책임이 성차별과 연결된다는 전제로) 가족돌봄의 책임으로 인해 불리하게 영향받아왔을 때 오직 고용된 노동자로서 보호될 뿐이다. 노동자이자 부모로서 가족돌봄에 대한 책임이 직무에 대한 책임에 의해 불리하게 영향을 받아왔거나 앞으로 받게 될 때에는 법은 침묵한다. 만약 가족돌봄은 책임질 생각은 말고 일만 책임지면 된다고 모든 여성 노동자를 설득할 수 있다면야, 민권법 제7편의 전제 조건들은 충족될 것이다.

더 나아가, 존슨사 사건 재판부는 이 같은 접근이 인식하는 가치들을 특별하고 논쟁적인 방식으로 해석한다. 재판부는 고용인의 자율성을 롤지안 자유주의 이론이 이해하는 방식——부모의 선택에

대한 불간섭 지대를 단지 요구하는 것으로——과 동일한 방식으로
개념화한다. 이러한 개념화는 부모의 자율성이 제한될 수 있는 방
식을 고려하지 못한다. 고용인이 아이들의 복지를 신경 쓸 수 없게
함으로써, 아이들의 복지에 대한 고려를 순전히 사적인 것으로 생
각하게 만든다. 따라서 부모는 내키지 않는 두 가지 중 하나를 선택
하게 된다. 하나는 부모가 자신의 일을 선택할 수 있으며 그렇게 함
으로써 아이들의 경제적 안정을 도모할 수 있지만, 이 경우 부모 노
릇을 하는 적절한 기회(예를 들어, 태아 위험의 경우에)가 주어지지
않을 수 있다. 다른 하나는 아이들을 기르는 데 경제적으로 어려울
수 있지만, 부모의 돌봄을 충분히 받아서 심신이 건강한 아이로 키
우는 것을 담보할 수 있는 길을 확실히 선택하는 것이다.

추가적으로, 차별금지조회(antidiscrimination inquiry)를 남성과
평등한 고용조건과 고용요건을 여성에게 보장하고 있는지를 묻는
것으로 한정했다는 점에서, 존슨사 사건의 재판부는 궁극적으로 실
질적인 성평등의 목적을 반감시켰다. 임신이나 돌봄에 대한 편의제
공에 대한 요구없이 여성을 남성과 똑같이만 대하라고 요구하는 것
은, 아이들의 복지와 이러한 복지가 고려되지 않는 직무 사이에서
선택하도록 여성에게 요구하는 것이다. 따라서 존슨사 사건은 이론
적으로 여성의 승리로 보이나,[65] 평등이라는 여성의 이해에 대한 재
판부의 무지한 개념정의는 궁극적으로 노동시장을 떠나서 아이를
낳고 키우길 바라도록 여성을 강제하는 위험을 초래했다.

차별금지법의 프레임이 편협하기는 하지만, 존슨사 판결이 잘못
된 결정이라는 이야기는 아니다. 오히려 이는 중요한 이익의 범위
를 조정하기 위해서는 민권법 제7편의 개인적 정의 패러다임보다

더 넓은 틀이 필요하다는 이야기이다. 민권법 제7편에 적용된 패러 다임에 따르면, 고용주는 그 직무가 남성에게 열려있는 한, 여성도 태아 위험이 있는 직무에 머물도록 해야 하지만, 더 넓은 범위의 이 익을 고려하지 못할 수 있다. 더 넓은 틀에서 보면, 국가는 성평등뿐 만 아니라 현재 아이들과 미래 아이들의 복지를 포함한 다른 이익 들이 고려되도록 요구할 수 있다. 그렇게 함으로써, 고용주가 임신 한 직원을 위해 안전한 직업구조를 만들도록 요구하거나, 대안으로 아이를 갖고자 하는 여성과 남성에게 동일한 급여에서 더 안전한 직무로 전환할 수 있는 기회를 제공하도록 요구하는 것과 같이, 더 넓은 범위의 가치들이 더 좋게 조정된 다른 해법이 나왔을 수 있다.

인간의 의존성을 보지 못함

노동시장에서 차별을 근절한다는 제한된 목적으로 인해, 민권법 제7편에서는 인간의 삶에서 의존성이라는 중심가치를 파악할 수 없게 된다. 임신 중 일어날 수 있는 장애에 대한 인정을 제외하고, 민권법 제7편은 의존성을 인정하지 않는다. 임신한 노동자의 의존 성을 인정하는 범위도 역시 매우 제한적이다. 임신 관련 상태는 "의료적 돌봄이나 치료가 일상의 일부이거나 정상일 정도로 역량 을 떨어뜨리는 상태"로 제한된다.[66] 따라서 임상적으로 탈수라고까 지 볼 수 없는 일반적인 수준의 입덧은 인정되지 않는다. 더 나아가 민권법 제7편은 양육에 대한 보호를 제공하지 않는다. 임신차별금 지법에 대한 하원 보고서에 따르면, "여성이 집에서 아이를 돌보고 싶다면, 임신과 관련하여 의학적으로 결정된 상태가 아니기 때문에, 어떤 혜택이 지급되어서는 안 된다"고 보고 있다.[67]

Troupe v. May Department Stores 사건[68]에 대한 제7순회재판부의 항소결정문은 임신차별금지법이 임신한 여성을 충분히 보호하지 못하고 있음을 강조한다. 이 사건에서 임신한 백화점 판매원인 원고는 심한 입덧으로 인한 연이은 지각으로 보호관찰(on probation)을 받았다. 이어 그녀는 출산휴가를 시작하기로 예정된 전날 해고 통보를 받았다. 제7순회재판부의 포스너 판사(Judge Posner)는 민권법 제7편이 임신으로 인한 지각을 해고하지 못하게 한다는 주장을 받아들이지 않았다.

> 원고의 변호인은 원고가 몸이 정말 안 좋았으며 의사의 권고도 있었기 때문에, 그녀를 비난하면 안 된다고 강변한다. 임신차별금지법에 따라 고용주가 다른 건강상의 이유로 동일하게 지각한 직원을 대우하는 것보다 입덧에 시달리는 직원을 더 잘 대우해야 한다고 원고가 주장한 것이라면, 그것은 이유가 된다. 하지만 이렇게 주장한 것이 아니다. 만약 고용계약을 하지 않은 (원고와 같은) 노동자가 아프다는 이유로 일을 안 할 수 있다면, 민권법 제7편의 어떠한 어떤 조항도 고용주가 노동자를 계속 유급처리해 줄 수 있는 근거가 되지 않는다.[69]

다시 말해, 민권법 제7편은 직원의 임신이라는 사실을 백안시한다. 임신에 의한 능력 저하에 주목해서 적극적으로 이를 수용하게 하는 요구사항이 없다.

포스너 판사는 비록 백화점 측이 출산휴가를 마치고 돌아올 것이라 확신하지 못했기 때문에 원고를 해고했지만, 이 또한 합법이라고 선고했다. 그에 따르면, 백화점 측에서 한 해고는 민권법 제7편에서 금지한 임신에 대한 반감이라기보다 직원을 해고해야 하는 합리적인 재정적 이유가 된다고 보았다. 포스너 판사에게 요점은 민권법 제7편은 노동시장에서 임신한 노동자를 실질적으로 보호하지 못한다는 점이다. 포스너 판사에 따르면,

임신차별금지법은 페미니스트 학자들의 촉구에도 불구하고, 고용주가 출산휴가를 제공하거나 혹은 임신한 여성이 수월하게 일할 수 있도록 하는, 예컨대 임신기간에도 그녀의 배우자처럼 계속해서 일하도록 다른 조치를 취하게 요구하는 요건이 없다. "임신으로 인한 의학적 능력 저하에서 회복된 이후에 복직하겠다는 노동자의 결정에도 그 노동자를 고용했을 때의 이익 실현가능성이 조건화되는 지점까지,"[70] 고용주는 임신한 여성을 임신이 아닌 이유로 능력 저하된 다른 노동자들을 대할 때처럼 비정하게 대할 수 있다.

그렇기 때문에 민권법 제7편은 어머니와 태아의 복지를 보호하기 위한 도구가 아니며, 일반적으로 성평등이나 노동현장에서 여성의 실질적 포용을 진흥하기 위한 도구도 아니다. 오히려 민권법 제7편의 역할은 임신한 여성에 대한 비합리적인 반감을 노동현장에서 단지 근절하는 것이다.

아이의 의존성에 관해서도 민권법 제7편은 돌봄제공이나 인간발달에 대한 보호를 보장하지 않는다. 대신, 민권법 제7편은 여성이 남성에 비해 상대적으로 불이익을 받을 수 있는(또는 그 반대의 경우) 다른 방식에 대한 보호의 수준만큼만 돌봄이나 인간발달에 대한 보호를 제공한다. 다시 말해, 차별금지 프레임 내에서 가족돌봄

의 책임을 다루는 것은 그 자체로 돌봄에 대한 실질적인 지원이나 편의를 필요로 하지 않는다. 실제로 돌봄과 인간발달이 인간의 존엄성, 아이의 번영, 건강한 정치공동체의 중심이기 때문에 이를 지지하는 긍정적인 이유는 차별금지의 논거 내에서 이해될 수 없다.

국가의 중립성

민권법 제7편의 패러다임에서 규정하는 국가활동의 한계는 개인적 정의에 초점을 맞춘 롤지안 프레임에서 제시된 합법성 모델(model of legitimacy)을 거의 똑같이 답습하고 있다. 민권법 제7편의 패러다임에서는 자율성과 평등의 관점에서 개념화된 개인의 권리를 관철시키기 위해 국가가 뭔가를 하는 것은 적절하다. 하지만 그 외의 다른 가치들을 추구하는 것은 부적절한 국가의 간섭으로 이해된다. 이러한 관점에서 국가는 개인이 자신의 가치 있는 목적을 선택할 수 있는 공정한 절차로 정의되는 권리라는 중립적인 프레임을 제공할 뿐이다. 이러한 국가의 중립성 개념(2장에서 논의할 바와 같이 실제로는 결코 중립적이지 않은)으로, 시민의 권리에 대한 국가의 보호는 시민의 자유와 평등의 보존이라는 중요성에 근거하여 정당화된다. 시민의 권리에 대한 국가의 보호는 좋은 삶에 대한 실질적인 비전을 강요하지 않으며, 특정한 모습의 삶을 다른 모습의 삶보다 우선시하지도 않는다. 이러한 정부 중립성 개념 하에서 노동자, 그들의 자녀 및 노부모의 복지 증진과 같은 가치들을 가장 잘 실현하기 위해 일(work)을 어떻게 구조화할 수 있는지의 문제는 고려의 대상이 아니다.

마찬가지로 이러한 중립성 프레임 내에서 시민은 특정한 삶의 방식을 선택하거나 특정한 활동에 참여할 수 있지만, 국가는 이를 근거로 시민에게 추가 자원을 제공하지 않을 수 있다. 대신에 개인의 결정은 사적 일인 개인의 선택 문제로 다뤄진다. 이 관점에서 돌봄은 중립적인 국가가 지원하지도 처벌하지도 않는 가족구성원의 선택이 된다. 존슨사 사건에서 연방대법원이 이 문제를 다루는 논지를 다시 생각해보자. 대법원은 "미래 아이들의 복지에 대한 결정은 아이를 낳고 키우고 지원하고 기르는 부모에게 있어야 하기 때문에" 고용주는 태어나지 않은 아이들의 건강을 고려할 수 없다고 판시했다.[71]

공적 영역과 사적 영역의 분리

민권법 제7편의 사법적 판단에 있는 공적 영역과 사적 영역 사이의 분리선은 롤즈의 개념에서도 반복된다. 재판부의 판단이나 롤즈의 이론 모두에서, 국가의 역할은 사적 영역의 동학을 훼손하지 않도록 하면서 사적 영역 밖에 있어야 하는 것이다. 이 관점에서 볼 때 개인의 선택은 롤지안 프레임에서처럼 전적으로 자발적인 것으로 다뤄져야 하며, 그러한 이유로 국가의 방해와 도움이 없는 상태로 남겨져야 한다. 따라서 *Maganuco v. Leyden Community High School District 212* 사건[72]에서 재판부는 원고 측 주장을 "임신과 출산이 일정 기간의 장애를 유발한다는 생물학적 사실에 의존하는 것이 아니라 … 태어난 아이와 함께 집에서 시간을 보내려고 복직을 하지 않은 교사의 선택에 따라 달라진다"고 해석했다.[73] 이어 재판부는 그녀가 부모가 되지 않을 수 있는 길을 "선택"할 수 있었다는 점을 근거로, 원고에 대한 법적 보호를 인정하지 않기 위해 선택으

로서 양육(parenting-as-choice)이라는 해석을 사용했다.[74]

이러한 프레임이 의존성이란 인간조건을 인정하는 정도만큼, 이 프레임은 인간조건으로서의 의존성을 국가의 부적절한 관심사로 본다. 대신 의존성은 가족을 이끄는 자율적인 성인이 적정하게 관리하는, 가족의 울타리를 넘지 않는 선에서 적정하게 제한된다. 이러한 관점에서 돌봄을 지원하는 것보다, 다른 사람의 침해로부터 개인의 권리를 보호하는 측면에서 국가책임의 개념이 나오게 된다. 이러한 관점은 아동을 사회적 지원이 배제되는 개인 선택의 산물로, 따라서 성인 자율성의 또 다른 표현으로 생각함으로써 더욱 강화된다. 이 프레임에서 우리는 국가가 자녀를 돌보는 부모를 적극적으로 지원할 수 있는 방법을 인식하는 것보다, 자녀를 부모의 개인적인 자율 영역에 속하는 것으로 ──그렇기 때문에 부모가 맞다고 생각하는 방식으로 자녀를 키울 수 있도록 부모에게 간섭으로부터 자유로울 수 있는 권리를 부모에게 허용하는 것으로── 생각하는 것이 훨씬 더 쉽게 된다.

공적 영역과 사적 영역을 개념적으로 구분하는 것은 국가가 돌봄과 인간발달에 관심을 두는 것이 적정하지 않다는 발상을 강화한다. 이처럼 이분법적으로 두 측면을 분리함은 고용 상황에서 양육에 대한 보호를 어렵게 한다. 첫째, 일의 영역은 "사적인" 가사의 영역과 대조되는 "공적인" 것으로 이해된다. 그런 다음 각 영역에 관련된 활동은 해당 영역에 한정되는 것이 적정하다고 본다. 이 입장에서 보면 사적 영역과 관련되는 아이돌봄과 같은 활동은 노동이라는 공적 영역의 고려대상에서 제외된다. 이러한 이유로 직장은 일부 사회정책──고용주가 노동자의 보상 및 실업보상 시스템에 지불하도록 요구함으로써 노동자의 복지를 보호하는 정책을 포함한——에 적합한 장소로 간주되지만, 임신, 출산 또는 육아를 근거로 휴가를 제공하는 법률은 "사회 공학(social engineering)"으로 간주된다. 이 러한 이데올로기는 육아(parenting)를 직장과 경제영역 밖의 이슈로 몰아내고, 많은 정규직을 육아와 부합되지 않는 구조로 방치한다. 돌봄이 가치있다고 간주되는 영역은 가족이라는 사적 영역에서만이다.[75]

공/사 이분법이 여성의 평등에 갖는 함의에 대해서는 많은 페미니스트 연구자들이 탐구해왔다.[76] 이들은 특정한 활동과 자질이 사적 영역으로 배속된 여성과 전통적으로 연관될 뿐만 아니라, 여성 자신도 사적 영역과 관련되는 경향이 있다고 지적한다. 실제로 이 같은 이분법의 유지는 사회의 젠더화된 구조에 달려 있다. 즉, 공적 세계가 가정을 배제할 수 있는 이유는 여성이 사적 영역에 남겨져 자녀양육, 노인가족 돌봄과 같은 필수 업무(necessities)를 전담하기 때문이다. 이러한 공식화 때문에, 돌봄을 하며 시민사회에 진입하는 여성은 사적 영역의 요구로부터 자신을 분리할 수 있는 자유주의적 주체와 같은 사회적으로 "남성"으로서 진입해야 한다. 가족의 필요를 충족시키기 위해 여성이 집에 있어야 하는 이상, 이는 여성에게는 사실상 불가능한 일이다.

"공"과 "사"를 분장(分掌)하는 자유주의적 구분의 두 번째 측면 역시 일하는 부모에 대한 지원을 잠식한다. 이 개념에서 직장은 가사영역과 대비되는 공적인 영역이지만, 정부라는 공적 영역과 대비하면 직장은 사적 영역이다. 공/사 이분법의 첫 번째 측면이 가족돌봄책임이 사적 영역이기 때문에 직장이 가족돌봄책임을 수용해서는 안 된다는 것이라면, 두 번째 측면은 돌봄을 인정하지 않는 직장의 정책을 비정치적인, 단지 고용주의 사적이고 개인적인 결정 영역의 것으로 보이게 한다는 것이다.[77] 따라서 일과 가정의 문제가 양립하는 영역에서 육아 이슈는, 첫째 가정문제로 분류되어 업무영역에 개입하기에 부적절하고, 둘째 경제시스템과 교차하므로 전혀 정치적이지 않은 문제로 분류된다. 개인권리의 관철에 주목하는 중립적인 국가는 어느 것 하나에도 관계되면 안 된다.

가족의료휴가법

돌봄담당의 책임을 그 자체의 권리로 보호하기 위해 일과 가족의 양립을 규제하는 유일한 연방법은 가족의료휴가법이다. 가족의료휴가법은 몇 가지 측면에서 민권법 제7편이 한쪽 눈을 감고 투영하고 있는 협애한 비전을 넘어서고 있다. 특히 가족의료휴가법은 가족의 중요성을 인정하고 있으며, 다른 중요한 가치들과 함께 돌봄을 보호하고 있다. 가족의료휴가법의 전문(前文)은 "아이들의 발달과 가족"의 중요함, "직업의 안정과 육아 중 하나를 선택하"도록 강요당하지 않고도 "영유아기 아이들의 양육에 함께할 수 있어야 하는 아버지와 어머니"의 이해관계, "가족의 온전함(family integrity)"을 보존하려는 국가적 이익, 그리고 남성과 여성의 기회평등의 목적을 확인하고 있다.[78] 또한 가족의료휴가법은 돌봄에 대한 적극적인 보호가 가능하도록 견고한 밑받침을 마련하고 있다. 즉, 대상이 되는 노동자는 복직 후에도 연간 합계 최대 12주의 휴가를 쓸 수 있으며 그 후에는 일자리가 법으로 보장되도록 하고 있다.[79] 가족의료휴가법의 적용 범위가 협소하기는 하지만, 이 법이 중요한 역할을

하고 있음은 의문의 여지가 없다.[80]

그러나 가족의료휴가법이 실제로 제공하는 돌봄에 대한 지원은 사회에서 필요한 돌봄의 전체 수준을 감안하면 미미하다. 이 법은 50인 이상의 사업장에서 일하는 노동자를 대상으로 하며 또한 노동자는 구체적인 요건을 충족해야 하기 때문에,[81] 대략 50%의 노동인구만이 해당되게 된다.[82] 나머지 약 6,500만 명의 노동자들은 해당되지 않는다. 더욱이 가족의료휴가법은 노동자가 휴가 후에 직장으로 돌아갈 수 있도록 보장할 뿐 임금보존에 대해 규정하고 있지 않다.[83] 그 결과 해당 노동자의 대다수(약 78%)가 혜택을 사용할 여유가 없는 실정이다.[84] 그렇기 때문에 단지 3개 주에서만이 부모보호의 공백을 보강할 수 있도록 노동자에게 응급상황에 대해 유급가족휴가를 제공하는 조치를 적극적으로 취하고 있다.[85] 또한 이하에서 설명하겠지만, 가족의료휴가법은 가족-국가 관계에 관한 문제가 있는 전제를 여전히 포함하고 있다.

비정상 조건으로 이해되는 의존성

가족의료휴가법은 의존성을 인간의 조건으로 인정하지만, 극히 제한적인 방식으로 그것을 인정한다. 가족의료휴가법은 가족구성원에게 필요한 돌봄 대부분을 포함시키지 않는 방식으로 휴가 요건을 개념정의한다. 부모는 자녀의 출생 또는 입양과 관련된 상황 또는 심각한 의학적 응급상황에 대해서만 자녀를 돌보기 위해 휴가를 쓸 수 있다. 다른 상황에서 돌봄을 위한 시간이 필요한 부모는 알아서 해야 한다.[86] *Kelley v. Crosfield Catalysts* 사건에서 담당 지방법원은 다음과 같이 판시한다.

이 법은 가족의 모든 응급상황에 적격 휴가를 제공하지 않는다. 경찰서나 학교에서의 연락, 집에서 누가 붙어 계속해서 돌봐줘야 할 정도가 아닌 경미한 질환, 또는 아이나 부모가 생활하다 겪게 되는 일신상의 위험 등 이 모두가 가족돌봄의 책임과 직장의 책임 사이의 심각한 충돌을 유발하는 것은 아니다. 이 중 어떤 경우도 가족의료휴가법에 해당 되지 않는다. 입법의 역사를 참조하면, 법이 적용가능한 네 가지 경우가 있다. 자녀 출생이나 입양 또는 초기 위탁양육과 관련한 휴가를 제공하기 위해 … 심각하게 아픈 자녀, 배우자 또는 부모를 돌보기 위해, 또는 노동자 자신의 심각한 건강상태를 살피기 위해 휴가가 제공된다. 법은 그러한 상황에서 최소한의 보호를 제공한다.[87]

가족의료휴가법의 범위는 또한 노인에게 필요한 대부분의 치료를 제외한다. 노인에게 필요한 도움의 대부분은 비교적 일상 속 특별하지 않은 상황들이다. 예를 들면, 더 이상 운전을 못하실 때 필요한 곳에 가시도록 모셔드리기, 적절한 식료품이 있는지 확인하기, 식사 준비를 도와드리기, 약국에서 필요한 제산제 구입해 드리기 등이다. 하지만 가족의료휴가법의 적용대상은 의료적 돌봄(medical care)을 필요로 하는 심각한 건강상의 문제로 국한되기 때문에, 이들 활동 중 어느 것도 해당 법의 적용대상이 아니다.

노인돌봄의 맥락에서 가족의료휴가법의 문제는 *Pang v. Beverly Hospital* 사건[88]을 통해 여실히 드러난다. 이 사건에서 원고는 어머니의 이사를 돕기 위해 휴가를 썼다는 이유로 자신을 해고한 고용주를 가족의료휴가법을 근거로 고소하게 된다. 원고인 팡(Pang)의 어머니는 나이 및 고혈압, 관절염, 순환기 문제와 심장상태 등을 포함한 의료적인 문제 때문에 이사를 해야 했다. 팡의 어머니는 신체 균형에 문제가 생기기 수년 전부터 뇌혈관계 장애를 겪고 있었으며, 한쪽 팔이 움직이지 않는 또 다른 불편함을 겪고 있었다. 상황이 이렇다 보니, 팡의 어머니는 더 이상 2층 집에서 살 수 없었다. 팡의 어머니는 누군가의 도움 없이는 짐을 꾸릴 수 없었기 때문에, 팡은 어머니의 이사를 돕기로 했다. 하지만 팡이 자신의 고용주에게 휴가를 쓰고 있다고 알리자, 팡이 직장을 포기하는 것이라는 판단으로 고용주는 그녀를 해고했다.

캘리포니아주 항소법원은 어머니에 대한 원고의 도움은 법령의 범위를 넘어선다는 점을 들어 사실심(事實審)에서의 기각판결을 확정했다. 재판부에 따르면, "팡이 말한 대로 그녀는 그녀가 어머니의 의료적 돌봄을 직접적 혹은 간접적으로라도 제공하거나 관여하기 위해 그곳에 있었던 것이 아닌 점은 분명하다. 대신 그녀는 어머니가 짐을 꾸리는 것을 돕기 위해 그곳에 있었다."[89] 재판부는 계속해서 다음과 같이 판시했다.

재판부도 어머니의 여러 가지 질병 때문에 이사를 간 것이었다는 팡의 주장에 공감한다. 그렇다고 해도 팡의 어머니는 요양원에 있지 않았으며 또한 돌봄을 받기 위해 다른 곳으로 이사하는 것도 아니었다 … 경사로 뻗어 위험해 보이는 계단과 정원 일을 해야 하는 2층 집은 팡의 어머니가 다루기에는 너무 벅차서, 이는 아파트로 이사하는 결정을 내리도록 야기하였다. 하지만 이것은 [의료적인] 돌봄 차원의 변화가 있었다고 보기에 어렵다. 오히려 이사는 팡의 어머니가 돌봄과 치료 없이도 지금 살고 계신 상황을 계속되게 할 수 있도록 하기 위

한 목적이었다.[90]

자율적으로 번영하는 가족

가족의료휴가법은 의존성을 마지못해 인정하면서 여전히 가족의 자율성이란 모델을 전제한다. 국가 지원 없이 휴가를 정당하게 쓸 수 있는 자격을 출산이나 입양 혹은 부양가족의 심각한 질환으로 제한하고 보호기간도 12주로 한정함으로써, 가족의료휴가법은 사회에서 돌봄필요의 대부분이 국가의 지원 없이 가족에서 적정하게 해결되어야 한다고 전제한다. 가족의료휴가법에서는 자녀를 양육하거나 연로한 부모를 돌보기 위해 12주보다 훨씬 더 많은 시간이 필요하다는 사실, 대부분의 부모와 성인이 된 자녀는 그 시간동안 일을 해야 한다는 사실, 그리고 돌봄의 대부분이 가족의료휴가법에서 요구하는 의료적 요건으로 유발되지 않는 조건 때문에 돌봄을 해야 한다는 사실 등이 고려되지 않는다. 중차대한 인생의 사건사고나 응급상황이 아닌 평범한 일상에서 국가가 가족을 지원해야 할 필요는 없다. 이 관점에서 볼 때, 가족에 대한 국가의 지원은 가족이 스스로의 자원을 소진해 버린 아주 드문 경우만 국가가 가족에 지원한다는 의미에서 잔여적이다.

가족의료휴가법의 기조를 이루는, 가족은 적정하게 자율적이어야 한다는 전제는 학문적 이론화보다 공적 담론의 장에서 훨씬 더 많은 관심을 받은 사조(思潮) 속에서 강화된다. 이러한 사조는 다양한 유형의 공적 지원을 받는 가족의 의존성이라는 위협, 이에 대비하여 자율적인 가족의 상반된 이미지를 제시한다.[91] 이러한 의존성의 위협은 가족 자율성의 "정상적인" 상태가 무너진 경우에만 그리고 위기가 극복될 수 있을 때까지만 공적 지원이 필요악으로 정당화된다. (공적 지원의 관점에서 볼 때) 자율성과 의존성이란 이분법은 가족에 대한 국가의 지원을 긴급상황과 파국(breakdown)이라는 조건으로 제한한다. 따라서 가족의료휴가법은 국가가 부모와 자녀의 정상적인 생활과정에서 돌봄을 지원하는 근거를 검토하지 않는다.

가족은 국가의 지원 없이 적정하게 돌아가야 한다는 전제는 의존성을 위협으로 인식하는 전제와 결합하여, 가족의료휴가법에서의 돌봄에 대한 지원을 위기 상황으로만 제한한다. 돌봄을 지원하는 정부의 역할에 대한 인정은 매우 인색해서, 이를 인정한다 해도 그것은 빙산의 일각 같은, 예를 들면 전문의료진이라야 증명할 수 있는 구체적이고 분명하고 명백한 필요상황에서만 인정된다. 국가는 비정상적인 경우만 뭔가를 해야 한다는 입장을 견지하기 때문에, 노인 가족구성원에 대한 돌봄의 필요가 가시화되지 않듯, 아이들의 평범하고 일상적인 필요—아이들을 먹이고, 감독하고, 함께 놀고, 가르쳐야 할 필요— 등도 이러한 기준으로는 보이지 않게 된다.

요약하면, 가족의료휴가법은 롤지안 이론이나 민권법 제7편과 비교했을 때 더 광범위한 시각에서 가족-국가관계에서 상충되는 이해관계를 인정하는 변화의 신호이다. 가족의료휴가법은 의존성이라는 사실, 돌봄의 중요성, 그리고 돌봄과 가족 간의 연결고리를 인정했다는 점에서 의미있는 진전이라 할 수 있다. 하지만 이 법이 롤지안 자유주의를 넘어선 부분은 크지 않으며, 또한 이 법이 제공하는 보호 역시 상당히 제한적이다.

현행 프레임의 결과

종합해보면, 민권법 제7편과 가족의료휴가법은 일과 가족을 충분히 보호하지 못하는 자유주의 정치이론의 신조를 보여준다. 지배적인 관점이 된 개인에 초점을 맞춘 정의 프레임은 적실성 있는 가치를 자유와 평등으로 제한하며, 이외 다른 가치들이 고려되는 매우 드문 경우에서만이 단절적으로 인정됨을 보장하고 있다. 의존성의 만연한 주변화는 돌봄과 인간발달에 대한 유의미한 지원을 마비시킨다. 더욱이 국가가 권리보호 이외의 문제에 대해서 간섭하지 말아야 한다는 시각은, 돌봄에 대한 지원이 예외적인 상황에서만 발생하도록 보장하기 위해 가족은 자율적이어야 한다는 믿음과 결합된다.

이 신조의 결과, 법으로 보호받아야 하는 많은 가족을 거의 보호하지 못하는 일-가족법(work-and-family law)이 되고 만다. 일과 가족의 갈등을 조정하지 못하는 현행법 때문에 결과적으로 가족은 이들 이슈를 사적 역량으로만 대처해야 한다. 돌봄책임을 덜어주지 못하는 직장구조와 가족에게 구제 수단이 못 되어주는 법 앞에서, 미국의 가족은 다양한 방식으로 이들 이슈에 대처하고 있다. 많은 경우 부모 모두가 장시간 노동시장에 뛰어들게 되고, 결과적으로 아이들은 유급보육시설에 맡겨진다. 다른 경우 일반적으로 부모 중 한 사람—일반적으로 여성—이 노동시장에 전일제로 뛰어드는 것을 포기하게 된다. 또 다른 경우, 부모는 집에서 아이를 돌봐야하기 때문에 비정규직 일을 하게 된다. 그러나 이러한 각각의 대안은 가족과 중요한 공적 가치 모두에 막대한 비용을 초래한다.

일하는 부모들

자녀가 있는 대다수 미국의 부모들——두부모가족의 부모나 한부모가족의 부모——은 전일제로 일을 한다.[92] 시간제 일자리는 급여나 후생에서 차이가 크기 때문에, 많은 부모들은 하는 수 없이 전일제로 일을 해야 한다.[93] 그래서 미국의 부모들은 다른 잘 사는 국가들보다 훨씬 더 긴 시간을 직장에 다닌다. 미국은 20세기 대부분 동안 평균 총 노동시간에서 대략 선진국들의 중간 정도였다.[94] 하지만 지난 30년 동안 다른 국가들은 주당 노동시간 규제나 강력한 노동조합을 통해 생산성을 높여 노동시간을 극적으로 줄이는 데 힘을 쏟았지만, 미국의 노동시간은 아주 조금 줄었을 뿐이다.[95] 미국의 평균 연간 노동시간은 1,966시간으로 스웨덴(1,552시간)보다 약 10주 정도 길며, 프랑스(1,656시간), 독일(1,560시간), 캐나다(1,732시간), 영국(1,731시간)보다도 길다. 이는 캐나다와 영국의 전일제 노동자가 미국의 전일제 노동자에 비해 대략 6주 정도 적게 일한다는 것을 보여준다.[96]

미국이 노동시간에 대한 규제가 부족하다는 것은 미국의 부모가 다른 국가의 부모보다 실질적으로 더 긴 시간 일을 한다는 의미이다. 맞벌이 가정의 경우, 미국 부모는 직장에서 주당 평균 80시간을 사용하는 데 반해 영국의 부모는 평균 71시간, 스웨덴의 부모는 주당 69시간 일을 한다.[97] 특히 주목할 만한 것은 매우 긴 시간 일하는 미국 부부의 비율이 높다는 것이다. 자녀가 있는 미국 맞벌이 부부의 거의 3분의 2가 부부 둘의 시간을 합쳐 주당 80시간 이상 일을 한다.[98] 미국과 유사한 11개국을 비교한 고닉(Janet Gornick)과 메이어스(Marcia Meyers)의 연구는 캐나다를 제외하고 다른 국가의 부모 중 3분의 1만이 그 정도로 일을 하고 있다는 것을 보여준다.[99] 더욱이 미국에서 자녀를 둔 부모의 13%는 주당 100시간 이상의 일을 한다.[100] 장시간 노동은 경력과 직급이 높아질수록 다반사지만, 그렇다고 높은 직급에 국한되는 것도 아니다. 제이콥(Jerry Jacobs) 과 거슨(Janet Gerson)의 연구에 따르면, 대학 학위를 가진 남성 노동자는 주당 평균 46시간 일을 하지만, 고등학교 학위를 가진 노동자도 이보다 약간만 적은 주당 평균 43시간 일을 한다.[101]

노동자에게 장시간의 노동이 요구된다는 것은 많은 노동자가 일과 가족의 갈등을 여러 형태의 유급 돌봄서비스에 장시간 동안 자녀를 맡김으로써 대처한다는 것을 의미한다. 어머니가 일하는 미취학 아이들의 4분의 3 이상이 부모가 아닌 다른 누군가의 보살핌을 받는다. 이들 중 대략 절반 이상의 아이들은 부모가 돌보는 형태가 아닌 돌봄의 형태에서 주당 35시간 시간을 보낸다.[102] 이것은 심지어 영유아에게도 해당된다. 어머니가 일하는 1세 미만의 영아의 3분의 2가 집이 아닌 곳에서 보살핌을 받는다. 2세와 3세 아동의 4분의 3 역시 그렇다.[103] 어머니가 일을 하는 6세에서 12세 사이의 학령기 아이들의 거의 절반이 방과 후 일주일에 평균 12.5시간을 부모가 아닌 돌봄시설에서 시간을 보낸다.[104] 더욱이 부모가 일하는 동안 6세~9세 아동의 5%는 혼자 집에 있으며, 그 비율은 10세~11세 아동의 경우 23%, 12세 이상의 아동의 경우 거의 50%에 달한다.[105]

대체로 이러한 보육시설은 아이들을 제대로 보살피지 못한다. 양질의 돌봄시설에 다니는 아이들은 부모의 돌봄을 받는 아이들만큼 괜찮지만, 규제가 느슨한 미국 대부분 돌봄시설의 질은 좋지 않다.[106] 주간돌봄시설의 절반 이상이 열악하거나 보통 수준 정도의 돌봄을 제공한다. 평균적으로 7개 시설 중 단 한 곳만이 발달에 충분한 돌봄을 제공하고 있다.[107] 이렇듯 초라한 돌봄은 이들 직군에 양질의 전문인을 고용하는 비용을 지불할 수 없거나 지불 의사가 없는 것과 관련된다. 고닉과 메이어스는 다음과 같이 지적한다. "아이돌봄센터 노동자의 평균 소득은 주차장 안내원과 거의 같으며, 가족돌봄제공자는 이들의 절반수준에 불과하다." 이들이 지적하듯 이 시스템은 아이들에게 초래하는 피해 외에도 많은 미국의 노동자를 빈곤하게 만들고 있다.[108] 이 시스템은 또한 방과 후 집에서 감독 없이 방치하듯 청소년을 제대로 돌보지 못하고 있다. 연구에 따르면, 청소년 범죄, 마약, 섹스 및 기타 위험한 행동은 감독이 없는 오후 시간 동안 크게 증가한다.[109]

또한 이 시스템은 어린 자녀가 있는 많은 가족의 재정을 위태롭게 한다. 부모가 아닌 돌봄의 방식은 대부분 시장을 기반으로 한다. 돌봄이 필요한 자녀가 있는 가족의 평균 아이돌봄 비용(2000년 기준)은 월 286달러, 즉 전체 가계소득의 9%에 달한다. 게다가, 소득이 낮은 가족에서 이 비율은 눈에 띄게 높아진다.[110] 어린 자녀가 있는 대부분의 가정은 저축이 많지 않은 직장생활 초기의 성인이 가장이라는 점을 감안할 때, 이는 감당하기 어려운 비용이다. 아이돌봄에 대한 보조금 부족은 미국의 높은 아동 빈곤율을 거들고 있다.

노동인구에서 부분적 혹은 완전한 배제
돌봄을 수용하지 않는 직장 때문에, 어린 자녀를 둔 많은 부모들은 경력을 쌓는 길(career track)을 떠나 유급 직장을 그만두거나 육아에 더 많은 시간을 할애할 수 있도록 업무과정이 가벼운 엄마의 길(mommy-track)에 있는 직업을 선택한다. 이는 가족이 가용할 수 있는 선택지에서 부모가 할 수 있는 최선의 결정일 수 있지만, 귀중한 공적인 가치의 차원에서 이 전략에는 여러 심각한 유해함이 존재한다. 이들 가치 중 하나는 성평등이다. 미국처럼 젠더 구조화된 사회에서 여러 가지 복잡한 이유로 노동시장에서 물러나는 것은 일반적으로 여성이다. 더욱이 진력을 다하는 노동시장에서 조금이라도 물러서는 것은 여성의 경제적 평등에 커다란 타격이 된다.[111] 그리고 많은 여성들은 단순히 정규직 중 덜 힘든 직무로 이직하는 것이 아니라, 정규직과 직무등가성에 있어 급여 또는 후생이 상당히 떨어지는 시간제 일자리로 이동하게 된다.[112]

대부분의 정규직 직장이 요구하는 긴 노동시간과 돌봄책임을 병행할 수 없는 어려움은 한부모가족에게 특히 더 무거운 짐이 된다. 돈벌이와 돌보는 책임을 분담할 배우자가 없다는 점에서, 일반적으로 엄마인 한부모의 가장은 가족을 충분히 지원할 수 있는 직장과 아이들에게 충분하고 확실한 양육을 보장하는 것 사이에서 선택해야 한다. 주 돌봄담당자로서 한부모는 많은 일이 요구되는 정규직 직장을 다니는 데 어려움을 겪으면서 상당수가 엄마의 길에 있는 직업을 선택하게 된다. 엄마의 길에 있는 직업의 상대적으로 낮은 임금은 미국에서의 부족한 보육보조금, 출산 유급휴가의 부재, 높은 아이돌봄비와 맞물려 성불평등을 지속시킬 뿐만 아니라 21.9%에 달하는 미국의 아동 빈곤율을 악화시키는 등 아이들에게 손해를 가중시킨다.[113] 이 비율은 많은 유럽국가에 비해 상당히 높은 수치이다. 예를 들어, 북유럽 국가의 아동 빈곤율은 2~4%이다.[114] 만성적인 아동빈곤은 지금 아이들의 삶을 위험에 빠지게 하는 것일 뿐만 아니라 미래의 전망을 불투명하게 하는 것이기도 하다. 이는 낮은 인지발달, 학업성취저하, 청소년임신의 위험 등에 아이들을 노출시킨다.[115]

비표준노동시간

일부 맞벌이 가족은 정규 근무 시간에 자녀를 돌보기 위해 한쪽 부모가 비표준(non-standard) 근무일정으로 전환하여 일과 가정의 갈등을 해결한다. 프레서(Harriet Presser)에 따르면, 5세 미만의 자녀가 있는 맞벌이 부부의 35%와 14세 미만의 자녀가 있는 부부의 31%에서 적어도 한부모가 비표준시간이나 주말에 일을 한다. 비록 많은 부모들은 서비스 직종의 특성상 그럴 수밖에 없다고 하지만, 비정규 시간에 일을 하는 어머니의 35%는 주로 자녀를 돌보기 위해 그렇게 한다고 말하며, 또 다른 9%는 또 다른 가족구성원을 돌보기 위해 그렇게 한다고 답한다.[116]

그러나 일명 "분할교대(split-shift)" 또는 "맞교대(tag-team)" 양육은 이들 가족에 상당한 비용을 부과한다. 비표준노동시간(working nonstandard hours)은 의료적인 위험으로 이어지며, 이혼의 위험도 상당히 높인다.[117] 야간에 일하는 기혼 남성은 주간에 일하는 남성에 비해 이혼할 가능성이 6배 높다. 야간에 일하는 기혼 여성은 주간에 일하는 기혼 여성에 비해 3배의 높은 이혼 가능성에 노출된다. 마지막으로 이러한 증거들을 종합해 볼 때, 비표준근무를 하는 부모를 둔 아이들은 학업성취도가 더 낮으며, 학교에서 징

계를 받을 가능성이 훨씬 더 높은 학생이 된다.[118]

이러한 선택의 비용

그렇다면 우리가 가진 것은 미국의 가족들이 돌봄과 상충되는 방식으로 구조화된 노동시장을 사적으로 대처해야 하는 시스템이다. 이 시스템에서 돌봄책임을 담당하는 노동자는 중요한 가치의 차원에서 모두 상당한 결함이 있는 일련의 대안 중에서 선택해야 한다. 그들은 장시간의 노동을 요구하는 직업을 받아들이는 대신, 규제가 적은 유급 돌봄담당자에게 상당한 비용의 외주를 줄 수 있다. 그들은 가족의 재정적 복지와 성평등에 상당한 비용을 감수하면서, 돌봄책임과 양립할 수 있는 시간제 또는 저임금 직업을 받아들일 수 있다. 혹은 그들은 유급 아이돌봄을 쓰지 않을 수 있지만 자녀와 결혼 자체에 높은 비용을 감수해야 하는, 비표준시간의 일자리를 수락할 수 있다. 그 결과 이는 자녀를 둔 가족을 경제적으로 위태로운 상황에 방치하는, 아이들과 그 부모에게 초라한 결과를 가져오는, 그리고 성평등에 대단한 피해를 감당하게 하는 시스템이다.

하지만 중요한 공적 가치에 대한 비용은 이 정도가 끝이 아니다. 현 시스템에서 손해를 보는 또 하나의 중요한 공적 가치는 시민적 동참(civic involvement)이다. 퍼트남(Robert Putnam)이 보여준 것처럼, 왕성한 민주주의(vigorous democracies)는 공동체에 동참하는 시민으로 구성된 번영하는 시민사회에 달려 있다.[119] 이러한 동참은 잘 작동하는 민주주의에 중요한, 사회적 신뢰와 호혜성의 규범을 고양하는 시민들 사이의 유대를 형성한다. 하지만 위와 같은 현재의 시스템은 건강한 수준의 시민적 동참과 시민의 유대를 위태롭게 하고 있다. 어머니들이 노동시장으로 나가고 미국 가족의 전체적인 노동시간이 증가하면서, 부모들은 그들이 일하지 않는 시간에 자녀양육의 시간을 확보하기 위해 고군분투해오고 있다.[120] 부모의 일정표에서 희생되었던 것은 시민적 결사 그리고 친구들과의 사회적 교제에 들였던 시간이다.[121] 민주주의가 필요로 하는 시민적 신뢰를 형성하는 데 시민 간의 유대가 중요하다는 점을 감안할 때, 이러한 결과는 국가의 미래를 암울하게 하는 것이다. 이와 같은 엄청난 비용을 전가하는 대안 간의 선택이 불가피한 것은 아니다. 유럽국가 대부분은 이러한 가치들의 충돌을 완화하고 가족이 그러한 비극적인 선택을 하지 않도록 보호하는 데 도움이 되는, 공적 책임과 사적 책임이 혼합된 시스템을 발전시켜왔다. 이에 비해 미국은 이 같은 제도적 구조를 구축하기 위해 노력한 것이 거의 없다.

결론

현대자유주의 이론과 미국법에 구현된 특정한 신조는 가족을 왜곡된 시각으로 비추고 가족-국가 관계를 협소하고 황량한 것으로 생산해왔다. 몇몇 신조——국가는 다른 가치들이 배제되더라도 개인의 정의, 자유, 평등에 적정하게 주목해야 하며, 시민은 의존성이 필요 없는 존재로 개념화되어야 하고, 국가는 시민의 선택에 있어서 중립적이어야 한다——는 가족에 주목하지 못하게 한다. 다른 신조——국가는 가족이 사적 영역에서 순수하게 있는 그대로 기능하도록 허용해야 하며, 가족은 적정하게 자율적이다——는 가족을 고려된 후에도 가족-국가 관계를 충분하게 개념화화하는 것을 막는다. 그 결과, 가족-국가 관계에 대한 부적절한 개념화는 아이들의 복지, 성평등, 시민적 동참을 포함하여 우리 사회가 대단히 많이 돌봐야 하는 많은 가치들을 어마어마하게 희생시키고 있다. 시민의 삶과 번영하는 정치공동체에서 가족이 수행하는 중요한 역할을 고려할 때, 이러한 단점을 해결하기 위한 자유주의 이론과 미국의 공공정책이 절실히 필요하다. 이러한 이슈들이 이제부터 필자가 살펴볼 내용이다.

돌봄지원국가의 이론화

돌봄지원국가의 이론화

롤즈(John Rawls)의 저작은 지난 3세기 이상 확장되어온 자유주의 정치이론의 일부이다. 가족이라는 이슈에 거의 주목하지 않았다는 점에서 롤즈의 저작도 이례적이지 않다. 가족을 정치영역(가족은 포함되지 않는 것으로 간주됨)에 적용해야 하는 원칙을 발전시키기 위해 장식물로 사용된 경우를 제외하면,[1] 자유주의 전통에서 가족은 거의 주목받지 못하고 있다. 가족을 뺀 설명방식은 자유주의 자체에 내재되어 있다. 한편으로 자유주의에 앞선 중세 정치사상과 다른 한편으로 자유주의 전통 사이의 구분점 중 하나는, 자유주의가 ―공동체 혹은 가족이 아닌 개인이 정치이론의 적실한 단위라는 관점을 구현하는― 방법론적 자유주의를 채택하고 있다는 점이다. 더욱이 자유주의 이론의 목적상 개인에게 적실한 것은 더 이상 가족에서의 지위를 포함하는, 사회적 관계(social network)에서 개인이 놓인 지위(position)가 아니었다. 대신, 개인은 자유와 평등 같은 개인에게 부여된 불가침의 인간존엄을 지닌다.[2]

개인에 집중하는 자유주의는 사회와 가족의 유대를 무시할 것을 요구하지는 않았지만 적어도 다른 곳에 관심을 두고 있다. 더욱이, 시민을 위해 개인의 자유라는 영역을 개척해온 자유주의자의 노력 역시 가족에 관한 관심으로부터 멀리 있었다. 왜냐하면 가족을 국가가 없어야 하는 사적 영역의 정수로 인식했기 때문이다. 따라서 이 계통의 이론가들이 정치이론의 주체를 가족과 동떨어진 자율적인 성인으로 묘사함이 불가피한 것은 아니지만, 그렇다고 이것은 완전히 우연의 산물도 아니었다. 홉스(Thomas Hobbes)에 대한 보수적인 비판가인 루시(William Lucy)는 300년도 더 전에 다음과 같이 논평했다. "내 생각으로 그는 인간이, 다른 인간과 어떤 관계도 없이 마치 땅에서 태어나고, 식물의 씨앗처럼 자라듯이, 인간에 대해 얘기하는 것으로 보인다 … [본성상 인간이란] 부모를 서슴없이 털어놓고 믿고, 부모에 복종하는 가련하고 무력한 아이로부터 만들어진다."[3]

그러나 가족의 이론화를 배제하는 자유주의 자체의 본질적인 것이란 없다. 실제로 초기 자유주의자들이 발전시킨 고전적 자유주의 이론은 현대자유주의보다 가족을 훨씬 더 충분히 고려하는 몇 가지 특징을 포함하고 있다. 첫째, 고전적 자유주의 이론은 롤지안 자유주의보다 도덕적으로 훨씬 더 큰 도덕적 복잡성을 구현한다. 권리와 자유의 보호가 고전적 자유주의의 주요 초점이었지만, 시민의 미덕과 인간발달은 여전히 중추적인 역할을 했다.[4] 제도를 시민의 미덕을 증진하는 데 사용할 수 있는 도구로서 이해한 초기 자유주의자들의 이해 역시 이러한 과정에서 가족이 담당하는 역할에 주목할 수 있게 했다.

고전적 자유주의자들이 인간의 본성을 루소에서 마르크스에 이르는 유럽 대륙의 이론가들보다 덜 유연하다고 본 것은 분명 사실이지만, 제도를 사회적 가치(societal goods)와 특권(previleges)을 분배하기 위한 단순한 전달 수단으로 보는 현대자유주의자들보다 고전적 자유주의자들은 그래도 제도가 시민의 모습을 갖춰가는데 도움이 되는 것으로 볼 가능성이 훨씬 더 높았다. 예를 들면, 로크는 법을 단순하게 개인의 권리를 중재하는 도구로 보지 않았다. "진정한 의미로 보면, 법은 자유롭고 지적인 행위자의 적정한 이익을 위한 한계라기보다 방향성이다. 법은 법 아래 있는 사람들의 일반선을 넘지 않는 처방을 한다."[5] 여기서 법은 개인의 자유 영역을 개척하는 것 이상이다. 법은 시민을 번영하는 공동체로 나아가도록 적극적으로 시도한다.

밀(John Stuart Mill)의 저작은 자유주의 이론에서 발전가능한 가족과 가족-국가 관계의 풍부한 이론화를 보여 준다. 밀은 비록 자유주의 전통에서 자유를 가장 오래도록 강변해온 저작들을 저술했지만, 그래도 건전한 시민과 좋은 정체 사이의 중요한 연결고리를 인식했다. "만일 우리가 가장 사소한 것에서부터 제일 중요한 것까지 모든 의미에서, 좋은 정부를 결정하는 대의와 조건을 생각해본다면, 그 중 제일 중요한 것은 정부가 통치권을 행사하는 사회를 구성하는 사람들의 질(qualities)이라는 것을 우리는 알게 된다."[6] 밀은 또한 좋은 시민이 버섯처럼 솟아나 자라서 형성되는 것이 아니라고 인식했다. 실제로 밀의 『대의정부론(Considerations on Representative)』은 정치제도가 시민의 인간발달에 어떻게 기여할 수 있는지에 대한 고민을 논하고 있는 장문의 글이다.[7] 번영하는 시민과 번영하는 사회

사이의 연관성에 대한 인식은 그가 사회의 이익과 시민의 인간발달 사이의 연관성을 강조하도록 했다.

지금 세대는 다음 세대의 전체 환경뿐만 아니라 교육 모두에서의 주관자(master)이다. 지금 세대는 실제로 다음 세대를 완벽하고 현명하며 좋게 만들 수 없다. 왜냐하면 지금 세대도 좋음과 지혜에서 많이 부족하기 때문이다. 그리고 최선을 다해도 개인의 경우로 보면 언제나 성공적인 것도 아니다. 하지만 지금 세대는 앞으로 자라나는 세대를 전반적으로 자신만큼 훌륭하게, 그리고 자신보다 조금 더 낫게 만들 수 있다. 만일 사회가 상당수의 구성원을 합리적으로 생각하며 행동할 능력이 없는 그냥 아이로 크게 둔다면, 사회는 그 파급에 대한 책임을 져야 한다.[8]

여기서 밀은 아이들은 적절한 양육을 받아야 좋은 시민이 된다고 인식한다. 시민 간의 상호의존성이라는 불가피한 사실에 대한 인식과 좋은 시민과 양육의 관계에 대한 인식을 바탕으로, 밀은 아이양육에 대한 사회적 책임을 상정한다. 아이양육에 대한 사회의 책임은 단순히 기본적인 인간의 생존을 확보하기 위함이 아니다. 오히려 시민의 상호의존성은 아주 크기 때문에 사회는 "좋음과 지혜"를 증진시키는 것을 목표로 해야 한다고 밀은 말한다.

이 지점에서 밀의 논의는 공화주의 이론가들 또는 오늘날 공동체주의자들의 논의—미덕에 대한 강조와 제도가 미덕을 함양할 수 있게 하는 방식에 대한 강조—와 많은 공통점이 있다. 밀 역시 미덕이 가지는 한계를 인정한다. 그는 다음 세대에 대한 시민책임의 근거를 미덕에 두지 않고, 대신 다음 세대가 잘 성장했을 때 사회전체가 얻게 될 집합적 이익에 그 근거를 둔다. 동시에 사회적 상호의존성에 대한 밀의 이해는 개인의 자유와 책임에 대한 강조를 축소하지 않는다. 그는 부모가 자식의 양육에 일차적인 책임이 있다고 생각하지만, 사회와 국가 역시 일정한 역할을 갖고 있다고 이해한다.

더욱이 밀은 평등이라는 자유주의적 가치의 중요성을 인정한다.[9] 밀은 평등을 성별에 적용하면서, 지금이나 그때나 자유주의 이론가들 대부분이 기피해왔던 가족을 제도로 보는 비판적인 관점을 견지하기 위해 자유주의 이론의 도구와 개념을 활용한다. 특히 가족은 민주시민을 위한 예행 연습장(training ground)이기 때문에, 이는 민주주의의 근간이 되는 평등과 정의의 원칙을 반영해야 한다고 밀은 주장한다. 따라서 그는 현재의 가족구조에서 여성의 불평등이 아이의 민주적 기질의 발달을 저해한다고 비판한다.[10]

요약하면, 물론 정치질서에서 가족의 위치를 이론화하는 데 걸림돌이 되는 자유주의 이론의 일부 특징이 있지만, 그것이 자유주의에 내재한 것은 아니다. 실제로 후기 이론에서 사라진 고전적 자유주의의 특정 특징은 가족-국가 관계를 이론화하는 데 비옥한 토양이 될 수 있다. 여기에는 자유와 평등 외에 광범위한 가치들에 대한 초점, 적어도 일부 영역에서 의존성에 대한 보다 명확한 인식, 개인과 사회 간의 상호의존성에 대한 보다 큰 인식이 포함된다. 마지막으로, 좋은 정부에는 특정한 미덕이 필요하다는 초기 자유주의 인식은 이러한 자질을 육성하는 데 가족이 수행하는 역할을 고려할 수 있는 문을 활짝 열어준다. 정치질서에서 가족의 위치를 파악할 수 있는 새 단장한 자유주의는 이러한 모습을 반드시 갖춰야 한다.

현대자유주의 이론의 기초에 대한 재고찰

자유주의 이론의 주체인 유능하고 자율적인 성인은 잘 해봐야 불완전한 설명이다. 만약 우리가 인간은 필연적으로 삶의 일정한 구간에서 다양한 정도로 의존적일 수밖에 없다는 점을 인정한다면, 자유주의 이론의 주체는 실질적으로 달라지게 된다. 정치이론에 대한 핵심 질문도 수정되어야 한다. 더 이상 단순히 시민 사이에 사회적 가치의 공정한 분배가 무엇인지, 시민과 권리를 보호하기 위해 사회를 어떻게 조직해야 하는지 묻는 것만으로는 충분하지 않다. 우리는 또한 건전한 시민의 역량과 미덕을 어떻게 만들고 돌보고 발전시킬 수 있는지 물어야 한다.

부연하면, 자유주의 전통은 유능하고 자율적인 성인을 전제한 인간존엄이란 비전 위에 세워졌다.[11] 시민이 그들의 존엄성에 의해 마땅히 받아야 하는 것은 자유와 평등에 대한 개인의 권리보호이다. 이를 보호하기 위해 중추적인 자유주의 제도들은 국민주권, 제한정부, 그리고 시민의 안전보장을 위해 설계된다. 바로 이와 같은 "천부의 인간존엄"이란 개념이 페인(Thomas Paine)이 가부장제로부터 개인의 권리와 자유를 강변했던 근거이다.[12] 그러나 일단 우리가 인간 삶의 주기에서의 의존성이 설명되도록 시민의 이미지를 조정하면, 인간존엄에 대한 존중은 시민 개개인의 권리를 보호하는 것 이상의 결과를 가져오게 된다. 돌봄과 인간발달의 중요성은 인간존엄에서 시민의 자유와 안전의 수호가 중요한 비중을 차지하는 만큼 그 역할을 하게 될 것이다. 이렇게 조정된 인간존엄에 대한 존중은 가족을 자유주의의 중추적인 제도로서 주목할 것이다. 하지만 초점이 이렇게 변하기 위해서는 자유주의 이론의 근본적인 신조를 고쳐야 한다.

의존성 사실을 인정하는 정치이론의 주체를 재개념화하기

가족-국가 관계에 대한 적절한 정치이론은 의존성이라는 시민 삶의 조건의 불가피성을 인정하는 것에서부터 출발해야 한다.[13] 의존성을 올바른 관점으로 바라보기 위해서는 자유주의 이론의 주체인 개인에 대한 개념의 전환이 필요하다. 자유주의 이론 전통의 유능한 성인은 맥락에 놓여야 한다. 이 설명은 시민에게 삶의 제한된 부분에만 적용되며, 그 경우에도 역시 이는 이상화된(idealized) 설명이다. 더 나은 이론은 시민을 완전한 자율과 완전한 의존 사이의 스펙트럼 어딘가에 존재하는 것으로 ——개별 시민의 위치는 인간의 수명주기 동안 변하고 개별 상황에 따라 달라지며—— 개념화하게 된다.

이 개념은 의존성이 모든 인간의 삶에서 불가피한 조건임을 있는 그대로 인정하는 것이다. 이는 인간이 자율적일 수 있음을 부인하지 않지만, 자유주의의 자율성 개념이 완전하지 않다는 점을 분명히 한다. 또한 이 개념은 인간의 재능, 인격, 그리고 욕구가 자유주의 이론이 전제하는 것처럼, 완전히 형성된 상태로 등장하지 않는다는 사실에 주목한다. 오히려 시민의 정체성은 사회에서, 그리고 그들이 자라난 제도들의 그물망 내에서 발달한다. 결국 이는 우리가 사회에서 건전한 시민의 능력을 가장 잘 만들고 돌보고 개발할 수 있는 방법을 포함하도록 우리가 정치이론에 묻는 질문을 확장할 것을 요구한다.

중요한 사회적 가치의 재개념화 — 돌봄과 인간발달로 자유와 평등을 보완하기

의존성의 사실을 인정하기 위해 자유주의 프레임을 수정한다는 것은 현대자유주의 이론이 인정하는 자유와 평등이라는 준거 가치(standard goods)가 인간존엄을 뒷받침하기에 충분하지 않음을 보여준다. 인간조건에 내재된 의존성은 돌봄과 인간발달을 자유주의 가치 목록에 추가할 것을 요구한다.[14] 자유주의 이론에 대한 이 같은 재개념화는 자유와 평등이 새로운 경쟁 가치들과 함께 자유주의 기치(旗幟)를 써간다는 것뿐만 아니라, 자유와 평등이라는 주류 자유주의 가치들이 어떻게 인식되어야 하는지의 방향성을 필연적으로 재고한다. 이러한 인식은 완전한 자유라는 개념은 불가능하고 구미에 안 맞는 목표로 사절하게 한다. 의존성은 언제나 시민의 존엄에 신념을 둔 인간사회라면 다뤄야 할 삶의 일부가 되게 된다.[15]

그러나 자유의 이상을 완전히 포기할 필요는 없다. 인간은 각인의 생활에서 각자의 일생을 계획하고 추구할 수 있어야 한다는 신념인 자유주의 기획의 구심점인 자유에, 더 정확하게는 "자율성"에 대한 신임을 우리는 여전히 견지해야 한다.[16] 하지만 인간 삶에서 의존성의 사실을 인정하고 인간 삶의 주기를 주목한다는 것은, 자율성이라는 것이 단지 국가가 개인의 자유를 간섭되지 않도록 방어함으로써 가정되고 존중될 수 있는 조건이 아님을 분명히 한다. 대신 자율성은 양육의 복합적인 시스템을 통해서만이 이뤄질 수 있는 어떤 성취이다. 돌봄과 인간이 지닌 역량의 충분한 발달 없이는, 개인은 존중받을 만한 선택을 하는 자율적인 시민이 될 수 없다.

　인간조건인 의존성에 대한 인정은 또한 우리의 자유주의 사상적 전통에서 자유라는 가치를 잇는 두 번째 가치인 평등이란 가치에 중요한 파급력을 갖는다. 의존성이 필연적으로 요구하는 돌봄노동은 젠더적, 경제적, 인종적 평등에 엄청난 함의를 갖는다. 의존성을 정치이론에서 필수 이슈로 인정하지 못했기 때문에 결과적으로 의존인을 위한 돌봄노동(dependency work)을 수행하는 사람들에 대한 불평등과 착취로 이어졌다.[17] 그렇기 때문에, 적절한 이론적 관점에서 의존성을 위치시키는 것은 사회가 돌봄노동과 돌봄노동에 수반되는 유익과 부담을 어떻게 분배할 것인가를 고민하게 만든다.

　돌봄과 인간발달을 자유민주주의가 열망하는 가치에 반드시 있어야 한다고 보는 것은 자유주의 이론의 탈바꿈일 뿐만 아니라, 필연적으로 하지만 유감스럽게도 자유주의 이론을 복잡하게 만든다. 현대자유주의는 이미 자유지상주의자와 진보주의자 사이의 갈등으로 볼 수 있는, 자유와 평등 간 미해결된 내적 긴장을 노출하고 있다. 돌봄과 인간발달을 자유주의 목록에 추가하는 것은 국가가 균형 잡아야 할 적실한 가치들이 어떤 특정 상황에서 충돌할 가능성을 높인다. 그러한 상황은 아무래도, 시민적 자유주의자들이 옳게 주장하듯, 시민의 미덕과 공동체라는 가치가 이러한 혼합상황에서 반드시 고려되어야 하기 때문에 더 복잡해진다.

　하지만 적실한 자유민주주의 이론은 이들 가치 모두가 건강한 정치공동체의 근본 가치라는 점에서, 이들 가치를 폭넓게 수용하는 것 외에 다른 대안이 없다. 확정적 결과를 도출하기 위해 이들 가치를 배제하는 이론은, 규범적 정확성과 설득력을 모두 잃은 예측력만 갖게 될 뿐이다.[18] 중요한 가치들을 인위적으로 위태롭게 제약하기보다 정작 요구되는 것은, 이들 가치의 혼합을 주의깊게 맞추고 가능한 이들 가치의 긴장을 완화하는, 더 섬세한 이론과 더 섬세한 공공정책이다.[19] 신중하게 고안된 정책을 통해 이러한 긴장을 해결할 수 없는 경우, 확장된 이들 가치를 두고 어려운 선택을 할 수밖에 없다. 적어도 가족-국가 관계에 대한 수정된 비전은 중요한 가치들을 무시함으로써가 아니라, 대내외적으로 그리고 많은 고민 속에서 그런 선택을 할 수 있을 것이다.

자유민주주의에 대한 열망을 확장하는 것은 공동체주의자들, 시민적 자유주의자들, 그리고 페미니스트 이론가들이 최근에 제기하는 자유주의 이론에 대한 비판과 궤를 같이한다. 이들 비판의 목소리는 롤지안 자유주의 이론에서 중요하게 제시하는 가치(goods)의 부족을 지적한다. 페미니스트들은 자유에 대한 현대자유주의 이론의 강박적인 초점이 젠더화된 관점에 기반한다고 주장한다. 공동체가 명맥을 잃지 않고 살아서 이어지고 있는 것은 선택에 대한 자유주의적 개념과 자유로운 목적의 추구로 설명되는 것보다 훨씬 더 근본적인 수준에서, 여성이 돌봄과 인간발달을 감수해왔기 때문이다.[20] 오킨(Susan Moller Okin)이 지적했듯이, 주체의 자유에 대한 강조는 "보상없는 여성의 재생산노동과 가사노동, 가족 내에서 여성의 의존과 종속, 삶의 대부분의 영역에서 여성의 배제라는 언급되지 않은 가족"에 기반하고 있다.[21] 연장선상에서 공동체주의자들과 시민적 자유주의자들은 자유에 대한 자유주의 이론의 초점은 자유민주주의의 집단적인 자치에 필수적인, 또한 역시 시민의 자유를 유지하는데 필수적인, 시민적 미덕과 공동체의식을 육성해야 하는

필요를 감춘다고 정확하게 지적한다.[22]

페미니스트 비평가들과 공동체주의 비평가들이 다른 중요한 가치들과 자유와 정의를 함께 보려고 하지 않으며 정의와 자유에 주요한 가치를 부여하는 주류 자유주의를 신임하지 않는 이상, 그들은 자유민주주의 기획에서 매우 귀중한 것을 놓친다는 의미에서 이는 목욕물과 함께 아이를 버리는 것이다. 바로 이 지점이 샌델(Michael Sandel)이 *Thornburgh v. American College of Obstetricians & Gynecologists* 사건에서 낙태를 근본적인 권리로 지지한 연방대법원의 판단 근거를 비판한 경우이다.[23] 이 사건에서 재판부는 다음의 이유로 여성의 권리를 옹호했다. "임신을 종료할지 안 할지에 대한 … 여성의 결정보다 더 사적이고 혹은 개인의 존엄과 자율성에 더 기본적인 … 결정은 없다고 하겠다. 그러한 선택을 자유롭게 할 수 있는 여성의 권리는 근본적이다."[24] 샌델은 이러한 재판부의 판단은, 자신의 삶과 관계를 스스로 선택한다는 의미에서, 인간을 인간적으로 만드는 것은 자율적으로 살아갈 수 있는 역량이라는 대법원의 문제적 시각을 여실히 보여주었다고 주장한다.[25]

하지만 이 같은 주장을 함으로써, 샌델은 입법적으로 규범적인 주장—개인은 자신의 미래를 결정할 수 있는 중요한 권리를 갖는다—과 재판부가 제기하지 않았던 부정확한 존재론적 주장—개인은 근본적으로 자신의 유대와 함께함에 있어 무연고적이다—을 짜맞춘다.[26] 샌델은 이 두 주장을 합치면서 자유주의에서 가장 가치 있는 신조 중 하나—자신의 삶을 어떻게 살지에 대한 각자의 생각은 진중하게 받아들여야 한다는 신조—를 버리게 된다.

정의와 돌봄의 관계에 대한 페미니스트들의 논의에서도 마찬가지다. 돌봄을 배제하고 정의에만 집중하는 자유주의를 비판해 온 페미니스트들은 분명히 불만을 품을 타당한 이유가 있다. 그러나 이들의 논의에서 요구되는 것은 정의와 관련된 가치를 전적으로 거부하는 것이 아니라, 자유주의 가치와 돌봄과 같은 가치를 조화시키는 정치적 윤리를 발전시키는 것이다.[27] 정의와의 균형점을 찾기보다 돌봄의 가치에만 초점을 잡는 것은 자신의 권리에서 주체가 된다는 독립적인 주장을 할 수 없는, 다른 사람들의 도우미로서 여성의 역할을 영속화할 수 있다는 점에서 위험하다.[28]

요약하면, 수정된 자유주의는 개인의 자유와 평등의 가치를 인정하면서 그 한계도 인정해야 한다. 수정된 자유주의는 다음 사실을 고려해야 한다: 개인은 결코 완전하게 자율적이지 않다는 사실, 자치적(being self-governming)이라는 의미에서 자율적인 개인도 태어나는 것이 아니라 만들어지는 것이라는 사실, 자유민주주의 사회가 번성하려면 시민들이 돌봄을 받아야 하고 특정한 역량과 미덕을 갖추어야 한다는 사실이다. 이를 위해서는 기존 경쟁자보다 더 광범위하고 미묘하며 더 나아가야 할 보다 긴 사회적 가치의 목록이 있는 자유민주주의 이론이 필요하다. 이 목록은 공동체주의자들과 시민적 자유주의자들이 추구하는 시민의 미덕과 공동체의식뿐만 아니라 돌봄과 인간발달을 포함하도록 확장되어야 한다.

국가의 역할에 대한 재검토 — 중립성에서 돌봄과 인간발달의 지원으로

자유주의 이론에서 국가역할에 대한 롤지안 시각은 국가는 삶의 방식에 있어서 중립적이어 한다는 것이다. 드워킨(Ronald Dworkin)

은 다음과 같이 표현한다. 국가는 "중립적이어야 한다 … 좋은 삶 [과] 정치적 결정의 문제는 가능한 어떤 특정한 좋은 삶에 대한 혹은 삶에 무엇이 가치를 더하는지의 개념에서 독립적이어야 한다."[29] 갈스톤(William Galston)은 자유주의의 국가관을 "어떤 특정한 삶의 방식이 다른 삶의 방식을 제압(tyrannizing)하지 못하도록, 그리고 사회의 기본구조를 구성하는 원칙들에 모두가 확실히 충실할 수 있도록, 분쟁의 판결을 위해서만 개입하고 [다른 삶의 방식에 대해] 관대하게 관장하는" 국가로 요약한다.[30]

공동체주의자들과 페미니스트들은 롤지안 자유주의 이론가들이 중립적이라고 여겼던 것이 실제로는 자율성과 개인의 선택을 전제하는 좋은 삶에 대한 특정한 개념을 구현하고 있음을 논증해왔다.[31] 시민의 돌봄필요를 인정하기 위해 자유주의 이론을 적응시키는 것은 국가의 역할에 대한 롤지안 관점에 더 많은 어려움이 있다. 만일 우리가 시민을 유능하고 자율적인 성인으로 간주한다면, 국가는 국가의 작용이 금지된 사적 영역을 구축함으로써 그리고 국가의 역할을 개인의 권리를 관철하는 것으로 국한시킴으로써, 시민 개인의 존엄을 최선으로 존중한다. 그러나 인간관계에 대한 우리의 이해에 의존성을 통합시킨다면 자유주의 프로젝트의 초점이 바뀌게 된다. 다시 말해, 인간존엄에 대한 존중은 개인의 권리와 자유를 보호하는 것 이상을 요구하게 된다. 인간존엄에 대한 존중은 또한 개인이 돌봄을 받을 때 국가가 능동적으로 지원해야 하며, 국가는 개인이 책임질 수 있는 그리고 자신의 미래를 지휘할 수 있는 시민으로 성장하는데 필수적인 인간발달의 조건을 지원할 것을 요구하게 된다. 돌봄과 인간발달을 지원하는 국가의 이 같은 책임은 어느 모로 보나 시민 개인의 권리를 수호하기 위해 적절한 치안력을 확립해야 하는 국가의 책임만큼 근본적이다.

국가의 역할에 대한 개념을 개인의 권리에 대한 중립적인 보호자에서 돌봄과 인간발달의 능동적인 지원자로 전환하는 것이 국가가 중립성에 대한 국가의 의지를 전부 버려야 한다는 의미가 아니며, 이는 국가가 자체의 신념(commitment)을 탈바꿈해야 한다는 의미이다. 롤즈가 후기 저작에서 인정했듯이, 좋은 삶에 대한 시민의 비전에 대해 국가가 중립을 잃지 않도록 하는 그의 초기 신념은 지나치게 구속적이었다. 예를 들어, 자유주의 국가는 좋은 시민과 정신질환자를 변별할 수 있어야 한다는 것은 분명하다. 때문에 그는 후기 저작에서 그가 "포괄적인(comprehensive)" 세계관으로 지칭한, 옳고 그름에 대한 일부 시민의 개인적인 철학에 근거하여 시민들에게 특정 비전을 강요하는 데 자유주의 국가가 활용될 수 없다는 덜 제한적인 의미에서만 중립적일 필요가 있다고 주장했다. 국가의 적정한 역할에 대한 이 같은 더 허용적 관점에서, 국가의 작용은 롤즈가 "공적 이성(public reasons)"[32]이라 부른, 광범위한 세계관을 가진 시민들이 수용할 수 있는 방식으로 정당화될 수 있다는 의미에서만 중립적이어야 한다. 공적 이성의 요구는 국가의 작용이 일련의 공적 이상과 원칙, 즉 일종의 공공도덕에 기반을 둔 경우에만 지지될 수 있다고 가정한다.[33]

비록 "성경(Bible)이 내게 그렇게 말한다"는 것이 어떤 사람이 특정한 방식으로 아이를 양육하는 동기를 설명할 수 있겠지만, 그렇다고 그것은 다원주의를 존중하고 개인의 자율성에 신념을 버리지 않겠다는 나라에서 국가 작용이 근거하는 충분한 이유가 되지는 않는다. 돌봄과 인간발달을 위한 국가의 지원은 공적 이성이라는 관점에서 탁월하게 옹호될 수 있다. 의존성의 사실을 인간 삶에서 불가피한 특징으로 인정하는 것, 그리고 이러한 의존성과 자유주의의 중추적 가치인 인간존엄에 대한 존중 간 상호작용을 인정하는 것은 이러한 가치들을 지원하는 데 작용해야 하는 강력한 공적 이성을 국가에 제공한다.

요약하면, 의존성에 대해 초점 맞추는 것은 자유주의 정치공동체에서 국가의 역할을 복잡하게 한다. 더 이상 국가는 개인의 권리를 단지 보호하는 것으로서 이해되지 않는다. 대신, 국가는 돌봄과 인간발달을 포함하는 특정한 가치들을 지원해야 할 책임이 있다. 이러한 가치들을 지원하는 방식에 집중하게 되면 필연적으로 가족-국가 관계에 대한 고려로 이어진다.

가족과 국가의 관계를 다시 생각하기: 돌봄지원국가

주류 현대자유주의 이론은 시민을 자율적이고 유능한 존재로 간주하기 때문에 가족이라는 제도에 거의 주목하지 않는다. 이 관점에서 보면, 가족은 사적 영역에 속하며, 자유와 평등에 영향을 미치는 제한적인 방식으로만 공적 논의의 대상으로 적실하게 된다. 하지만 우리가 의존성이라는 사실을 고려한다면, 그리고 우리가 각자 인생의 주기상에 있는 시민에게 집중한다면, 돌봄과 인간발달에서 가족의 역할은 정치이론의 중추적인 주제가 된다. 다음 논의에서 필자는 수정된 자유주의 이론에서 가족이 어떻게 이론화되어야 하는지를 살펴보고자 한다. 그 다음 가족과 국가의 관계가 어떻게 개념화되어야 하는지를 살펴보고자 한다.

가족을 이론화하기

롤지안 자유주의 이론이 가족에 대해 그리고 자유주의 이론의 주체가 되는 시민을 가족이 양성하는 방식에 대해 거의 관심을 두지 않은 반면, 수정된 자유주의는 이에 대해 더 많은 관심을 기울여야 한다. 수정된 자유주의는 가족이 어떻게 조직되는지, 가족이 어떤 역할을 하는지, 그리고 가족이 사회와 그 구성원 모두에게 어떤 이점과 위험이 있는지에 관심을 경주해야 한다. 구체적으로 수정된 이론이 통합해야 하는 세 가지 신조가 있다.

무엇이 "가족"을 구성하는지의 이슈는 정치적인 문제이다

무엇이 가족을 구성하는지의 이슈는 과학이나 자연에 근거해 결정될 수 있는 정치 이전의 문제가 아니라, 상당 부분이 법적이고 정치적인 결정으로 채워진다.[34] 이 이슈에 관해 롤즈는 옳았다. 즉 그는 『정의론』에서 가족은 자연적인 실체가 아니라 정치적 제도이며, 가족의 존재와 형성은 정치적 권위에 종속된다는 점을 인정한다. 전 상원의원 산토럼(Senator Rick Santorum) 같은 일부 보수주의자들은 "당연한 가족(natural family)"[35]이 존재한다고 주장하지만, 아이들이 자라고 여러 돌봄노동이 실행되는 제도는 시간과 장소에 따라 크게 다양해졌다. 인류학자들과 사회역사학자들이 연구한 방대한 문헌들은 우리 문화에서 당연해 보이는 가족——일부일처의 남성과 여성이 이끄는, 그들의 사적 영역인 집에서 거주하며, 그리고 감성적으로 본인과 본인의 자식에게 헌신하는 이성애의 핵가족 단위——

은 "그 정도로 당연한 것이 아니어서 청교도 혁명 이후의 서구유럽과 북미 대륙을 벗어나면 찾아보기 어렵다"는 점을 보여준다.[36]

가장 기본적인 수준에서, 시민의 어떤 결합(group)을 가족으로 정할 것인지의 문제는 국가의 작용으로 결정된다. 너스바움(Martha Nussbaum)은 말한다.

> 사람들은 많은 방식으로 결합하고, 같이 살고, 서로 사랑하고, 아이를 갖는다. 이들 중 어떤 모습을 "가족"이라 이름 붙이는 것은 법적이고 정치적인 문제이지, 결코 단순히 당사자 본인만으로 결정되는 것이 아니다. 국가는 법을 통해 가족으로 간주될 수 있는 사람들의 그룹을 정의하고, 가족구성원의 권리와 우선권을 정의하고, 결혼과 이혼이 무엇인지를 정의하고, 무엇이 적법하고 부모의 책임인지를 정의하는 등의 방식으로 가족의 구조를 구성한다. 국가는 종교집단이나 대학만큼 명확하지 않았지만 처음부터 가족에 존재한다. 가족이 무엇인지 말하는 것도 다름아닌 국가이며, 한 사람이 가족의 구성원이 되는 방식을 통제하는 것도 바로 국가이다.[37]

국가의 인정과 제재 없이는 특정한 관계에 법적 우선권과 보호가 부여되지 않을 뿐만 아니라 동일한 방식으로 "가족"으로 이해되지 않는다. 이 점은 최근 동성관계에 어떤 종류의 국가 인정이 있어야 하는지에 대한 논쟁에서 극적으로 부각되고 있다. 많은 게이와 레즈비언의 권리 옹호자들 사이에서 국가가 동성관계를 시민적 결합(civil union)으로 인정하는 것은 평등을 향한 진일보였다. 시민적 결합의 지위는 결혼에 따른 동일한 권리와 유익뿐만 아니라 이 관계를 공식적으로 인정하는 것이다. 그렇긴 하지만, 시민적 결합이 일부 동성결혼 반대론자들의 찬성을 받은 이유와 많은 동성권리 옹호자들이 시민적 결합이 불충분하다고 주장하는 이유는, 정확히 그러한 결합에 "결혼"과는 다른 표찰(label)을 붙이는 국가에 부여된 중요성 때문이다. 시민적 결합에 동성커플에게 이성(기혼)커플에 부여되는 법적 권리와 동일한 권리가 부여되지만, 그것의 지위 자체는 결혼의 지위에 부여된 사회적 의미와는 상당히 다른 의미로 채워진다.

물론 가족이 정치적인 실체라는 이해는 터무니없는 것으로 쉽게 축소될 수 있다. 국가의 제재(sanction)가 없더라도 분명히 사람들은 여전히 애정과 돌봄관계에 인연을 맺을 것이다. 그러나 하츠조그(Hendrik Hartzog)가 19세기 결혼을 논의하는 맥락에서 지적했듯이, 결혼관계에서 법적 요소는 구성요건이 된다.

결혼은 법적이고 사적인 것이다. 법이 결혼생활의 전부는 아니다. 사랑, 정욕, 증오, 의무, 우정, 존중, 애정, 유기, 함께한다는 의지, 탐욕, 자기희생 등 19세기 결혼을 이루었던 이들 모든 감정과 실천은 기본적으로 법적인 것은 아니다. 하지만 법 역시 항상 거기에 있었다. 법은 결혼이 시작했을 때 그곳에 있었다. 결혼이 끝났을 때도 그곳에 있었다. 그리고 시작과 끝 사이에, 남편과 아내가 그들 사이의 파워의 조건을 두고 협상과 투쟁의 일전을 할 때도 그곳에 있었다. 법은 결혼한 부부가 타인의 세상과 관계를 구축하거나 재건하려 할 때도 그곳에 있었다. 법은 남편이나 아내가 남편으로서나 아내로서 자신에 대해 고민할 때도 거기에 있었다. 법은 또한 그러한 남편이나 아내가 남편과

아내로서 자신의 정체성을 부인하거나 억압할 때도 거기에 있었다.[38]

가족이 작동하는 방식은 가족의 정치적·경제적·사회적 맥락과 절연될 수 없다

당연한 전정치적인(pre-political) 가족이 없듯이, 가족이 작동하는 당연하고 전정치적인 방식도 없다. 오늘날 복잡한 사회에서 가족의 작동은 항상 정부의 정책과 심대하게 그리고 불가분하게 얽혀 있다.[39] 국가는 무엇이 가족을 구성하는지에 대해 그리고 언제 가족이라는 관계가 청산되는지에 대해 결정함에 있어 관여할 뿐만 아니라 다른 많은 방식의 여러 층위에서도 직·간접적으로 관여한다. 예를 들면, 부모에게 복종하지 않는 자녀가 보호관찰을 받도록 함으로써, 다른 성인이 자녀를 돌보지 못하게 함으로써, 심신의 이유로 자녀에게 시설생활이 필요한지를 결정하는 상당한 파워를 부모에게 허용함으로써, 그리고 자녀의 독립적인 생활 능력을 제한하는 아동노동법에 의해, 국가는 자녀에 대한 부모의 권위를 강화한다. 올슨(Frances Olsen)이 지적하듯, 이 같은 정책은 전반적으로 가족을 사적으로 이해하는 옹호자들 사이에서도 간섭으로 인식되지 않고 있는데, 이는 그들도 이를 불가피한 것으로 받아들이기 때문이다.[40]

그리고 국가의 규제와 공공정책이 가족생활에 영향을 미치는 다른 많은 방법이 존재한다. 이들 중 일부는 명백하다. 예를 들어, 이혼법의 완화는 함께 지내는 가족의 여부와 함께 지내는 가족에 영향을 미친다. 다른 일부는 덜 명백하다. 예를 들어, 가족 밖에 있는 다른 제도에 대한 국가의 규제는 가족생활에 심대하고 막대한 영향을 미친다. 교육의 제공과 의무는 아이들의 삶을 형성하였고 또한 지속적으로 형성하고 있으며 아이들에 대한 부모의 통제에 영향을 미친다. 남녀고용평등법(equal employment legislation)은 여성을 집 밖으로 나가 노동시장에 뛰어들도록 독려했다.[41] 남녀고용평등법은 이혼 증가에 기여했을 가능성이 높다. 왜냐하면 불행한 결혼생활을 하던 여성에게 남편과 이혼할 수 있는 재정적 수단이 더 많아지기 시작했기 때문이다.[42] 건강보험과 노동자의 가족구성원에 대한 건강보험적용을 주관하는 법은 어떤 가족구성원이 일을 하게 되느냐에 영향을 준다.[43] 그리고 케슬러 해리스(Alice Kessler-Harris)가 입증하듯이 미국의 복지정책은 가족이 작동하는 방식에 상당한 영향을 미치며 일과 가족을 심각한 갈등에 빠뜨리는 모델에 기반해 의도적으로 고안되었다.[44]

마찬가지로 아이들이 부모에게 받는 돌봄 역시 국가정책과 불가분으로 얽혀있다. 양육은 부모의 양육능력과 기회에 영향을 미치는 제약과 자격의 매트릭스 속에서 이루어진다. 최저임금법, 노조교섭권 및 초과근무 조항의 존재여부는 자녀의 재정적 필요를 충당할 수 있는 부모의 능력에 영향을 미친다.[45] 복지보조금을 받기 위해 수령인이 일을 하도록 요구하는 복지개혁법은 자녀를 돌보는 부모의 능력에 영향을 미친다.[46] 가족휴가법(family-leave laws)의 범위는 집에서 자녀와 함께 있을 수 있는 부모의 기회에 영향을 미친다.[47] 부모 직업의 안전성은 가족의 스트레스 수준에 영향을 미치며 이는 양육의 질에도 영향을 미친다. 약물치료 프로그램에 대한 국가지원 및 보조금은 부모가 자녀를 돌볼 수 있는 능력을 손상시킬 수 있는 약물중독에 대처하는 것을 더 쉽게 혹은 더 어렵게 만든다.

연장선에서 가족이 작동하는 방식은 공공정책으로 영향을 받는 사회적·경제적 조건과 복잡하게 맞물려있다. 이러한 신조는 1844년 영국의 맨체스터 공장생활을 설명하면서 노동자계급의 가족을 그려낸 엥겔스(Friedrich Engels)의 서술에 극적으로 잘 표현된다. 엥겔스의 설명에 따르면, 남성이건 여성이건 아동이건 아침 일찍부터 밤늦은 야심한 밤까지 일하게 되면서 진을 빼놓는 작업장에서의 요구가 가족의 양육 기능을 고갈시켰다. 이 같은 사회에서 갓난아이도 부모 없는 냉골 바닥을 혼자 감당해야 했다. 아동이 된 갓난아이는 제대로 사회화되지 못했다. 요약하면, 경제라는 압박이 사랑과 애정이라는 감정을 질식시켰고 돌봄책임을 도외시했으며 가족의 파탄을 불러왔다.[48] 다소 덜 극적이지만 현대적인 예는 「위태로운 가족에서 결혼을 가로막는 것들(Barries to Marriage Among Fragile Families)」이라는 연구에서 찾아 볼 수 있다. 결혼이 가족의 경제적 지위를 높이지 않을 것이며, 가족의 경제적 지위와 배우자 모두 "아버지가 안정된 직업을 가지고 있는 것"을 결혼생활의 안정에 중요한 요인으로 보았기 때문에, 미혼아버지의 가난한 직업 전망은 미혼부모 간의 결혼율을 떨어뜨린다는 점을 이 연구는 보여준다.[49] 또한 가족 내 폭력과 가족의 경제적·사회적 환경 사이의 관계를 보여주는 당대의 연구들도 이러한 점을 짚고 있다.[50] 이 같은 사례는 건전하고 건강한 시민을 생산하고 유지하기 위해서는 특정한 전제조건이 필요하다는 점을 시사한다.

이러한 점에서 가족은 국가와 공공정책과 "무관하게" 방치될 수 있는, 그리고 롤즈가 사실로 상정한 것처럼 국가가 간섭하면 마비되는 "당연한" 기능의 시작점을 갖고 있지 않다. 마찬가지로 현대 행정국가는 일-가족법(work-and-family law)이 제시하는 것처럼 가족이 자율적으로 자신의 일을 처리하도록 내버려 두면서 취할 수 있는 중립적이고 고립된 입장을 가지고 있지 않다. 대신에 국가는 항상 그리고 지속적으로 가족이 업무를 수행하는 방식에 영향을 미친다. 문제는 국가정책이 가족에게 영향을 미칠지 여부가 아니라 이러한 불가피한 영향을 염두에 두고 공식화될 것인지 여부이다. 가족이 작동하는 모습에 있어, 어떠한 가족도 고립된 섬이 아니다.

가족은 항상 불완전하며 빈번히 매우 불완전하다

가족은 최상의 상태일 때조차도 완벽하지 않다. 가족은 번번이 개별 구성원에게 불공정한 방식으로 작용한다. 예를 들면, 일부 관계에서 어떤 당사자의 욕구는 실현되는 반면 다른 누군가의 욕구는 끊임없이 지연된다. 예를 들어, 부모가 자녀에게 성차별적이거나 인종차별적인 신념을 물려주는 경우와 같이 때로는 그들은 다음 세대에게 자유주의적이거나 비민주적인 규범을 물려준다. 최악의 경우, 가족은 글자 그대로 학대적이거나 억압적이다. 예를 들어, 2008년 미국에서 친밀한 파트너의 폭력으로 최소 653,000명의 시민이 다치거나 사망했다.[51] 전년도에는 약 794,000명의 아동이 사회서비스 기관으로부터 학대 또는 방임의 피해자로 확인되었으며, 약 1,760명의 아동이 아동학대 또는 방임으로 사망했다.[52]

가족-국가 관계에 대한 적절한 이론은 이러한 흠결과 위험을 해결해야 한다. 헌법 입안자들이 불가피한 인간 부패를 다루고 인간의 나약함의 영향을 최소화하는 정부 제도를 구축하려 했던 것처럼, 가족-국가 관계 이론도 가족이 괴상해지며 해체될 수 있는 크고 작은 방법과 싸워야 한다. 실제로 가족의 권력남용에 대해 특별히 우려해야 할 이유가 있다. 왜냐하면 가족은 종종 취약한 개인이 가장 취약한 곳이기 때문이다.

가족-국가 관계에 대한 적절한 이론을 개발하는 데 있어 이러한 신조의 중요성은 아무리 강조해도 지나치지 않다. 건강한 사회에서 가족의 중추적 역할을 논하는 많은 논의들은 지나친 장밋빛 색안경을 끼고 가족을 바라본다. 샌토럼(Rick Santorum)은 가족에서 벌어지는 가정폭력이나 학대의 가능성에 대해서 언급하지 않으면서 전통적인 가족의 장점(virtues)만 거론한다. 같은 맥락에서 샌토럼은 여성을 위한 평등한 기회라는 이상을 독려하는 "급진적인 페미니스트"를 비판할 때를 빼면, 이성애 가족에서 공히 나타나는 성불평등에 대해 함구한다.[53]

하지만 가족이 불완전하며 학대의 위험이 있다는 사실은, 우리 사회가 돌봄과 인간발달이 필요한 만큼 충분히 충당할 믿을 만한 대안이 없다는 점을 고려한다면, 국가가 가족을 소홀히 할 수 있는 근거가 되지 못한다. 오히려 우리는 국가가 가족에서 일어날 수 있는 위험을 줄일 방안을 모색할 것을 요구한다. 국가가 이러한 위험에 대비해야 하는 중요한 방식은 인간발달을 담당할 수 있는 어떤 가외성(加外性, redundancy)을 내장시키는 것이다. 예를 들어, 가외성을 내장시키는 것은 아이들이 집에서 필요한 조력을 받지 못할 경우 학교와 같은 다른 어디에서 받을 수 있게 하는 것이다. 국가는 또한 가족과 별개로, 주간돌봄센터와 노인돌봄프로그램을 포함해, 가족내 돌봄담당자의 스트레스를 덜어주기 위해 다른 형태의 돌봄 제도를 발전시켜야 한다. 마지막으로, 가족-국가관계에 대한 적절한 이론은 국가의 예방적 노력이 실패하고 가족구성원에 대한 심각한 위험이 발생할 경우, 가족구성원을 보호하기 위해 국가가 언제 개입해야 하는지를 결정할 수 있는 기준을 정해야 한다.

가족과 국가 관계를 이론화하기

그렇다면 가족과 국가 관계를 어떻게 이론화할 것인지의 문제로 돌아가 보자. 필자는 국가가 돌봄과 인간발달을 지원해야 하는 책임을 갖고 있다고 주장해왔다. 이 같은 책임이 국가가 가족과의 관계를 구축하는 방식에 어느 정도 영향을 미치는가? 자유민주주의에서 우리는 시민들이 자신을 위해서 합리적으로 할 수 있는 것들을 하리라 기대한다. 그렇다면 이러한 기대가 의존성에 대처할 책임이 최우선적으로 가족구성원에게 있고, 가족이 실패했을 때라야 국가에 생긴다는 의미인가? 롤지안 자유주의 이론과 공공정책의 상당 부분은 이를 전제하고 있다. 이러한 관점에서 가족은 국가의 지원 없이 가족구성원의 필요를 대비한다는 점에서 적정하게 자율적이다.[54] 하지만 앞서 필자가 시사했듯이, 우리의 현실에서 상황은 가족 자율성이라는 롤지안의 비전보다 훨씬 더 복잡하다.

물론, 가족구성원이 돌봄을 받을 수 있도록 보장하는 것과 관련해, 가족구성원이 돌봄을 제공하거나 조정해야 할 책임의 상당 부분을 짊어질 것으로 기대하는 것은 타당한 이유가 있다. 자녀와 배우자가 관련된 경우, 시민은 자신이 떠맡은 의무에 대해 책임을 져야 한다. 자녀가 있는 시민은 그렇게 하기로 한 결정에 대해 책임을 져야 하며 자녀를 돌볼 뿐만 아니라 신중하게 계획하고 현명하게 예산을 책정해야 한다. 자녀와 배우자 이외의 가족구성원과 관련된 경우, 시민에게 가족구성원에 대한 일부 책임을 지게 하는 것은 여전히 사회가 시민에게 있는 "배태된 의무(nested obligations)"를 인정해야 한다는 생각과 일반적으로 일치한다. 커테이(Eva Feder Kittay)가 설명하듯, 타인에 대한 도덕적 의무감은 상대와의 동의에 의해서 뿐만 아니라, 돌봄망(network of care) 안에 있는 누군가에 대한 한 사람의 돌봄 행위는 다른 사람이 그러한 돌봄망 안에 있는 또 다른 사람들을 돌보도록 의무 짓는 더 큰 저변의 호혜성을 기반으로도 적절하게 잉태된다. 따라서 우리는 한때 가족구성원의 돌봄을 받았고 앞으로도 그럴 가능성이 높기 때문에 연로한 이모를 돌볼 수 있으며, 이와 동일한 돌봄을 다른 사람들에게도 보장해야 한다.[55] 돌봄에 대한 책임의 일부가 가족구성원에게 있다고 기대하는 것은 취약한 사람들을 가장 잘 돌볼 수 있는 위치에 있는 사람들이 그렇게 할 책임을 져야 한다는 도덕적 교훈과도 상통한다.[56] 많은 경우, 가족 내 구성원은 한편으로 가족 내 다른 구성원의 필요를 가장 잘 알 수 있기 때문이며, 다른 한편으로 가족과의 정서적 유대감 때문에 가족의 이익을 위해 행동하려는 동기가 가장 높기 때문에, 가족 내 다른 구성원을 돌볼 수 있는 가장 좋은 위치에 있다.

그러나 가족구성원이 다른 가족구성원에 대한 책임을 져야 한다는 견해가 시민의 돌봄필요에 대한 국가 책임을 면제시키는 것은 아니다. 사실 국가가 돌봄이 필요한 시민(dependent citizens)에 대한 일정한 책임을 지고 있다는 명제에 대해서는 논란의 여지가 거의 없다. 예를 들면, 가족 내 심한 학대를 당하는 아이들을 국가가 떼어둘 의무가 없다고 주장하는 사람은 거의 없다. 오히려 논쟁은 국가가 의무가 있느냐의 여부가 아니라 국가의 의무가 언제 시작되는지이다. 국가의 돌봄지원에 반대하는 사람들은 국가의 의무는,

그것이 가족이 심각한 방식으로 실패한 후에야 시작된다는 의미에서 "잔여적"이라고 주장한다.[57] 따라서 학대 사례는 부모가 자녀를 안전하게 보호하지 못했기 때문에 국가가 작용해야 한다는 점에서 논쟁의 여지가 없다. 현행 아동복지법과 광범위한 공공정책에 내재된 이론적 신조는 국가의 책임에 대한 이러한 잔여적 관점을 채택하고 있다.

잔여적 책임(residual responsibility)은 구딘(Robert Goodin)이 도덕적 책임의 혹은 취약한 사람들에 대한 책임의 분리(division)라는 도식 상 "분리성(disjunctive)"이라 부른 책임 배정의 유형을 포함한다. 분리적 책임(disjunctive responsibility)의 개념적 특징은 이렇다. 만약 A가 B, C 혹은 D에 취약하다면, "이들 중 어느 한 사람도 그 사람이 필요한 조력(assistance)을 제공할 수 있으며, 만약 그들 중 누군가가 도움을 준다면, 나머지 사람들은 그래야 할 필요가 없다."[58] 이 같은 책임 유형의 전형적인 사례는 사람들이 많이 모인 (그러나 안전요원이 없는) 해변에서 물에 빠진 아이의 사례이다. 구경하던 사람들은 누구라도 구조를 할 수 있으며, 만약 누군가가 그렇게 한다면, 다른 사람들은 구조를 할 필요가 없다. 분리적 책임의 경우, 사람들 중 누구도 나서지 않는다면, 특정한 사람(예를 들면, 가장 가까운 성인)에게 취약한 사람을 도와줘야 할 도덕적 의무가 있을 수 있다. 일차적인 책임이 있는 사람이 나서지 않는다면, 책임은 다른 사람들에게 이전된다. 이것은 본질적으로 국가의 잔여적 역할만을 옹호하는 사람들이 제안하는 이론이다. 부모는 자녀의 복지에 일차적인 책임을 져야 하지만, 이러한 의무는 부모가 책임을 다하지 못하는 경우에만 국가로 이전된다.

그러나 분리적 책임이 책임을 나눌 수 있는 유일한 방식은 아니다. 구딘이 설명하듯, 취약한 사람에 대한 도덕적 책임의 분리에 있어 책임은 또한 "연대적(conjunctive)" 방식으로 나눠질 수 있기 때문에, 결과적으로 여러 사람들——즉, 이 경우에는 가족구성원과 국가——이 사회의 의존인에 대한 돌봄을 연대해서 보장해야 할 책임이 있다.[59] 연대적 책임의 전형적인 경우는 불난 집에 갇힌 사람이다. 그녀를 창밖으로 꺼낼 수 있는 소방관뿐만 아니라 건물 밖 바닥에 안전매트를 준비하는 소방관, 그리고 응급구호를 제공하는 응급의료기사도 그녀를 조력할 의무가 있다. 이 이상으로 의무를 최대한 확장해본다면, 소방관 역시 누군가로부터 그 임무를 잘 할 수 있도록 충분한 장비를 제공받아야 할 뿐만 훈련을 받아야 한다. 그렇기 때문에 한 사람이 책임있는 행동을 다했다는 사실이 남은 다른 사람들에게도 동시에 발생하는 책임을 막지 못한다.

분리적 혹은 연대적 책임 중 어떤 유형의 책임이 가족을 통해 시민의 돌봄필요에 부응할 수 있는 국가의 의무와 관련되는가? 필자가 앞서 주장한 바,[60] 가족과 국가의 불가분적인 상호연관성을 고려하면 국가의 관여보다 먼저인 가족의 조치를 개념화한다는 것은 개념적으로 맞지 않는다. 대신 국가의 작용은 언제나 그리고 이미 의존성 이슈를 대처할 수 있는 가족의 역량에 영향을 미치고 있다. 또한 가족과 국가는 돌봄필요에 대처하는 문제에 있어 유사한 위치에 있지 않다. 가족은 손수해야 하는 돌봄(hands-on care)과 이러한 필요가 있는 가족구성원의 돌봄을 편성함에 있어 더 적합하지만, 돌봄을 지원하기 위한 제도를 편성하는 데 있어서는 덜 적합하다. 반대로, 국가는 적실한 법과 규제를 확립함으로써 제도적인 수준에서 돌봄필요가 수용됨을 보장하는 데 독보적으로 적합하다. 이러한 상황에서 국가와 가족의 책임이 연대적이라고 생각하는 것이 훨씬 더 이치에 맞는다.

구경하는 다수의 성인 인근에서 물에 빠진 아이의 경우로 돌아가면, 왜 분리 책임 모델이 의존인에 대한 책임 상황을 설명하는데 부합하지 않는지를 명확히 보여준다. 첫째, 우리가 문제로 제기하고 있는 행위자들——가족과 국가——은 돌봄과 관련해 물에 빠진 사례에서 이들이 돕는 것처럼 서로 독립적으로 작용할 수 없다. 대신에 국가에 의해 직접적 그리고 간접적으로 구조화된 제도들은 구성원을 돌볼 수 있는 가족의 능력에 지대한 영향을 미친다. 그러므로 국가가 또 다른 방관자들과 똑같이 행동하며 가장 가까이 있는 성인이 단독의 힘으로 그 아이를 구조하는 것이 물에 빠진 아이에게 최선의 삶의 기회는 아닐 것이다. 오히려 가족과 국가가 서로 연대해 협동하는 것이 최선으로 이 아이에게 기여하는 것이다. 다른 말로 하면, 국가의 위치는 물에 빠진 아이를 해변으로 견인하고 있는 성인을 돕는, 사투하고 있는 아이 옆에 인명구조원을 투입할 수 있는 인근 헬리콥터의 조종사와 유사할 수 있다. 이러한 관점에서 보면, 실제 관련된 행위자들의 지위는 구딘이 설명한, 실제로 적실한 행위자들이 취약한 사람을 보호하기 위해 협동하는 연대적 책임의 상황에 상당히 더 가깝다.

하지만 물에 빠진 아이의 경우는 아이들과 의존인에 대한 국가의 연대책임(conjunctive state responsibility)에 우호적인 가장 강력한 근거 중 일부를 누락한다. 아이를 키우고, 의존인을 돌보고, 인간의 역량(human capabilities)을 육성 발달하는 일은 모두 해안가의 구조와 같이 분초를 다투는 상황으로 종료될 수 없는 활동들이라는 점이다. 대신 이 활동들은 일반적으로 몇 년의 시간이 필요한 과정의 일부이자 복잡한 과제이다. 어떠한 가족도 이러한 모든 과제를 일정한 도움 없이 성취할 수 없다는 점은 합당하다. 또한 그 기간 동안 의존인은 가족이 아닌, 학교, 주간돌봄시설, 노동시장, 의료보험 시스템 등을 포함해 자신의 발달에 지대한 영향을 미치는 많은 제도들과 상호작용을 한다. 같은 맥락에서, 돌봄담당자들도 가족구성원의 돌봄필요를 충족할 수 있는 본인의 능력에 큰 영향을 미치는 다수의 제도들과 상호작용한다. 이러한 제도들에 국가가 행사할 수 있는 국가만의 독보적인 능력뿐만 아니라 이와 같은 제도들을 조타하고 통제하는 데 있어서의 가족의 한계를 감안한다면, 부모 및 다른 가족구성원과 함께 국가책임을 편성해야 하는 강력하고 타당한 이유가 있다고 하겠다.

자신의 일을 스스로 결정할 수 있는 성인의 경우, 국가는 취약한 의존인에 대해 하는 것처럼 그들의 복지를 보호해야 할 광범위한 윤리적 책임을 갖지 않는다. 그렇다 해도 돌봄이 필요한 대상은 아이들과 장애가 있는 사람들만이 아니다. 모든 인간은 일반적으로 건강한 성인도 돌봄이 필요하다. 그리고 우리의 사회가 조직된 것처럼 성인이 필요로 하는 상당히 많은 일정 부분의 돌봄은 그것이 제공된다면, 우리가 가족관계를 함께하고 분담하는 다른 성인들로부터 나온다. 따라서 인간존엄을 표방하는 자유주의 국가의 의지는 성인들 사이의 안정적인 돌봄관계를 지원해야 하는 훌륭한 이유를 제공한다.

국가와 가족이 함께 연대해서 돌봄필요를 충족해야 할 책임을 진다는 것이 국가의 역할과 가족의 역할이 같다는 의미는 아니다. 오히려 국가와 가족은 각각 더 좋은 실력을 보이는 영역에서 책임을 져야 한다. 이는 가족은 돌봄이 필요한 아이들과 다른 구성원들의 일상의 돌봄(혹은 돌봄편성)에 대해 책임이 있다는 의미이다. 한편 국가는 가족이 구성원의 돌봄필요를 충족하고 인간발달을 돕는 방식으로 제도를 구조화해야 하는 책임을 져야 한다. 국가의 책임은 아이들과 다른 의존인의 발달과 안녕을 증진하는 방향으로 학교와 공동체 같은 사회제도를 구조화하는 것뿐만 아니라 가족이 안전하고 이용가능한 돌봄선택지를 확실하게 보장하는 것을 포함한다. 이와 같은 책임의 분담은 제도적 구조의 성형성(malleability)과 우연성(contingency)을 인정하는 것이다. 이는 가족의 영역에서 국가의 작용을 인위적으로 분리하거나 가족 사이에 완전히 명확한 경계를 그을 수 있다고 전제하지 않지만, 가족과 국가 사이에 특정한 권위의 영역이 있음을 상정한다. 필자는 국가역할에 대한 이러한 비전을 "돌봄지원국가(supportive state)"라고 부른다.

이러한 방식으로 책임을 분담할 때 돌봄지원국가 모델은 시민을 자신의 선택과 타인과의 관계에 대해 소명할 수 있는 책임 있는 시민으로 대우함으로써 시민의 자율성을 존중한다. 이 같은 관점에서, 자유주의 국가는 시민이 자신의 삶을 만들어갈 수 있는 발판을 제공하지만, 다른 시민을 위한 삶을 대신해 기획하지 않으며, 또한 시민이 자신의 목표를 달성할 수 있도록 신중하게 계획을 세우고 현명하게 예산을 세워야 하는 책임에서 면제되지 않는다. 그러나 가족구성원이 수행하는 돌봄필요의 충족은 돌봄과 인간발달을 증진하는 제도적 구조 내에서 이루어져야 하며 그러한 제도적 구조를 확보하는 것은 국가의 책임이라고 돌봄지원국가 모델은 주장한다. 이러한 접근은 의존성이라는 사실을 인정하며, 가족구성원을 양육할 수 있는 가족의 능력이 그냥 당연하다고 넘어갈 사실이 아니라는 점, 또는 알아서 크는 세대의 문제로서 아무 데서나 막 생기고 자라지 않는다는 점을 인정하는 것이다.

이 같은 책임의 연대성이 목표로서의 가족 자율성이라는 이상을 무용지물로 만들어야 한다는 의미는 아니다. 하지만 개인의 자율성이 그러하듯, 가족의 자율성 개념은 상당 부분 재편되어야 한다. 이 같은 재편은 의존성이라는 사실과 여기서 필연적으로 후속되는, 가족이 제공해야 하는 돌봄과 인간발달의 필요를 인정하는 것일 뿐만 아니라, 그것은 현대 가족의 역량이 사회적 제도들과 경계가 민접하게 연결된다는 점을 인정하는 것이다. 동시에 이 같은 재편은 가족의 일을 직접 결정하고, 가족의 목표를 직접 설정하며, 가족구성원의 기본적인 돌봄필요를 충족시킬 수 있는 역량을 갖춘 튼튼한 가족의 중요성을 인정하는 것이다. 개인은 이따금 가능한 만큼 자율적으로 되기 위해서 정부의 조치가 필요하다는 논거를 필자가 앞서 제시했듯이, 가족에서도 이는 참이다. 이러한 관점에서 가족구성원의 돌봄필요를 충족할 수 있는 역량이 되는 가족은 불가피한 것이 아니라 가족과 국가가 함께 추구해야 하는 어떤 성취물이다. 따라서 국가의 돌봄지원은 자율성을 해치는 것으로 봐서는 안 되며, 오히려 국가가 가족의 역량을 증진할 때 가족에 대한 도움으로 이해되어야 한다.

돌봄지원국가와 가족 사생활

필자는 가족-국가관계를 다루는 이론은 가족과 국가라는 이 두 실체가 일반적으로 인식되는 것보다 더 긴밀하게 연결되어 있다는 이해를 전제로 해야 한다고 주장했다. 이러한 이해를 전제함으로써 필자는 자유민주주의에서 이상적인 가족은, 가족이 국가로부터 어떤 형태의 지원을 받지 않는다는 의미에서 자율적이라는 견해에 반대한다. 하지만 가족이 자율적이어야 한다는 시각과 긴밀히 연결된 자유주의 사고의 또 다른 신조가 있다. 이는 가족의 사생활이라는 신념이다. 국가의 간섭과 통제로부터 자유로워야 하는 삶의 일부 영역, 특히 가정, 개인적 관계 및 가족과 관련된 영역이 있다는 개념은 특히 미국에서 구체화된 자유민주주의 사상과 법리의 핵심이다. 케네디 판사(Justice Kennedy)는 *Lawrence v. Texas* 사건[61]에서 다음과 같은 의견을 판시한다.

우리의 전통에서 국가는 가족에 편재하지 않는다. 그리고 우리의 삶과 존재의 다른 영역은 가족 밖에서 국가가 지배적인 존재가 되어서는 안 된다. 자유는 공간적인 경계를 넘어 확장된다. 자유는 사상, 신념, 표현 그리고 친밀한 행동의 자유를 포함하는 자아의 자율성을 전제한다.

실제로 자유주의의 특징 중 하나는 국가 작용의 정당한 범위를 획정하는 다양한 영역 간의 개념적 담장이다.[62] 개편된 자유주의에서 가족과 국가의 경계를 우리는 어떻게 고민해야 하는가? 다시 말해, 돌봄지원국가가 가족의 자율성이라는 개념을 상당히 축소하고 수정한다는 점을 생각하면, 돌봄지원국가 역시 가족 사생활이라는 신조를 제한하거나 폐기해야 하는 것일까?

가족 사생활에 대한 재개념화

공적 영역과 집이라는 사적 영역 사이에서 침범할 수 없는 선이 있을 수 있으며 또한 있어야 한다는 개념은 필자가 주장하듯 신화이다. 현대사회에서 국가의 간섭으로부터 완전히 자유로운 영역을 구축할 가능성은 전혀 없으며, 국가 작용에서 완전히 떨어져 있어야 하는 가족의 소위 말해 "정상적인" 운영방식은 없다. 올슨(Frances Olsen)이 설명하듯이, 국가는 가족의 형성과 작용 어디에도 함께 하기 때문에 가족에 대한 국가의 간섭이라는 바로 그 개념은 그 자체로 일관성이 없다.[63] 가족과 관련된 국가의 역할은 일면 명확하고 일면 강제적이지만, 현대사회에서 국가는 가족 안에서 일정한 역할을 담당한다.

공적 영역과 사적 영역의 완전 분리라는 이상이 달성될 수 있다고 하더라도 그것은 규범적으로 문제가 된다. 페미니스트 이론가들은 국가가 작용하는 영역으로서 공적 영역과 사적 영역의 엄정한 구분이 가족과 사회에서 여성의 불평등을 영속화함에 어떻게 기여했는지를 보여주고 있다.[64] 이들은 국가의 손이 닿지 않는 가족을 차단하는 자유주의 이론이 다른 사람들을 억압하는 대가로 일부 사람들의 자유를 보존했다고 지적한다.[65] 국가를 시민의 사생활에서 배제하려는 자유주의의 시도는 국가의 작용이 없을 때 시민이 이 영역에서 상당한 자유를 행사한다는 입장에 근거한다. 불평등과 다른 제약이 사적 영역에 횡행하는 한, 국가가 사적 영역 밖에서 있어야 한다는 것은 단지 사적 영역 내 불평등과 제약에 대한 문제를 제기할 수 없게 하는 것이다.[66] 이러한 이유로 가족은 사생활이라는 원칙은 맥키논(Catharine MacKinnon) 표현을 빌리면, "여성을 억압할 수 있도록 '그대로 방치하는' 남성의 권리"와 매우 유사한 역할을 했다.[67]

이 같은 존재론적이고 규범적인 문제에도 불구하고, 자율성이라는 자유주의의 중심 개념을 떠올리게 하는 지속적인 존중을 받을 만하다는 가족 사생활 개념의 핵심에는 여전히 중요한 우려가 존재한다. 인간의 존엄성은 어떻게 살아갈 것인지에 대해 중요한 결정을 내린다는 의미에서 본인의 삶을 주도할 수 있는 능력을 요구한다는 견해는 사생활 보호의 정당화하는데 핵심이다. 브래넌 판사(Justice Brennan)가 사생활이라는 헌법적 원칙을 정교하게 가다듬어 부연하듯, "사생활의 권리가 무언가를 의미한다면, 그것은 아이를 가질지 또한 낳을지에 대한 결정 같은 한 인격체에 근본적으로 영향을 미치는 문제들에 공인받지 않은(unwarranted) 정부의 개입으로부터 자유로울 수 있는 권리이다."[68] 이 같은 결정의 자율성은 돌봄지원국가에서도 지속적으로 보호되어야 한다.

최근의 자유주의 이론이 전체적으로 개인에게 접목하기 위해 이 같은 결정의 자율성(decisional autonomy)을 개념화하면서, 이 자율성은 또한 가족에도 마찬가지로 부여될 수 있는 강력한 근거가 되었다. 가족에 자율성을 주는 것은 자유주의에 동기를 부여했던 역사적인 관심사와 부합한다. 초기 자유주의자들이 추구했던 제도 개혁은 속박 없는 개인의 자유에 초점을 맞추기보다 정부와 엘리트의 통제로부터 사회적 기획(social enterprises)——상업활동, 신앙과 종교생활, 과학적 탐구, 시민교육을 포함하는——의 범위를 완화하는 데 맞췄다.[69] 결정의 자율성을 가족과 다른 결사체들에 귀속시키는 것은 가족과 여타 결사체들이 자유민주주의 사회를 직조하는 데 기여하는 중요한 역할을 인정하는 것이다. 단순한 사회계약의 추론이 제안하듯, 시민 개인은 자율성을 행사할 때 무(無)에서 제도를 성립하는 원자적(autonomic) 개인으로서 삶을 살지 않는다. 오히려 시민은 자신의 삶을 삶의 의미를 조직하고 제공하는 제도 속에서 그리고 제도를 통해서 살아간다. 이러한 이유로 "단순히 추상적이고 가상적인 자유가 아닌, 구체화된 자유(embodied liberty)는 일반적으로 살아있는, 제대로 제도화된 그리고 광범위하게 자율적인 시민적 도전 그 이상이다."[70] 이것이 토크빌(Tocqueville)이 시민 결사체를 한편으로는 국가권력의 위험에 대한, 다른 한편으로는 미국 사회에 팽배한 개인주의에 대한 귀중한 균형추로 보았던 바로 그 이유이다.[71]

가족의 사생활이라는 현행의 획일적인 개념을 가족 결정의 자율성을 위한 보호지대로 전환하는 것은 국가의 역할을 변환하는 것이다. 국가가 가족생활의 영역에서 완전히 물러서는 것은 더 이상 적절한 모습은 아니다(이는 불가능한 목표이다). 그보다는 국가는 가족이 개별 가족을 위해 중요한 결정을 할 수 있는 수단과 조건을 보장해야 한다. 가족 사생활은 오래된 교리와 마찬가지로, 이 원칙이 국가에 요구하는 몇 가지는 가족의 의사결정을 방향지움에 있어 자제(forbearance)해야 한다는 것이다. 이렇게 수정된 관점에서, 개별 가족이 기능하는 방식에 대한 결정은 일반적으로 가족의 몫으로 두어야 한다. 외면할 수 없는 이유가 없다면, 가족에서 일어나는 일을 국가가 이래라 저래라할 수 있어서는 안 된다. 하지만 국가가 그 결과에 중요한 이해관계를 갖고 있다면, 국가는 가족을 설득하기 위해 더 유연한 수단을 모색하고 사용할 수 있다. 예를 들어, 아이들의 비만율 증가를 감안해 트윙키(Twinkies)가 아이들의 건강에 좋다는 점이 없다고 하더라도, 아이들에게 트윙키를 먹이는 것이 종종 건강에 유해한 심각하고 위중한 위협이 될 수 있다는 점을 보여줄 수 없다면, 부모들이 트윙키를 디저트 간식으로 아이들에게 제공하지 못하게 하는 것은 국가의 본분이 아니다. 그렇더라도 국가는 여전히 트윙키에 세금을 부과해 부모들이 구매해서 아이들에게 줄 수 있는 유인을 줄이게 할 수 있다.

하지만 가족 자율성에 대한 지원은 가족의 결정을 좌지우지하려 하지 않는 국가의 자제 그 이상이 필요하다. 국가는 또한 가족이 이러한 자율성을 행사할 수 있는 지원을 확보할 방안을 강구해야 한다. 이것은 가족이 자신의 가족에 대해 중요한 결정을 내릴 수 있는 능력을 갖도록 돕는다는 의미일 뿐만 아니라 가족이 자신의 결정을 실행할 합리적인 수단이 있음을 의미한다. 초기 자유주의자들은 자율성에 대한 위협을 국가에서 오는 것으로 보았지만, 오늘날 의사결정에 대한 침해 위협의 대부분은 시장에서 비롯된다. 자율성에 대한 시장의 위험은, 국가가 출산을 통제하거나 식물인간 상태에 있는 가족구성원에게 생명보호장치를 뗄 수 있는 결정을 사랑하는 가족이 하지 못하게 하는 국가와 같은 방식으로, 시장이 특정한 유형의 가족을 혹은 의사결정을 강제하거나 금지한다는 것은 아니다. 오히려 시장의 위협은 가족이 돌봄과 같은 중요한 활동을 수행하는 방법과 관련하여 의미 있는 선택을 행사할 수 없을 정도로 시장이 마음대로 할 수 있는 위험에서 비롯된다. 루소(Rousseau)의 경고는 가슴에 새겨야 한다. 민주주의의 본질은 "부와 관련하여, 어떤 시민도 다른 시민을 살 수 있을 정도로 충분히 부자여서는 안 되며, 누구도 자신을 팔아야 할 정도로 가난해서는 안 된다."[72] 그의 금언 (禁言)은 문자 그대로 노예로 팔리는 것을 금지할 뿐만 아니라 가족을 위해 상을 차리고 가족구성원을 손수 챙기고 보살피며 가족이 아프면 병수발을 하기 위해, 가족구성원 누군가의 시간의 상당부분을 희생하지 않으면 안 되는 조건 또는 자신의 깨어 있는 시간 대부분을 팔지 않으면 안 되는 조건을 금지해야 한다는 것으로 이해해야 한다.

그렇기 때문에 개편된 사생활이라는 원리는 가족을 위한 의사결정의 자율성을 확보하기 위해 자원과 공간을 만드는 것뿐만 아니라 시장에 의한 강제를 제한하는 것에 초점이 맞춰져야 한다. 노동시간 상한제를 실시하고, 돌봄유급휴가를 주며, 자녀를 둔 부모의 연장근무 거부가 해고 사유가 되지 않게 하며, 노동자가 유연하게 일을 할 수 있도록 하는 조치들은 시장의 침탈을 방지하기 위해 국가가 사용할 수 있는 많은 조치 중 일부이다.[73] 이러한 조치들은 시장에 신세 지지 않고도 중요한 과제와 중요한 결정을 할 수 있는 가족의 제도적 공간을 마련하는 것이다.

가족 사생활이라는 근거는 가족 내 억압을 바로잡지 못하는 국가의 실패를 정당화하는 데 오래도록 쓰였지만, 재공식화된 원칙은 가족의 자율성과 가족구성원의 자율성이라는 이해관계 간 긴장을 더 잘 해소해야 하며 또한 해소할 수 있어야 한다. 어떤 경우에 이해관계는 충돌하지 않을 수 있다. 이를테면, 집에 들어온 남성을 야간에 국가가 수색하지 말 것을 요구한 1960년대 엄마들의 복지에 대한 요구는 결정의 자율성에서 개인과 가족의 이해관계가 일치하는 경우를 보여준다.[74] 마찬가지로, 개인 사생활과 가족 사생활이라는 이해관계는, 여성들이 낙태를 합법화하기 위한 자신의 주장을 뒷받침하기 위해 사생활 권리를 제기할 때 함께 진행된다.

그러나 다른 경우에 가족 사생활이 개별 가족구성원의 자율성의 이해관계와 충돌할 수 있다. 예를 들면, 가족구성원 중 한 사람이 자신을 보호하거나 가족구성원 간의 불화를 해결하기 위해 국가의 개입을 요청할 수 있다. 가족구성원 중 일인의 안전에 대한 위협이나 강압이 있거나, 혹은 형사적 범법이나 고문이 가족 내에서 자행될 경우, 가족 사생활이라는 원리를 고집하면 안 된다. 돌봄지원국가는 가족 사생활에 가치를 부여하지만 이를 절대시하지는 않는다. 따라서 가족구성원의 신체적 혹은 정서적 안녕이 위협받는다면, 가족 사생활이라는 원리로 막으면 안 된다. 같은 맥락에서, 가족구성원의 근본적인 권리가 위태로울 경우 역시 가족 사생활은 정당화될 수 없다. 따라서 국가가 가족 사생활을 근거로 산모의 낙태에 대한 남편의 동의를 요구하는 것은, 이러한 요구가 여성 사생활에 대한 여성의 근본적인 권리를 심각하게 침해한다는 점에서 합법적으로 요구할 수 없다. 더욱이 남편이 아내의 낙태를 막는 상황에서, 임신한 여성이 국가의 도움을 구한다면, 아내가 낙태를 할 수 있도록 하기 위한 국가의 개입 실패를 가족 사생활은 정당화하지 않을 것이다.[75]

하지만 이들 사례가 아니라면 개편된 가족 사생활의 원리는 더 섬세한 접근을 요구한다. 온전한 가족의 성년은 국가의 간섭없이 그들 사이에서 결정해야 한다고 국가는 일반적으로 전제해야 한다.[76] 이 같은 전제는 가족 사생활이라는 미국의 전통과 일맥상통하며 소송비용과 소송능력에 대한 우려까지 포함한다. 법원은 일반적으로 이러한 문제를 결정하기 위해 자원을 소비할 필요가 없으며, 이러한 문제를 결정하기 위해 가족구성원만큼 좋은 위치에 있지도 않다. 비록 가족 안에서 중요 문제에 대해 불화가 생기더라도, 가족이 이견을 스스로 해결하는 방법을 찾아내야 한다는 입장이 전반적인 기조여야 한다. 예를 들어, 자녀가 다닐 학교에 대해서 부부간 이견이 있을 수 있다. 부부는 이 갈등을 사적으로 해결해야 한다. 부모가 더 이상 파경을 피할 수 없는 상황에서라면, 부모 모두에게 공동양육권이 있다는 점을 고려하여, 법원이 학교 문제를 해결하는 것은 적절할 것이다.

이러한 결정에서 국가가 나서지 않는 것은 성년 가족구성원이 의사결정에서 상대적으로 평등한 발언력을 가질 때라야 정당화될 수 있다. 평등한 발언은 결과적으로 가족구성원이 가족관계에서 그들이 원한다면 탈퇴할 수 있는 충분한 기회뿐만 아니라 상대적으로 평등한 파워를 지닐 것을 요구한다. 모든 성인 가족구성원에게 탈퇴할 수 있는 충분한 기회를 보장하기 위해, 돌봄지원국가는 생활수준의 저하를 포함하여 가족 해산의 비용이 공정하게 분담될 수 있도록 해야 한다. 법리적 차원에서 무책주의 이혼(no-fault divorce)은 배우자들이 결혼관계를 쉽게 끝낼 수 있게 했지만, 이혼은 여전히 그들에게 아주 불평등한 비용을 발생시킨다. 미국에서 위자료 및 공평분배법(equitable distribution laws)의 일률적인 적용은 다른 배우자보다 생계부양을 담당한 배우자에게 크게 유리하다. 따라서 재정적 고려사항은 주 돌봄담당자(일반적으로 여성)가 재정적 제약으로 인해 결혼생활을 떠나는 것을 훨씬 더 어렵게 만든다.[77] 게다가, 결혼기간 동안 전업주부였던 여성은 본인의 인적자본(human capital)을 직장에서 시장화될 수 있는 실력을 비축하기보다 가족에게 심혈을 기울여왔다는 점 때문에 큰 약점을 떠안고 노동시장으로 복귀한다. 이렇듯 본질적으로 이혼비용은 결혼관계 내 파워의 균형에 영향을 미칠 수 있다. 왜냐하면 더 쉽게 이혼할 수 있는 쪽이 이 점을 사용하여 관계조건을 설정할 수 있기 때문이다. 그렇기 때문에 국가는 가족 사생활이라는 원리가 한 쪽의 목소리가 주로 반영되는 관계에서 다른 목소리가 배제되지 않음을 보장할 수 있도록 퇴로의 조건을 변경해야 한다.

그러나 국가가 이혼할 수 있는 기회의 평등만을 제공하는 것이 가족 사생활이라는 원리가 가족구성원에게 확실히 적용되도록 보장하는 유일한 길은 아니다. 심지어 이혼의 조건이 공정하다 하더라도, 관계를 청산하는 데 있어 법적인 부분 이외의 많은 장벽이 있다. 결혼과 관련된 깊고 넓은 문화적이고 종교적인 규범은 결혼이라는 결합에서 탈퇴하는 것에 종교와 문화적인 제약을 부과한다.[78] 또한 관계에 있는 아이들의 복지에 대한 걱정처럼, 사랑과 애정은 이혼에 장애가 된다. 결과적으로 돌봄지원국가가 공정한 이혼의 조건을 보장하는 것이 필요하지만, 이러한 보장으로 가족 사생활이 규범적으로 허용되기에는 충분하지 않다. 즉, 국가는 현존하는 관계에서 평등을 뒷받침하는 방안을 강구해야 한다.

돌봄담당 대 생계부양에 관련된 불평등은 부부가 헤어질 때뿐만 아니라 결혼하는 동안에도 해당된다. 대다수 주에서 적용되는 보통법 재산규칙에 의하면, 결혼기간 중 한 배우자가 번 재산에 상대 배우자가 접근할 수 없다.[79] 이러한 시스템에서는 돈을 버는 사람이 결혼기간 동안 이 자금의 소유자이다. 다시 말해, 돈을 버는 사람에게 이 자금을 통제할 수 있는 배타적인 권리가 있다. 이는 가족에서 주 생계부양자가 주 돌봄담당자보다 금전적인 문제를 결정할 수 있는 파워를 더 많이 갖게 됨을 의미하며, 돌봄에 관한 일반적인 성별격차를 감안할 때 여전히 남성이 여성보다 관계에서 더 많은 경제적 힘을 가지고 있음을 의미한다.[80]

가족 사생활과 개인 자율성 간의 문제가 되는 관계는 1953년 *McGuire v. McGuire* 사건에서 극적으로 드러난다. 여전히 현재의 법에서도 나타나지만 말이다.[81] 이 사건에서 네브라스카 주대법원(Nebraska Supreme Court)은 집안일을 적절하게 지원해야 하는 남편의 법적 의무를 국가가 강제해달라는 아내의 청원을 기각했다. 아내가 가족을 유지하기 위해 지켜야 할 혼인의 의무를 충실히 해왔음에도 불구하고, 유복한 농부인 남편은 욕실 변기, 부엌 싱크대 등 필수품을 제공하지 않았고 나이 많은 아내가 식료품을 제외한 옷이나 다른 가족용품 등을 살 수 있는 돈을 허용하지 않았다. 재판부는 사법적 개입이 부적절하다고 판결하면서 "가족의 생활수준은 가족의 관심사이지 법원이 결정할 문제가 아니다. 비록 남편의 부와 환경을 고려할 때 아내에 대한 남편의 태도는 그를 대신해서 말할 것이 거의 없지만 말이다."[82] 하지만 이 같은 근거에 의존하면서, 재판부는 "가족"의 결정은 실질적으로 남편만 결정할 수 있다는 사실을 간과했다. 왜냐하면 보통법 재산규칙에 따라 주 생계부양자로서 남편이 가족의 돈줄을 통제하기 때문이다.

이와 달리, 돌봄지원국가는 기존 관계의 기능을 촉진하는 법적 배경이 관계 당사자들의 파워 격차를 줄이는 방향으로 진흥하지 않는다면, 가족 사생활을 근거로 기존 관계에 개입해달라는 가족구성원의 요청을 기각해야 한다.[83] 이는 배우자에게 본인이 직접 번 재산에 대한 이해관계를 인정하는 보통법 재산규칙을 철폐하는 방향으로 가야 하며, 결혼기간 중 배우자 중 한 사람이 번 재산을 결혼 당사자들이 공동으로 소유하도록 하는 부부공동재산인정을 하는 주의 법을 지향해야 한다는 의미이다.[84] 부부는 자율성을 행사하기 위해 이러한 기본 "배경 규칙"을 거부할 수 있어야 하면서, 기본 규칙은 파워의 평등을 선호해야 한다.[85]

돌봄지원국가와 가사노동의 젠더화된 분업

많은 이성애 관계에 여전히 존재하는 젠더화된 노동분업은 한편으로 가족 사생활과 부부 자율성의 가치에 다른 한편으로 성평등에 대한 국가의 의지에 반하는 점에서, 자유민주주의에 골치 아픈 문제를 제기한다. 전통적인 자유주의 관점은 가족 사생활과 부부 자율성의 가치를 우선시한다. 가족 내에서 일어나는 젠더화된 노동구조에 간섭하는 것은 국가의 본분이 아니다.[86] 유능한 성인이 자신의 삶을 특정한 방식으로 살기로 선택한다면, 이 방식이 특정 공적 규범에 부합하는지와 관계없이 국가가 그들의 선택에 간섭하는 것은 국가의 본분이 아니라고 본다.

하지만 국가는 부부가 사생활을 어떻게 편성하든 이에 완전히 무관심해야 한다는 관점은 몇 가지 사실을 인정함으로써 복잡해져야 한다. 첫째, 전반적으로 젠더화된 분업이 사적인 영역에서 일어난다는 단순한 사실은 사회에서 여성의 지위라는 더 큰 파장과 연관된다. 많은 증거를 볼 때 여성에게 더 많이 전가된 돌봄의 책임은 여성의 경제적 평등을 저해하는 가장 큰 장애물임을 보여준다.[87] 경제 영역의 이러한 불평등은 다시 사적인 영역으로 전환되어 가족 내 여성의 불평등을 더욱 심화시킨다.[88]

그리고 가족 내 불평등이 가족 밖 여성의 위상에 영향을 미치지 않는다고 가정하더라도, 국가가 가족의 젠더화된 노동분업에 무심해야 한다는 주장은 이치에 맞지 않는다. 평등은 자유민주주의가 공적 영역을 넘어 가치를 두는 덕목이다. 아프리카계 미국인이 백인과 동등한 직업과 동등한 정치적 권리를 가졌다고 해도, 이들의 동호회 가입이 관행적으로 거부당한다면, 비록 이러한 거부가 부나 공적 파워의 불평등으로 전이되지 않는다 해도, 국가는 당연히 이를 우려해야 한다. 여성도 마찬가지여야 한다. 생물학과 젠더에 얽매인 가족 내 카스트 제도는 그것이 공적 영역을 감염시키지 않더라도 자유민주주의에서 문제가 되어야 한다.

더욱이 가족 내 노동의 젠더화된 분업이 시민의 자율적 욕구를 나타낸다는 견해는 돌봄노동의 젠더화된 분업을 기인하는 복잡한 문화적·경제적 힘의 배열을 지나치게 단순화한다. 이러한 관점은 여성이 아이를 낳고 육아의 대부분을 떠맡아야 한다는 문화적 압력과 남성이 생계를 책임져야 한다는 이와 단짝을 이루는 압력을 놓치고 있다. 이는 또한 양육책임에 대한 언급 없이 노동시장이 압도적으로 구성되는 방식을 간과한다. 노동시장에서 대다수의 직장은 돌봄을 고려하지 않은 상태에서 구조화되기 때문에, 부부 중 한 사람은 돈벌이에 전력투구하게 되고 중차대한 가정의 책임을 다할 수 있는 시간을 충분히 가질 수 없다. 이렇게 되면, 남는 한 사람은 노동시장에 붙어 있을 힘을 잃기 때문에 집안일을 더 책임지게 된다. 이러한 복잡한 제약에 직면하여, 완전히 자발적인 것으로 간주될 수 있는 범위는 한정되어야 한다.

또한 이러한 역할의 지속이 궁극적으로 여성(및 남성)의 자율성을 제한한다는 강력한 논거가 있다. 여성(그리고 다시 남성)이 다양한 삶의 선택을 추구할 수 있는 자유의 정도는 가족 내 젠더 역할이 느슨해지거나 제한되는 정도에 달려 있다. 자유주의 국가는 시민을 위해 이러한 선택의 광범위한 폭을 수호해야 한다.

이러한 관점은 우리에게 무엇을 남기는가? 비록 자율성의 행사가 앞서 설명한 위험을 보고 제어해야 하지만, 한편으로 부부의 선택은 개인과 가족의 자율성 때문에 존중받아야 한다. 너스바움(Martha Nussbaum)이 지적하듯이, 자유를 중시하는 자유주의 체제에서 "국가가 사람들이 설거지하는 방식을 지시하는 데 관여하는 것은 참을 수 없는 자유의 침해"가 될 것이다.[89] 그러나 국가는 성평등에 대한 관심 때문에 성별에 따른 노동분업을 줄이는 데 여전히 중요한 관심을 가지고 있다. 이러한 상충되는 명령에 직면하여 비록 강압적 조치는 명백히 부적절하지만, 국가는 덜 젠더화된 분업을 장려하기 위해 더 부드러운 조치를 채택해야 한다.

돌봄지원국가는 가족에 대한 강압적 개입을 하지 않으면서 성평등의 방향으로 가족을 이동시키기 위해 강구할 수 있는 여러 방법이 있다.[90] 예를 들어, 국가는 부모 사이에 누적되지 않고 두 배우자가 사용하지 않을 경우 가족에게 상실되는 육아 휴가를 각 부모에게 부여하는 법률을 통해 보육의 균등한 분배를 장려함으로써 이러한 분배에 영향을 미칠 수 있다.[91] 또한 국가는 돌봄책임을 다할 수 없게 구조화된 직장을 재구조화하도록 고용주에게 요구해야 한다. 비록 부모가 원할 경우 전통적인 역할을 계속 유지할 수 있음에도, 고용주에게 그러한 구조를 채택하도록 의무화함으로써 가족책임의 재구조화를 장려할 수 있다. 마지막으로 성년과 아이들 모두가 이러한 젠더적인 패턴이 계속되지 않도록 설득하기 위해 공교육 캠페인을 활용할 수 있다.[92]

결 론

시민의 삶에서 의존성의 중요 역할을 고려하기 위해 정치이론을 개편하는 것은 주요 방식에서 정치이론 자체를 탈바꿈하는 것이다. 정치이론의 개편은 시민 사이에서 자원이 어떻게 공정하게 분배되어야 하는지를 고려하는 문제에서 시민이 최선으로 지원받을 수 있고 육성될 수 있는지의 문제로 그 중심을 바꾼다. 또한 정치이론의 개편은 돌봄과 인간발달을 포함하기 위해 국가가 고려해야 하는 가치를 확충한다. 나아가 정치이론의 개편은 근본적으로 국가역할을 질적으로 변혁시킨다. 국가가 시민 개인을 다른 시민에 의한 침범으로부터 단순히 보호하는 것이 아니라, 오히려 국가는 돌봄과 인간발달을 증진하는 제도를 확립함으로써 자유주의의 확대된 가치목록을 능동적으로 지원한다. 결과적으로 더 폭넓은 가치들 간 균형을 잡아야 하는 더 복잡한 자유주의 개정판이지만, 이는 현행의 자유주의보다 인간존엄과 번영하는 정치공동체를 보다 뒷받침하는

정치이론이다. 돌봄지원국가가 부모와 자녀 관계 및 돌봄담당자와
의존인 관계와 맞물려있는 가치의 복잡한 범위를 어떻게 다뤄야 하
는지는 다음 장의 주제이다.

돌봄지원국가와
돌봄담당자-의존인의
"수직적" 관계

03
돌봄지원국가와
돌봄담당자 – 의존인의 "수직적" 관계

국가가 시민의 돌봄필요를 충족시키는 데 도움이 되는 제도를 구축할 의무가 있다는 전제를 받아들이더라도, 여전히 어떻게 국가-가족의 관계를 개념화할 것이지에 대한 많은 질문이 제기된다. 돌봄필요를 충족하는 가족관계는 대체로 두 가지 유형으로 묶을 수 있다. 먼저 필자가 "수직적(vertical)" 관계라고 부르는 유형으로, 이 관계에서는 돌봄과 인간발달에 대한 근본적인 필요를 충족하기 위해 한 사람이 다른 사람에게 의존한다. 비록 부모-아이의 관계가 이 유형에 속하는 관계의 전형이지만, 성년 자녀와 노부모 사이의 관계 역시 이 범주에 속한다. 이러한 유형의 관계는 두 사람이 상호의존적이며 서로를 위해 돌봄의 작업을 수행하는, 일반적으로 능력이 있는 성인 간의 "수평적(horizontal)" 관계와 대조된다. 이 장에서는 수직적 관계를 구체적으로 다루면서 앞장에서 소개한 돌봄지원국가론을 구체화하고자 한다. 그 후 수평적 관계를 다루고자 한다.

의존인과 이들의 돌봄담당자에 대한 국가의 책임이란 이슈는, 복지개혁, 위탁양육, 일가족 입법, 그리고 심지어 사회보장을 포함한 우리 사회에서 가장 논쟁적인 공공정책 쟁점의 기조가 된다. 하지만 국가책임이라는 이슈의 기저에 있는 이론적 전제에 대해서는 그리 많이 검토되지 않고 있다. 이 장에서 필자는 이렇듯 간과된 지점을 고쳐보고자 한다.

첫 번째 절에서 자녀(아이)의 돌봄필요에 대한 국가의 책임을 주제로 한 기존의 논의를 검토하고자 한다. 필자는 이들 논의 중 일부는 사실상 국가책임을 생각하지 않고 부모에게 지나치게 많은 부담을 전가하고 있음을 보여주려고 한다. 필자는 돌봄지원국가론이 가족책임과 국가책임 간 윤곽을 이론화할 수 있는 더 좋은 방법을 제공한다고 주장할 것이다. 돌봄지원국가론은 단지 가족이 무너진 후가 아니라 일상에서 가족지원이라는 통합적인 역할에 복무하는 것으로 국가를 개념화한다. 이 개념에서 보면, 국가는 아이들의 복지와 발달을 지원하기 위한 제도를 구조화해야 할 의무가 있으며, 국가의 의무는 아이들에 대한 부모 자신의 책임과 동시에 존재하는 의무이다. 하지만 국가의 역할은 가족구성원이 돌봄필요를 충족시키기를 기대하는 동시에 돌봄을 지원하기 위한 제도적 발판을 제공하는 제한된 역할이다.

나아가 두 번째 절에서는 수직적 관계의 측면에서 돌봄지원국가의 책임을 보다 상세히 논증하여 살을 붙이고자 한다. 상술하겠지만 돌봄지원국가는 가족구성원이 궁핍해지거나 심신을 혹사(酷使)시키거나 혹은 자신의 금전적 원천을 소진하지 않고도 의존인의 기본적인 신체적·정신적·감정적 필요를 충족할 수 있는 방식으로 사회제도를 편성해야 할 의무가 있다. 이런 목적을 지향하는 제도를 포진시키는 방식은 다양할 수 있지만, 가장 좋은 방식은 돌봄과 인간발달의 가치와 더불어 성평등이라는 중요한 가치를 진흥하는 것이다.

마지막으로, 이 장의 마지막 절에서는 국가가 가족구성원과 가족의 연로한 친척 간의 관계를 다룰 때, 수직적 관계 모델을 어떻게 적용해야 하는지에 대해 설명하고자 한다. 논의하겠지만, 국가는 이러한 관계의 중요한 특징으로 노령시민의 필요를 충족하기 위해 다소 다른 돌봄책임 모델을 발전시켜야 한다. 특히 국가는 가능한 정도까지 노령시민의 자족(self-sufficiency)을 유지하는 돌봄을 위한 광범위한 선택지를 장려해야 한다. 이 같은 모델에서 가족구성원에 의한 돌봄은 장려되고 지원되어야 하지만 법적 의무가 되어서는 안 된다.

부모와 아이 관계에 대한 국가책임을 논한 기존의 개념들

어린아이의 돌봄필요에 대해 국가는 어떤 책임을 져야 하는가? 자유주의 이론과 공공정책을 지배해온 관점은 자율적인 가족에 대한 관점과 관련된다. 이 관점은 양육에 대한 책임을 부모에게 귀속시키며, 국가는 부모가 실패했을 때 잔여적 책임을 진다. 이 같은 관점의 대안으로 가장 널리 알려진 관점은 아이를 공공재로 개념화하는 관점이며, 의존성에 있어 국가는 광범위한 책임을 져야 한다고 주장한다. 그러나 필자가 입증하겠지만, 이러한 대안적 접근도 국가의 역할을 적절하게 개념화하지 못한다.

자율적인 가족과 국가의 잔여적 책임

시카고대학교 로스쿨 교수인 케이스(Mary Anne Case)는 페미니스트 법이론학회에서 국가와 고용주가 돌봄책임이 있는 근로자를 지원해야 한다는 개념을 비판하면서 논쟁을 촉발시켰다.[1] 육아에 보조금을 지급하고 일하는 부모를 위한 직장 보호를 의무화함으로써 국가가 어머니를 편하게 해줄 것을 요구하는 페미니스트들은 돌봄 부담을 엉뚱한 사람들에게 전가하고 있다고 케이스는 주장한다. 케이스는 어머니의 부담을 덜어주기 위해 개입해야 하는 것은 고용주, 다른 고용인 혹은 국가가 아니라 자녀의 아버지라고 주장한다. 아버지가 그들의 반려자처럼 자녀를 낳고 양육하기로 선택했기 때문이다. 그렇지 않다면, 이러한 책임을 담당하지 않으려고 아이를 갖지 않겠다고 결심한 사람들에게 공정하지 않은 것이라고 주장한다. 실제로 케이스는 근로자가 참여하고자 하는 다른 활동을 유사하게 지원하지 않고 부모의 돌봄을 지원하는 정책은 부모를 위한 "특별한 권리(special rights)"에 해당한다고 강변한다.[2]

케이스에 따르면, 아이들에 대한 국가의 책임은 "개인적인 책임이 있는, 소위 아버지로 부르는 사람이 재정적으로나 다른 측면에서 할 수 있는 본인의 공정한 분담의 몫을 하도록 강요된 후에야 비로소" 적절하게 촉발된다.[3] 케이스는 이러한 상황을 환경오염의 일차적인 법적 책임이 있는 환경오염의 당사자들이 환경정화의 책임을 충분히 이행하지 않으면, 비로소 국가가 조치를 취해야 할 의무가 생기는, 이차적인 법적 책임(secondary liability)이 국가에 발생하는 상황에 비견한다. 케이스는 국가의 양육지원에 대해 반대하면서도, "감시할 수 있고 통제되는 방식으로 아이들에게 재정이 투입되고 아이들에게 사회적으로 유익한 것을 지원하는 국가는 더 우호적으로 볼 수 있다. 이 지출은 부모에게 회수되는 것이 아닌 아이들에게 직접적인 혜택으로 공식화될 것"이라고 부연한다.[4]

케이스의 관점과 같은 의존성에 대한 국가책임의 잔여적 관점이 미국의 공공정책을 지배하고 있다. 이 관점의 기본적인 전제——아이들에 대한 책임은 부모가 지는게 적절하며, 부모가 할 수 있는 모든 자원을 소진했을 경우 최종 구제수단으로 국가가 나서야 한다——는 고전적 자유주의 이론에서 연유한다. 개인의 자율성에 대한 자유주의의 존중 그리고 제한 국가(limited state)에 대한 자유주의의 강조는 가능한 시민이 자신의 행동과 자신의 삶에 대해 계획과 책임을 질 수 있고 또 그래야 한다는 관점을 전제한다.

그러나 의존성과 가족의 이슈에 적용되는 국가의 잔여적 책임 개념에는 많은 문제가 있으며, 이 중 일부는 앞장에서 언급했다. 가족이 실패하면 국가가 나서야 한다는 개념은 가족과 국가 사이에 상존하는 복합적인 상호연결점을 충분히 개념화하지 못한다. 즉, 가족이 실패한 "후"까지 국가가 자신을 위치시킬 수 있는 중립적인 위치는 존재하지 않는다.[5] 나아가, 돌봄지원에 반대하는 케이스의 논거는 자유민주주의의 지침이 되는 원칙뿐만 아니라 자유민주주의의 목적에 대한 협소한 관점을 전제로 한다. 케이스는 돌봄이 정당한 공적 가치로 복무할 수 있는 개념이라며 립서비스하지만, 그녀는 국가의 조치에서 우선시하는 원칙은 국가가 모든 인격체를, 그들이 아이를 키우던 혹은 다른 행동을 선택하든지와 무관하게, 똑같이 대해야 한다는 평등한 대우(equal treatment)를 협소하게 개념

화하여 전제한다.[6]

  하지만 사실은 평등한 대우의 원칙이 많은 다양한 상황에서 권고할 만한 가치이지만, 자유민주주의 정치공동체가 번창하고자 한다면, 이는 분배의 권리와 우선권(privileges)을 결정하는 유일한 원칙이 되어서도 될 수도 없다. 국가가 다른 활동보다 돌봄제공을 우선적으로 정당하게 지원해야 하는 경우가 있는데, 이는 인간존엄성, 인간적 풍요(human flourishing) 그리고 건강한 정치공동체에서 돌봄이 차지하는 구심적 역할 때문에 그렇다.

  그러나 이 같은 정책의 혜택이, 케이스가 언급한 것처럼, 어머니에게만 엄격하게 제한되어서는 안 된다. 즉, 의존성은 단지 아이들만 겪는 것이 아니고, 삶의 구간에서 질병과 장애를 경험하는 것은 보편적인 인간 경험이며 그렇기 때문에 돌봄제공을 위한 보호는 폭넓게 확장되며 삶 전체에서 대부분의 시민에게 혜택이 되어야 한다. 하지만 국가가 돌봄을 지원할 때, 국가는 개별 고용주 혹은 근로자에게 지나치게 많이 지우지 않도록 여전히 케이스의 경고를 각별히 유념해야 한다. 그러기 위해 예를 들어, 돌봄휴가(caretaking leaves)의 비용을 공적으로 조달함으로써, 그리고 직장에서 돌봄휴가의 공백이 공평하게 분배되도록 함으로써, 국가는 공정하게 공적 지원비용을 분산하는 방안을 강구해야 한다. 그러나 공평분배법(equitable distribution law)에서 알 수 있듯이 "공평하게(equitably)"라는 용어는 항상 동등하게(equally)를 의미하는 것은 아니다. 돌봄책임이 관련된 경우, 국가는 다른 활동보다 돌봄책임을 촉진할 충분한 근거가 있다.

  더욱이 아이들에 대한 사적 책임을 우선시하는 케이스의 공공정책은 가족이 직면하는 구조적인 장애를 간과한다. 실상은 대부분의 부모가 사적으로 협상할 수 없는 아이돌봄과 관련된 중요한 제도적 이슈가 있다는 것이다. 예를 들어, 미국의 많은 직장은 근로자가 아이들을 위한 중요한 돌봄노동에 참여하지 못하도록 하는 방식으로 조직되어 있다.[7] 아이를 제대로 기르고 싶은 부모의 경우, 부부 중 한 명은 노동시장에 완전히 관여하지 못하도록 강제되는 것은 흔한 일이다. 따라서 이러한 직장의 구조는 부부가 돌봄역할에 있어 평등한 분배를 선택했더라도, 한 배우자는 생계부양자가 되고 다른 배우자는 돌봄전담자가 되는 가족 패턴으로 이어진다. 이러한 직장 구조가 변하기 전까지, 돌봄책임을 분담하기 위해 앞선 케이스의 설명에서 답을 구하는 많은 아버지들은 진퇴양난에 빠질 것이다.

또한 케이스가 아이들의 복지를 증진하기 위해 (그녀가 지지하는) 국가가 아이들에게 직접 혜택을 제공하는 방식과 (아이가 없는 부모에게도 공정해야 한다는 근거에서 그녀가 지지하지 않는) 국가가 부모에게 혜택을 제공하는 방식을 나누지만, 이 두 가지 정책의 결과는 일도양단할 수 없다. 아이들과 여타 의존인은 금전적인 보조 그 이상의 것을 필요로 한다. 이들은 어엿한 성인이 되기 위한 돌봄을 필요로 한다. 이러한 이유로 아이들의 이익은 케이스가 제안하는 방식으로 부모와 깔끔하게 분리될 수 없다. 그렇기 때문에 노동시장에서 돌봄을 수용함을 반대하는 케이스의 주장은 부모에게 부담 그이상이다. 이는 필연적으로 아이들에게 상처를 줄 것이다.

케이스가 양육에 대한 국가지원에 반대하는 마지막 논거 또한 짚고 넘어가야 한다. 그녀와 컬럼비아대학교 로스쿨 교수인 프랭크(Katherine Franke)는 별개의 논지로 성평등에 기초한 돌봄의 공적 지원의 근거를 비판한다.[8] 이들은 돌봄에 대한 국가의 지원은 돌봄과 모성(motherhood)을 여성 인생의 다른 선택지보다 우선시함으로써, 종국에는 여성의 손해로 돌아올 것이라고 주장한다. 또한 이들은 이러한 지원이 어머니의 역할을 맡는 여성에게 간주된 자연스러움(naturalness)과 필연성(inevitability)을 재강화한다고 주장한다. 이들은 여성에게 인센티브를 제공하여 여성이 자녀를 갖도록 장려하는 대신, 페미니스트라면 여성, 돌봄, 모성 사이의 연결의 자연스러움을 방해하는 데 초점을 맞추고 여성을 위한 다른 삶의 경로를 권장해야 한다고 주장한다.

케이스와 프랭크가 여성을 모성과 체계적으로 동일시하는 것이 고질적이고 문제가 있다고 주장한 점, 그리고 아이를 낳고 기르는 것만큼 공익에 기여하는 다른 활동이 있음을 지적한 대목은 중요한 내용을 담고 있다. 하지만 우리는 케이스와 프랭크가 주장하듯 육아에 대한 국가지원을 거부하는 실험을 오래도록 해왔으며, 그것은 성평등의 측면에서 참담한 실패였다. 대략 80%의 여성이 일생 중 언젠가는 어머니가 되며,[9] 돌봄책임이 수반하는 심각한 경제적·사회적 불이익에 직면하게 된다.[10] 막대한 경제적이고 사회적인 부담이 실효적으로 여성이 아이를 갖지 못하도록 막는다면, 현재 인류는 소멸의 위협을 받게 될 것이다.[11] 국가는 의심할 여지 없이 출산에 대한 사회적 압력에 대해 여성의 이해와 능력을 높이고 여성에게 열려 있는 다른 삶의 길이 있음을 보장하기 위한 조치를 택해야 하지만, 여성의 돌봄책임을 반영하는 공공정책의 조치를 택하지 않는다면 이는 여성의 평등에 일조하는 것이 아니라 해치는 것이다.

공공재로서 아이들

스펙트럼상, 국가는 육아를 지원해서는 안 된다는 케이스와 이들 반대론자의 반대편 끝에는, 아이를 키우는 것은 부모가 공적인 가치를 생성하는 것이기 때문에 국가는 부모를 지원해야 한다고 주장하는 사람들이 있다. 에모리대학교 로스쿨 교수인 파인만(Martha Fineman)은 이 관점을 정교하게 설명한다.[12] 의존성에 대한 국가의 책임 이슈에 관한 선도적인 이론가 중 한 명인 파인만은 적절한 시작의 지점에서 이론화를 시작한다. 즉, 모든 인간은 각자 삶의 매우 다양한 지점에서 의존적이라는 것을 인정하는 것이다. 파인만은 이러한 의존성에서 비로소 국가가 돌봄을 지원해야 하는 의무가 유발된다고 주장한다.

우리가 개인으로서 생존하려면 개인의 돌봄필요가 충족되어야 하며, 우리 사회가 생존하고 영속하려면 집합적인 또는 집단적인 돌봄필요가 충족되어야 한다. 따라서 국가(집단적인 사회)가 의존성에 대응해야 한다는 명령은 이타주의나 공감(종종 자선으로 귀결되는 개인의 반응)의 문제가 아니라 기본적이고 본질적인 문제이다.[13]

파인만은 가족은 사회 전체의 혜택을 위해 돌봄을 담당하는 소임이 있는 역동적인 공적 제도로 이해되어야 한다고 역설한다.[14] 비록 가족이 보상 없이 돌봄부담을 통째로 담당하지만, "돌봄의 노동은 사회와 사회제도를 채우고 살아가는 시민, 노동자, 유권자, 소비자, 학생 등을 제공한다."[15] 따라서 파인만에 따르면, 현재 국가와 시장은 미래의 시민과 노동자를 육성하는 일을 그들의 노력에 대한 보상 없이 가족에게 전가함으로써 가족의 노동에 "무임승차"하고 있다. 파인만의 말에 따르면, 이 사실은 "돌봄담당자에 대한 경제적 보상과 구조적 편의 모두를 제공하는 정책과 법을 통해 인정되어야 하고 보상되어야 하는" 사회의 집합적인 부채를 생성한다.[16]

국가가 의존성을 고려해야 한다는 그녀의 주장을 통해, 파인만은 케이스와 다르게, 돌봄을 사회의 중심적인 위치로 적정하게 배치시키며, 성평등과 같은 다른 중요한 가치를 희생시키지 않는 방식으로 그렇게 한다. 하지만 국가가 부모의 돌봄공로(caretaking efforts)로부터 일부 혜택을 받았기 때문에 부모는 보상을 받아야 한다는 파인만의 주장——흔히 아이들이 "공공재(public goods)"임을 주장하는 사람들에 의해 계속해서 제기되는 주장——은 몇 가지 개념적인 난제를 유발한다. 시민은 보상에 대한 법적 또는 도덕적 권리를 발생시키지 않은 채 광범위한 경우에 사회를 위한 혜택을 제공한다. 예를 들어, 바이올린 연주가가 마을광장에서 아름다운 독주를 한다고 할 때, 우리 중 거의 아무도 마을주민을 위해 그녀가 선사한 즐거움이라는 가치에 대해 마을이 그녀에게 보상해야 할 의무가 있다고 생각하지 않을 것이다. 마찬가지로, 그 선율을 듣고자 사람들이 주변 카페로 모이게 되어 그 지역에 상당한 금전적 혜택이 야기된다 해도 우리는 거의 같은 결론에 도달하게 될 것이다. 몇몇 사람들은 바이올린 연주자의 모자에 팁을 던져 주겠지만, 이는 전체적으로 카페주인이나 마을이 해야 할 의무를 낳지는 않는다.[17] 아이를 키우는 것이 왜 다르게 대우받아야 하는지는 명확하지 않다.

아무도 돌봄을 담당하지 않는다면 사회가 소멸할 것이라는 단순한 사실로 가족이 실행한 돌봄을 보상하도록 국가가 책임져야 한다는 주장을 뒷받침하기에는 충분하지 않다. 정치학자들이 경험적으로 보여주려고 했듯이, 시민사회가 "사회적 자본" 혹은 개인 간 호의를 발생시키는 시민 간의 결속이 부족할 때, 사회는 황폐해지고 민주주의는 작동하지 않는다.[18] 이러한 사실은 국가가 결사체를 장려하는 것을 좋은 정책으로 만든다. 하지만 이것이 지금은 전형이 된 볼링리그(bowling leagues)를 포함하는, 그러한 결사체에 참여하는 사람들에게 국가가 해야 할 보상에 대한 청구권을 주는 것은 아니다.

국가와 고용주 모두가 부모역할에 기인한 돌봄노동에 의존하기 때문에 부모에게 돌봄지원을 "빚지고" 있다는 파인만의 제안은 몇 가지 어려운 쟁점을 제기한다. 첫째, 파인만의 주장은 아이들이 사회에 가져다주는 순편익(net benefits) 때문에 돌봄담당자가 보조금을 받을 자격이 있음을 시사한다. 그러나 사회에 대한 아이들의 기여는 부모의 공로로 인정해야 한다는 파인만의 주장을 받아들인다고 하더라도, 아이들이 사회에 순편익이라는 결론이 반드시 성립하는 것은 아니다. 국가지원에 반대하는 사람들은 과밀(過密)로 인한 생태적·사회적·정신적 비용이 아이들의 혜택을 상쇄하고도 남는다고 주장할 수 있다. 둘째, 혜택을 기준으로 보상이 주어져야 한다면, 부모가 아이를 키우면서 얻는 기쁨은 국가의 보상을 어느 정도 경감시킨다고 봐야 하는가? 부모는 여러 이유로 아이를 갖지만, 그것이 사회 전체를 위한 이타심의 발로인 경우는 거의 없다.

나아가 아이들이 사회의 미래에 순수한 자산이라는 주장에서 공적 지원의 근거를 찾는 것은 유쾌하지 않은 결과를 낳는다. 예를 들어, 이 같은 공적 지원의 근거는 우리가 아이들을 지원하는 것보다 이주민을 자국으로 불러들인다면 적은 돈으로 동일한 혜택을 얻을 수 있을 것이라는 반대론자의 비판에 빗장을 열어주는 것이다.[19] 더욱이 부모에게 공적 지원을 하는 근거가 아이들이 성장해서 생산적인 시민이 되리라는 기대라면, 성인기에 도달하지 못하고 납세자의 투자를 상환하는 데 방해가 되는 낭포성 섬유증 같은 장애가 있는 아이의 부모에 대한 지원을 우리는 부정해야 하는가? 우리 대부분이 이 같은 제안에 경악을 금치 못하는 이유는 돌봄에 대한 공적 책임이 사회가 미래의 경제적 보상을 받을 가능성이 아닌 다른 것에서 비롯된다고 생각하기 때문이다.

자녀를 낳고 키우는 것에 대한 보상을 받을 자격이 있는 것으로 부모를 간주하는 것은, 자녀를 낳고 키우는 결정에 대해 부모 자신에게 책임을 물어야 하는 정도에 대한 까다롭지만 중요한 문제를 회피하는 것이다. 비록 케이스는 부모의 책임을 자녀에 대한 국가의 책임을 배제하는 것으로 보는 오류가 있지만, 부모의 책임은 여전히 국가책임의 윤곽을 정의하는 데 중요한 요소임은 분명하다. 그러나 파인만의 공공재 이론하에서 자녀에 대한 국가의 책임이 어디에서 끝나고 부모의 책임이 시작되는지는 알기가 어렵다.

부모-아이 그리고 돌봄담당자-의존인 관계에 대한 돌봄지원국가의 틀

의존성 관련하여 국가의 역할을 이해하는 더 좋은 방법은 자유민주주의 이론과 그로부터 구축된 공공정책, 특히 미국에서 구현된 인간에 대한 제한된 개념을 모델로 삼았다는 점을 인정하는 것이다. 일단 우리가 인간이란 전통적인 정치이론이 시사하듯 완성체로 태어나는 것이 아니라, 몇 년에 걸친 시간과 노력이 들어가는 과정을 통해 사회에서 성장한다는 점을 인정한다면, 이들 시민의 돌봄필요를 충족하는 것과 이들의 능력을 개발시키는 것은 시민 개인의 권리를 보호하는 것과 등가적인 시민 개인의 미래에 중요한 영향을 미치는 과업일 것이다.

국가에 돌봄과 인간발달을 지원하는 책임이 있다고 생각하는 것은 자유주의를 인간존엄성의 측면에 깊숙이 근거해서 다루는 것과 일치한다.[20] 인간존엄성에 대한 근본적인 존중 때문에 인간을 자신 삶의 방향을 결정할 능력이 있는 유능한 성인으로 생각할 때 자율성에 가치를 두게 된다. 우리가 인간조건으로서 의존성이라는 사실을 인정하게 되면, 인간존엄성에 대한 동일한 존중은 또한 돌봄과 인간발달의 가치를 요구한다. 국가가 이들 가치를 지원해야 하는 이유는 국가가 해야 할 일을 가족이 하고 있기 때문이거나, 국가가 이러한 임무를 가족에 일임했기 때문이거나, 혹은 국가가 후속 세대의 시민이 없으면 존속할 수 없기 때문은 아니다. 오히려 국가가 이들 가치를 지원해야 하는 이유는, 시민의 자율성 존중이 국가 소임의 중추이듯, 의존성을 인간적인 조건으로 다루는 것이 시민의 존엄을 지원해야 하는 국가 소임의 중추이기 때문이다.

하지만 가정이 스스로 의존성이란 이슈에 대처할 수 없는 이유는, 자유민주주의에서 시민은 스스로 할 수 있는 일을 하기를 기대받기 때문이다. 하지만 앞 장에서 설명했듯이 "자력으로" 가능한 선택지는 없다. 현대 사회에서 가족과 국가는 충분히 상호연결되어

있기 때문에, 국가정책이 명시적으로 가족을 염두에 두고 수립되었
는지의 여부에 관계없이, 이는 가족의 돌봄 능력에 막대한 영향을
미친다. 게다가 가족과 국가는 동일한 의존성 이슈에 대해 대처함
에 있어 같을 수 없다. 가족은 의존인이 돌봄을 편성하고 직접 돌봄
을 실행하는 데 더 적합하다. 예를 들어, 부모는 아이들과 아이들의
필요사항에 대해 국가보다 더 잘 알고 있으며, 일반적으로 부모는
아이들과의 정서적 유대감 때문에 아이들의 복지를 증진하려는 동
기가 더 강하다. 반대로 국가는 가족이 돌봄책임을 다할 수 있도록
하는 방식으로 사회제도가 구조화되도록 보장할 수 있는 유일한 위
치에 있다. 마지막으로, 아이들을 키우고 의존인을 돌보는 것은 복
잡하고 장기적인 프로젝트이다. 어떤 가족도 이 과제를 자신의 힘
만으로 잘 해내기 힘들다.

돌봄과 인간발달을 지원함에 있어 자유주의 정치공동체는 취약
한 시민에 대한 의무를 다할 뿐만 아니라 이들 미래 시민이 언젠가
는 자치(self-rule)의 책무를 이어받아 맡을 수 있도록 보장함으로
써 자신의 이익을 찾는다.[21] 밀(John Stuart Mill)의 어구를 빌리자
면, "만약 사회가 상당한 수의 구성원을 장기적인 동기를 합리적으
로 고려할 수 없는 어린아이로 키우면 그 결과에 대해 사회가 책임
을 져야 한다."[22] 언젠가 시민이 될 아이들이 자치와 집단적 자치를
위한 적절한 역량을 갖출 것이라 보장할 수 없다면, 질서정연한 사
회의 미래가 밝다고 할 수 없다.

그렇다면 돌봄과 인간발달을 지원해야 하는 돌봄지원국가의 의
무는 어디까지인가? 그리고 국가는 이들 가치와 자유민주주의 목적
을 어떻게 평가해야 하는가? 이들 문제는 절대적이고 확정적으로

계산되어 유일한 정답이 나오는 "도덕의 기하학(moral geometry)"을 통해 결정될 수 없음은 분명하다.[23] 그럼에도 불구하고 몇 가지 지침이 이 의무의 최소한의 나침반이 될 것이다. 적어도 돌봄지원국가는 빈곤해지거나 비참해지지 않고도, 가족구성원이 헤라클라스처럼 쉴 틈 없는 노력이 아니라 보통의 근면 성실함을 통해서, 아이들과 다른 의존인의 기본적인 신체적·정신적·감정적 필요를 충족하고 인간발달을 증진할 수 있는 방식으로 제도를 편성해야 한다.

구체적인 정부정책으로 해석하면, 의존인을 돌봐야 할 경제사다리의 가장 아래 있는 사람들이 충분한 재정지원을 받아 의존인이 기본능력을 배양하는 적절한 환경을 제공받을 수 있도록 복지시스템을 구성해야 한다는 의미이다. 국가의 복지정책이 이들에게 집 밖에서 일할 것을 요구한다면, 이들은 양질의 저렴한 주간돌봄센터에 실질적으로 접근할 수 있어야 한다. 국가는 부모가 아이들과 충분한 시간을 보낼 수 있도록 직장을 규제해야 한다. 그래야만 아이들이 잘 양육되고 감독을 받으며, 시간에 쫓기거나 시간 압박으로 인해 적절한 양육을 방해받지 않을 수 있다. 이 같은 관점에서, 아이들의 먹거리를 위해 일을 해야 하는 것과 아이들에게 충분한 돌봄을 보장하는 것 사이에서 부모가 하나를 선택하지 않을 수 없도록 국가가 방관한다면, 국가는 책임을 해태하는 것이다.

이러한 측면에서 보면, 1996년 복지개혁에 관한 산토럼(Rick Santorum)의 설명은 가족에 대한 국가 책임을 고려하지 않은 것으로 읽힌다.[24] 산토럼은 상당수의 한부모 어머니들을 다시 일터로 돌려보낸 복지개혁에 큰 자부심을 느낀다고 말했다.[25] 그는 기존 시스템을 비판한다. "부양아동가족부조(Aid to Families with Dependent

Children)는 단순히 자녀가 있는 가난한 여성에게 돈을 주는 것이었어요. 역으로 복지혜택을 받는 사람들은 무엇이든 해야 합니다. 글쎄요. 그런데 그들은 아무것도 하지 않았어요."[26] 산토럼은 이들 부모가 혼자서 자녀를 양육한 일을 무시한다. 더 나아가 한부모 어머니가 유급 노동시장에서 일해야 할 때 아이들이 어떻게 돌보아지는지에 관해 관심을 기울이지 않는다.[27] 이어진 맞벌이 부모에 대한 비난에서 드러난 인식의 이 같은 공백은 경악스럽기까지 하다. "맞벌이 부모의 아이들은 더 이상 필요한 것이 없다. 그들은 우리가 필요하다!"[28] 이어 그는 직장에서 성공해야 한다고 여성을 설득해온 "급진적 페미니스트"는 "다음 세대에게 돌봄을 제공할 주요 제공자로서 여성들이 해온 본질적인 일"을 무시한다고 주장한다.[29] 하지만 수긍할 수 있는 복지정책이 되려면 반드시 다른 아이들과 마찬가지로 가난한 아이들에 대한 돌봄와 인간발달의 필요가 강조되어야 한다.

돌봄과 인간발달을 지원하는 제도를 구조화하는 국가책임의 최소치는 그렇게 높지 않음은 언급되어야 한다. 국가책임의 최소 수준은 아이들과 다른 의존인이 자신의 기본적인 돌봄필요를 충족하고 최소한으로 적절한 수준의 인간발달을 증진할 수 있는 적절한 조건과 충분한 돌봄이 제공되어야 한다. 상대적으로 부유한 정치공동체는 단지 이 같은 최소한의 문턱을 넘는 수준보다 훨씬 더 제대로 부응해야 한다. 그렇기는 하지만 미국의 수백만의 아이들은 현재 이러한 기준을 넘지 못하는 조건에서 크고 있다.[30]

국가의 최소한의 책임 이상의 수준에서 보면, 국가지원은 더 이상 절대적인 의무가 아니라 다른 중요한 가치의 달성과 균형을 이뤄야 한다. 비록 돌봄은 정상적인 분배 가치로 간주되지 않지만, 돌봄을 지원하기 위한 지출은 다른 가치들과 상쇄될 수밖에 없기 때문에, 많은 경우 이는 분배 가치로 기능한다. 이들 가치의 경중을 가림에 있어, 국가는 돌봄에 대한 국가지원과 밀접하게 붙어있는 성평등의 중요성과 국가의 미래에 대한 미래 시민 건전성의 중요성을 고려해야 한다. 다른 가치들에 비해 돌봄노동에 비중을 두는 근거로 이 두 가지는 설득력이 있다. 그렇더라도, 이러한 근거하에서 최소수준 이상으로 돌봄노동을 지원하는 것은 자유민주주의의 목적을 성취하기 위해 중요하지만, 이는 국가의 절대적인 의무도 갚아야 할 빛도 아니다.

이러한 최소수준을 넘어 보조금을 지급할지 여부를 결정할 때, 자유주의 정치공동체라면 앞선 케이스와 같이 의존성에 대한 국가의 최소지원만을 주장하는 진영과 국가가 의존인에게 실질적으로 무제한적인 재정지원을 해야 함을 주장을 하는 진영 사이에서, 공감대가 형성되는 중간지점을 찾을 수 있어야 한다. 그러한 합리적인 중간지점은 앞 장에서 언급한 밀을 통해서 엿볼 수 있다. 그는 현재 세대는 비록 다음 세대를 "완벽하며 현명하고 좋게 만들 수는 없지만, 자라나는 세대를 자기 세대만큼 훌륭하게 그리고 자기 세대보다 조금 더 낫게 만들 수 있다."[31] 다음 세대를 위해 조금이라도 더 나은 것을 강구하는 것은 현실적이지만, 이는 의존인을 돌보는 것의 중요성을 인정하면서도 자유민주주의라면 역시 추구해야 하는 다른 가치들이 있음을 인정하는 여전히 야심찬 목표이다.

마지막으로, 더 큰 국가지원으로 정의되는 스펙트럼의 끝을 향한 어떤 지점에서, 국가가 다른 가치들 대신 더 높은 한계 수준의 돌봄에 보조금을 지급하는 것은 점점 더 이치에 맞지 않는다. 국가지원 스펙트럼의 상단에서 더 많은 돌봄에 대한 보조금은 실제로 돌봄을 받는 사람과 돌봄제공자 모두에게 비생산적일 수 있다. 왜냐하면 돌봄을 받는 사람은 사회에서 제대로 역할을 하는데 필요한 자율성의 성장이 지체될 수 있다는 점에서, 그리고 돌봄을 제공하는 사람은 인생의 다른 경로를 추구하지 못하게 될 수 있기 때문이다. 그래도 여전히 가족구성원이 의존인에 대한 상당히 높은 수준의 돌봄을 담당하기로 결정할 수 있지만, 이들은 국가의 재정지원 없이 돌봄을 해야 한다.

스펙트럼의 상단 아래의 어느 지점에서든, 국가는 돌봄이 인간존엄성과 밀접한 관련이 있기 때문에 시민이 추구하는 다른 가치들보다 우선적으로 돌봄을 정당하게 지원할 수 있을 것이다. 이는 시민이 추구하는 다른 가치들이 의미가 없다는 말이 아니다. 실제로 시민이 추구하는 많은 가치들 역시 재정이 가능하다면 국가의 지원을 받아야 한다. 이는 국가가 돌봄의 책임을 지원해야 하는 강력한 이유가 있음을 말하는 것일 뿐이다.

돌봄지원국가, 그리고 일과 가족의 양립

국가가 돌봄과 인간발달을 지원해야 한다고 선언하는 것은 국가가 실천해야 하는 정책의 종류를 결정하는 첫 번째 단계일 뿐이다. 돌봄과 일 사이의 관계를 견인하는 사회조직의 비전 역시 결정되어야 한다. 모든 복지시스템은 사회조직의 묵시적인 규범적 비전에 의지한다.[32] 3세대 이상을 지배하고 많은 정책분야에서 여전히 유효한 뉴딜(New Deal) 시대의 비전은 돌봄담당자와 결혼한 생계부양자와 이들의 생물학적 혹은 입양 자녀로 구성된 가족에서 시민이 살았고 살아야 한다는 토대에서 만들어진다. 이 비전에 따르면, 남편은 임금으로 가족을 부양하고 아내는 돌봄으로 가정 내 돌봄필요에 부응한다. 이러한 규범적 비전을 전제로 한 복지제도에는 가계부양자의 고용에 부속된 가족을 위한 의료보험, 근로자가 실직할 경우 가족의 기본 생필품을 지급하는 실업보험, 장애가 있는 경우 가계부양자의 가족임금을 대체하는 근로자 보상이 포함된다.

정책입안자들이 이혼율과 한부모가족의 증가, 어머니의 노동시장으로 이동 등으로 촉발된 인식에 직면했기 때문에, 최근 몇 년간의 사건들은 "가족임금(family-wage)"모델이 적어도 부분적으로 실효를 다하게 만들었다. "가족임금"모델은 대부분 시민이 현재 그들의 삶을 어떻게 사는지에 대한 경험적 현실과 괴리되는 측면이 있다. 하지만 몇몇 정책영역에서 가족임금모델을 대체해온 것은 모든 성인이 생계부양자가 되어야 한다고 가정하는 "보편적 생계부양자(universal-breadwinner)" 모델이었다.[33] 이 모델은 돌봄책임이 반영되지 않은 가족임금모델을 기초로 한 직업구조를 가지며 이를 모든 성인 시민에게 적용시킨다. 물론 문제는 모든 시민이 생계부양자라면 돌봄은 누가 담당하게 되는지 명확하지 않다는 점이다. 예를 들어, 1990년대의 복지개혁은 집에 어린 자녀가 있는지 여부에 관계없이 부모/복지수혜자가 상당한 시간 일을 하도록 하는 요건을 제도화했다.[34] 일-가족법(work-and-family law) 역시 육아(돌봄)에 대한 보호는 거의 없이 법적 보호는 고용상태에 따라 반영한다고 전제된다. 이 같은 모델을 채택함에 있어 현재의 복지정책은 건전한 아이들과 시민을 육성하는 데 필수적인 돌봄을 제공하지 못하고 있다.

시대에 뒤떨어진 가족임금모델과 문제가 있는 보편적 생계부양자 모델 대신, 오늘날 가족의 요구에 적합하고 돌봄을 적절하게 지원하는 새로운 복지국가 모델이 필요하다. 새로운 복지국가 모델이 전제하는 사회조직의 두 가지 가능한 비전이 있다. 첫째, 국가는 돌봄책임을 수행하려는 시민은 돌봄을 위해 노동시장에서 떠난다는 전제를 갖는 규범적 비전을 채택할 수 있다. 배우자가 없는 돌봄담당자에게도 노동시장에서 돌봄이 지원될 수 있도록, 국가는 돌봄담당자가 돌봄노동을 수행할 수 있도록 직접적인 재정보조를 할 수 있어야 한다. 부모가 집에서 아이를 돌볼 수 있도록 하는 복지수당은 이러한 "직접보조"모델에 부합하는 공공정책의 한 예이다. 이 방식은 가족임금 접근 방식과 마찬가지로 노동시장을 돌봄제공에 맞게 조정할 필요가 없다. 대신 돌봄제공은 사적인 가정에서 가족구성원에 의해 주로 수행된다. 이전의 가족임금모델과 이 접근의 큰 차이점은 돌봄제공자는 남편이 아닌 국가(그리고 시민 일반으로부터)로부터 돌봄에 대한 재정보조를 받게 된다는 점이다.[35] 따라서 이 접근은 가족임금모델의 생계부양자와 돌봄담당자가 이끄는 가족을 상정하는 모습에서 국가가 생계부양자를 대체하는 가족의 그림으로 구상될 수 있다.

대안적 비전은 모든 시민이 일과 가정 모두의 영역을 자기 삶으로 통합할 수 있어야 한다는 관점을 전제한다. 이 접근 역시 돌봄을 지원하는 통합적 파트너로 국가를 상정하지만, 이는 또한 시민이 돌봄담당자와 생계부양자의 역할을 조화시킬 수 있는 방식으로 사회제도를 구조화하도록 국가에게 요구한다. 이와 같은 "공적 통합

(public-integration)"의 접근법에서, 국가는 시민이 노동시장을 떠나 돌봄을 담당하도록 재원을 보조하는 것이 아니라, 가족임금모델에 기반한 직장구조를 탈바꿈시키면서 돌봄의 요구사항에 맞게 노동시장과 같은 사회제도를 조정한다. 근로자가 어린자녀를 돌본 후 직장으로 복귀할 수 있도록 유급휴가를 부여하며, 돌봄담당자에게 유연한 근무시간을 부여하고, 돌봄담당자(그리고 아마도 다른 근로자)가 일해야 하는 시간을 제한하는 것은 공적 통합의 접근법에 부응하는 프로그램의 세 가지 예이다. 따라서 이 모델은 가족임금모델의 생계부양자-돌봄담당자라는 오래된 그림을 시민 각자가 개별적으로 생계부양자이자 돌봄담당자의 역할을 담당하는 모델로 대체하여 그려질 수 있다.

일과 돌봄의 관계에 대한 두 가지 비전 중, 돌봄지원국가는 몇 가지 이유로 돌봄-일(care-work)을 지원하는 공적 통합 모델을 채택해야 한다. 첫 번째는 성평등에 대한 중요한 약속을 이행하는 것과 관련이 있다. 사회적 과정과 기대의 복잡한 조합을 통해 우리 사회의 여성은 계속해서 가족 내 돌봄의 대부분을 떠맡고 있으며, 이로인해 여성은 사회적으로나 재정적으로 남성보다 불평등하다.[36] 경험적으로 여성이 수행하는 임무는 남성이 그 일을 맡을 때까지 낮은 지위를 유지하는 경향이 있다.[37] 더 많은 남성이 돌봄을 담당하기까지 돌봄은 낮은 지위의 "여성의 일"로 변함없이 간주될 공산이 크다. 공적 통합 접근은 돌봄제공자에게 돌봄노동의 정체성을 탈각하도록 요구하는 것이 아니기 때문에, 이는 직접보조 접근보다 남성을 돌봄노동에 훨씬 더 많이 관여하게 할 수 있다.

게다가 공적 통합 접근은 남성에 대한 여성의 재정적 격차를 더

평등하게 만들 수 있다. 실질적인 문제로, 직접보조모델을 적극적으로 채택하는 국가에서도 생계를 유지하는 상대에 비해 재정적 불이익을 전혀 받지 않을 정도로 돌봄담당자에게 보조금을 지급할 것이라고 상상하기는 어렵다.[38] 가장 관대한 직접보조 제안조차도 일반적으로 돌봄담당 기간의 임금이나 수당만을 보존할 뿐이다. 그러나 경제학자들이 보여주듯이, 노동시장에서 벗어나는 시간은 휴가기간 동안 임금손실이 거의 없다고 할지라도, 일반적으로 여성의 남은 삶에 대한 재정적 전망을 상당히 감소시킨다.[39] 이러한 현실 때문에 남녀 모두 돌봄노동의 부담을 동등하게 분담하도록 장려하는 것이 중요하며, 이는 공적 통합 접근에서 보다 가능하게 된다.

공적 통합 접근은 또한 미국식 문화에 퍼져있는 돌봄에 대한 복합적이고 파괴적인 신화에 맞설 수 있도록 더 잘 준비되어 있다. 파인만이 주장하듯, 우리의 사회는 자율성이라는 신화를 떠들썩하게 추앙한다. 하지만 이 신화보다 덜 요란하지만 여전히 귓가를 맴도는, 돌봄의 중요성에 대해 광범위하게 유통되는 대항 담론(counter-narrative)이 있다. 그것은 돌봄이 여성 최고의 소명이라 표방하는 것이다.[40] 이 담론 안에서 아이들은 (자율성 담론에서 이들이 완전히 사라진 것과는 대조적으로) 자신의 잠재력을 발휘하기 위해 돌봄담당자의 전적인 관심을 받을 자격이 있고 이를 요구하는 사회의 가장 큰 보물로 제시된다. 하지만 이 담론은 육아를 수용하기 위해 일을 개혁해서는 안 된다는 견해를 자율성 신화와 공유한다. 이 관점에 따르면, 여성은 어머니의 역할을 충분히 다하기 위해 자신의 경력과 삶을 희생해야 한다. 실질적으로 무제한적인 돌봄과 관심을 아이들에게 주지 못하는 어머니는 이기적인 존재로 간주되며,

어머니의 돌봄을 받지 못하는 아이들은 실패한 인생을 살게 된다고 본다.[41]

성평등을 고려하는 '돌봄-일'에 대한 돌봄지원국가 모델은 자율성 신화뿐만 아니라 다른 아류에서 돌봄의 맹신(fetishization of care)을 지속하는 아성도 인식해야 해야 한다는 점에서, 문화적 메시지의 복잡성 및 모순과 씨름해야 한다. 공적 통합 접근은 직접보조 접근보다 이 문제를 다루기에 더 적합하다. 여성이 좋은 어머니 혹은 좋은 돌봄담당자가 되기 위해 바깥 일에 나서면 안 된다고 공적 통합은 가정하지 않는다. 또한 이는 돌봄노동의 중요성을 인식함과 동시에 일과 가족이 분리되고 배타적인 영역을 점유한다는 이데올로기에도 도전한다. 이 모델은 노동시장과 가족이 작동하는 방식은 충분히 조율할 수 있기 때문에 따라서 유급노동과 돌봄이 근본적으로 상충되지 않도록 보장한다.

국가의 돌봄지원에 대한 공적 통합 접근은 또한 아이들의 필요를 충족하지만 그렇다고 강박적으로 집착하지 않는다. 이 접근은 아이들과 유의미한 만큼의 시간을 보낼 수 있는 부모의 역량을 지원하지만 부모가 아이들과 반드시 모든 시간을 함께해야 한다는 것은 아니며, 부모는 아이들과 함께 시간을 보내는 것 외 다른 시간을 쓸 수 없도록 배제되어서도 안 된다고 본다. 이 모델에서 아이들은 집단돌봄(group-care) 방식으로 돌봄을 받을 수 있지만, 그 시간은 현 시스템에서 전일제로 일하는 부모가 있는 경우보다 훨씬 적은 시간이 될 것이다. 따라서 이 접근은 부모와 자녀의 관계의 중요성을 인식하고 이러한 관계를 지원하는 동시에, 공동체에서 다른 이웃 및 다른 아이들과 함께하는 아이들의 가치를 인식하는 장점이 있다.

정기적으로 집단돌봄 방식으로 시간을 보내는 아이들은 주변 사람들과 유대를 더 잘 형성하며, 과도한 관심 없이는 아무것도 제대로 할 수 없는 과잉보호 증상이 덜 나타나게 된다.[42]

일-가족의 갈등을 개선하는 데 도움이 되는 제안은 미국에서 그림의 떡으로 간주되지만, 현실은 고닉(Janet Gornick)과 메이어스(Marcia Meyers)가 『일하는 가족(*Families That Work*)』에서 보여준 것처럼 다른 많은 선진국 특히 덴마크, 핀란드, 노르웨이, 스웨덴, 프랑스, 벨기에, 캐나다는 미국보다 훨씬 앞서 이 목표를 향해 노정하고 있다.[43] 고닉과 메이어스의 결론은 다음과 같다. "미국 가정을 뒤덮는 문제는 가족이 성평등을 희생하지 않으면서 가족과 직장에서 서로 경쟁하는 요구 사항을 관리할 수 있도록 지원하는, 보다 광범위한 공공정책을 시행하는 다른 선진국에서는 덜 심각하다."[44]

돌봄을 지원하는 공적 역할에 동참하는 사회에서 국가가 채택하는 공적 제안은 다른 글에서도 잘 제시되고 있기 때문에 이에 대해 자세히 설명하지 않겠다.[45] 이들 제안에는 출산 시 여성을 위한 유급 출산휴가 및 직업유지 보장, 육아휴직 권리 및 아동의 생후 첫 몇 년 동안의 근로자에게 돌봄을 위한 시간과 기회를 제공하는 동시에 직장을 재개할 수 있도록 하는 것이 포함된다. 또한 부모 및 다른 돌봄담당자에게 생길 수 있는 단기간의 필요에 대처할 수 있도록 추가 유급휴가에 대한 권리도 포함된다. 이 모든 휴가에 대한 자금은 사회 전체에 비용을 공정하게 분배하고 개별 고용주의 부담을 최소화하기 위해 공적으로 도모되어야 한다. 또한 표준 노동시간을 미국의 현재 표준인 40시간보다 낮게 설정하는 노동시간 정책은 정규직으로 고용된 부모가 돌봄에 충분한 시간을 갖도록 보장하는 데 도움이 될 것이다.[46] 시간제 노동의 질과 보상을 개선하는 적절한 유연시간(flex-time) 정책과 규제는 돌봄담당자의 상황을 더욱 개선할 것이다.

마지막으로, 이 모델의 국가는 돌봄필요가 있는 사람들에게, 그들의 발달성장을 지원하는 수준에서 대안이 되는 돌봄편성(caretaking arrangements)을 제공하게 될 것이다. 이 같은 편성방식에는 공립 유아교육 및 돌봄프로그램, 부모의 노동일정에 맞춰 시간이 짜여진 공립 학교교육, 국가에서 지원하거나 혹은 국가와 가족이 비용을 분담하는 방과후 프로그램 및 노인돌봄 프로그램이 포함될 수 있다. 이들 정책의 다양한 요소는 돌봄을 지원하는 데 있어 미국보다 더 광범위한 국가역할을 맡은 유럽 국가에서 성공적으로 제도화되었다.[47]

노인을 위한 다양한 접근

노인에게 발생하는 의존성은 아이의 의존성에 의해 제기되는 문제와 동일한 문제를 제기하지만 중요한 차이점도 존재한다. 하나는 성인은 자신이 나이가 든다는 것을 알고 있으며, 따라서 일반적으로 인생의 단계를 위해 계획하고 저축할 기회가 있다. 또 다른 이유로 우리는 아이들의 도덕적 역량을 형성하기를 기대하며 따라서 그들의 정신적 역량이 어느 정도 감소한 경우에도, 일반적으로 노인에게는 부적절한 온정주의라고 생각하는 방식으로 아이들을 위해 결정을 내릴 것을 기대한다.[48] 또한 노인은 일반적으로 독립적인 생활을 추구하는 반면, 어린 아이들은 그렇지 못하다.[49] 이러한 차이는 노년에 수반되는 의존성과 관련하여 노인, 그 가족 및 국가가 수행해야 하는 역할과 관련해 매우 중요한 의미가 있다.[50]

미국 인구가 고령화됨에 따라 노인의 돌봄필요가 충족되는 방식이 점점 더 중요한 이슈가 되고 있다. 1900년에는 310만 명의 미국인이 65세 이상이었지만, 2004년에는 이 수가 3,630만 명으로 증가했다. 7,800만 명의 베이비 붐 세대가 노인이 되면서 이 수치도 향후 25년 안에 두 배가 될 것으로 예상된다.[51] 노인시민 인구의 돌봄필요는 어마어마하다. 여러 측면에서 고령화의 과정은 비의존성이 증가되는 아이들의 패턴과 정반대이다. 노인은 일반 인구보다 심각한 만성질환을 앓을 가능성이 훨씬 더 높으며 이러한 가능성은 나이가 들수록 증가한다.[52] 또한 고령자가 경험하는 만성질환은 운전, 걷기, 옷 입기 또는 식사를 포함한 일상생활에 상당한 제한을 초래할 가능성이 훨씬 더 높다.[53] 이러한 사실은 많은 노인이 집 안팎에서 옷 입기, 목욕, 돌아다니기와 같은 활동에 대한 도움을 포함하여 상당한 양의 돌봄이 필요하다는 것을 의미한다.[54]

돌봄필요

국가가 노인을 위한 돌봄을 조직화하는 방법에 관해 언뜻 보기에 성장한 자녀에게 이 책임을 부여하는 것이 일리 있을 수 있다. 상호성 원칙(principles of reciprocity)이 이러한 돌봄편성을 뒷받침한다. 부모는 자녀가 어렸을 때 자녀의 돌봄필요를 담당했다. 이제 자녀는 부모를 위해 똑같이 해야 한다. 그러나 더 깊이 생각해 보면 국가가 성인자녀에게 돌봄에 대한 법적 책임(legal responsibility)을 부과해서는 안 되는 더 나은 이유가 있다.

백지상태에서 사회를 구성한다면, 성인자녀가 부모 돌봄을 책임지는 모습으로 사회를 만들 것 같다.[55] 하지만 좋든 나쁘든 이는 현재 우리가 사는 사회가 아니다. 대부분의 노인은 오랫동안 자녀와 떨어져 살며 독립적인 생활을 선호한다. 60세 이상 성인의 90%는 노년에 집을 떠나기보다는 집이나 지역사회에 머물고 싶어 한다.[56] 부모 근처에서 지내는 자녀들은 많지 않다. 실제로 많은 성인 자녀가 다른 주 혹은 다른 카운티로 이사해 살고 있다. 게다가 역사적으로 노인 가족구성원을 돌보는 일의 대부분을 수행해 온 여성은 이제 주로 유급 노동시장에서 일하기 때문에 돌봄의 시간이 제한된다.[57] 그래서 노부모를 의사 진료에 데려가는 등 노동시간 중에 수행해야 하는 돌봄을 하지 못하게 된다. 성인자녀 중 다수는 이제 본인 자녀에게 많은 시간과 에너지를 써야 하고 이에 따른 부담과 스트레스를 받으며 살고 있다. 그리고 부모가 미성년 자녀를 돌봐야 한다는 강한 사회적 규범과 달리, 한때 노부모를 부양하는 것을 지지했던 규범은 어느 정도 약해졌다.[58]

이러한 상황에서 국가는 가족이 노인을 부양하도록 지원하고 장려해야 하지만 법적으로 가족에게 책임을 전가해서는 안 된다. 대신 국가는 성인자녀의 돌봄에 기대지 않는 노인시민을 위한 돌봄 네트워크의 구축을 강구해야 한다. 이 네트워크의 목표는 가능한 노인의 자율성을 보장하는 방식으로 돌봄에 대한 접근을 보장하는 것이다. 이 관점에서 의존성은 켜져 있거나 꺼져 있는 전등 스위치와 다르다. 오히려 의존에 따른 돌봄필요는 작은 것부터 큰 것까지 다양할 수 있으며, 자율성에 대한 노인의 관심과 접목될 수 있다. 이를 위해서 가능하면 지역사회에서 독립적으로 생활하는 노인을 지원하는 방식으로 돌봄을 제공해야 한다. 정도가 경미하거나 중간 정도의 의존성을 지닌 노인 거주자에게 이러한 종류의 보조를 제공하는 현재 시도되고 있는 많은 돌봄 모델들이 있다.[59] 국가는 이러한 모델 중 가장 유망한 모델을 지원해야 한다. 노인이 돌봄의 필요성을 충족하면서 독립적이고 존엄하게 살 수 있도록 하는 대안을 모색하는 것이 국가 임무의 핵심이어야 한다.

국가는 또한 돌봄의 필요성이 증가함에 따라 노인이 선택할 수 있는 다양한 선택지를 제공해야 한다. 그런 점에서 사생활 보호를 위해 지은 교외 주택에 노인을 1인 가구로 남겨두는 모델의 한계를 인정해야 한다. 국가는 노약한 고령자들이 더 우호적인 환경에서 더 높은 수준의 돌봄을 받을 수 있도록 하기 위해 이 모델에 대한 대안을 개발해야 한다. 이러한 모델의 성공적인 사례 중 하나는 1981년 코네티컷주 뉴캐넌(New Canaan, Connecticut) 시민들이 만든 뉴캐넌 숙소(New Canaan Inn)이다. 숙소에서 노인들은 각자의 아파트에 살지만 여전히 식사가 제공되는 공용 거실과 식당이 있는 공유 공동체의 혜택을 누린다.[60] 숙소의 입주자들은 자신이 필요로 하는 돌봄을 숙소의 서비스 네트워크를 통해 받을 뿐만 아니라 숙소가 시내까지 도보로 가까운 거리에 있기 때문에, 마을공동체와 더욱 통합된 연결상태를 유지할 수 있다.

그렇다 하더라도 돌봄지원국가는 성인자녀와 다른 가족구성원의 돌봄을 여전히 장려하고 지원해야 한다. 많은 경우 자녀는 부모의 필요와 바람을 가장 잘 알 수 있는 사람이다. 더욱이, 대부분의 자녀가 부모에 대해 느끼는 사랑의 유대감과 부모에 대한 도덕적 의무는 부모에 대한 최선의 이익을 위해 행동하도록 하는 강력한 동인이 된다. 이 같은 돌봄책임을 신장하기 위해 국가가 채택할 수 있는 여러 조치가 있다. 현재 무급휴가를 유급휴가로 전환하고 그 적용 범위를 의료영역 이상으로 확대함으로써 가족의료휴가법과 같은 가족휴가 조항을 강화할 수 있다.[61] 또한 노인돌봄을 지원하는 것은 국가가 유연시간을 고려한 노동스케줄을 지원하고, 시간제 근로자가 정규직 근로자와 비슷한 시간기준 혜택을 받도록 의무화하여, 일하는 가족구성원이 그들이 사랑하는 사람을 돌볼 수 있는 능력을 갖도록 하는 좋은 근거를 제공한다. 국가는 또한 예를 들어, 노인 가족구성원을 위한 공간을 포함하기 위해 주택을 개조하는 가족에게 대출을 보조하고, 개조를 원하는 사람들에게 구역변경을 허용함으로써 기존 주택모델이 가족돌보기에 제기할 수 있는 장애물을 줄이기 위해 노력해야 한다. 마지막으로, 노인 가족구성원을 돌보는 가족을 위해 국가는 능숙한 재택 간호지원, 휴식서비스, 노인을 위한 양질의 주간프로그램을 포함한 추가적인 돌봄이 가능하도록 해야 한다.[62]

재정 의존성

재정 의존성이라는 심각한 문제는 노인시민의 다른 돌봄필요와 얽혀있다. 2006년 미국에서 360만 명의 노인이 빈곤선에 있었다.[63] 이는 노인 인구의 9.4%에 해당된다. 이는 상당한 수치이지만, 과거에 비하면 여전히 상당히 낮은 비율이다. 예를 들어, 1960년에 노인의 공식 빈곤율은 35%로 이는 (비노인) 성인의 빈곤율보다 두 배이상 높았다.[64] 이 수치는 심지어 금세기 초에 빈곤율이 급격히 감소했음을 보여준다.[65] 미국 퇴직자의 90% 이상이 받는 사회보장이 이러한 빈곤율 감소의 주요 원인이다.[66] 실제로 시라큐스대학교 (Syracuse University)의 엥겔하트(Gary Engelhardt)와 M.I.T대학교 의 그루버(Jonathan Gruber)의 연구는 1967년부터 2000년까지 노인 빈곤의 감소를 조사한 결과, 이 기간에 빈곤율의 전체 감소는 사회보장 혜택의 산물이라고 결론짓는다.[67] 비록 사회보장 프로그램의 재정적 불안정성이 최근의 정치적 논쟁에서 과장되었을 수 있지만, 이 프로그램에 대한 정치적 논쟁은 현실적이고 현재 진행형이다.[68] 따라서 이 논쟁의 근간이 되는 이론적인 문제, 즉 국가가 노인의 재정적 필요를 다루는 데 어느 정도 역할을 해야 하는지는 별도로 논의할 가치가 있다.

아마도 시민이 자신의 인생 행로를 선택하는 책임을 지는 자유주의 정치공동체에서 가장 분명한 대안은 노인 자신의 어깨에 재정적 부담을 지우는 것일 것이다. 이 경로를 택한 이유는 어린 아이들과 달리 노인은 인생의 이 단계를 계획할 기회가 있었고 그에 따라 저축했어야 했기 때문이다. 비록 계획과 저축에 대한 일부 책임이 노인에게 부과되어야 한다는 데에 의문의 여지가 없지만, 이 책임을 전적으로 개인의 문제로 다루는 것은 여전히 심각한 어려움이 있다.

첫째, 인생의 마지막 국면에 처하는 여러 요인들, 예를 들어 시민이 얼마나 오래 살 것인지, 얼마나 오래 일할 수 있을 것인지, 심각한 질병을 겪을 것인지, 장기간의 질병을 겪을 것인지 등은 개인 수준에서 예측하기 어렵다.[69] 이러한 불확실성으로 인해 개인은 얼마나 저축해야 하는지 예측하기가 어렵다. 또한 아무리 계획을 세밀하게 잘 설계했다고 해도, 정리해고 또는 조기퇴직, 사내연금의 삭감, 퇴직 저축을 고갈시키는 주식시장의 폭락 혹은 자녀를 위해 지속되는 재정적 책임을 포함하여 시민이 통제할 수 없는 여러가지 이유로 경제상황이 변할 수 있다. 게다가 많은 위기로 인해 거의 예고 없이 저축의 가치는 급감될 수 있다. 개인 또는 가족구성원의 예기치 않은 질병으로 인한 의료비용은 신중한 계획자조차 파산시킬 수 있으며 이는 실제로 빈번하다.[70] 노인이 더 이상 스스로 살 수 없는 경우, 인증받은 요양원의 준 개인실(2인실)에 대한 전국 평균 연간비용은 $67,525($185.00/일)이며, 이 수치는 대부분 고령층의 저축을 빠르게 소진시키는 수치이다.[71] 마지막으로, 특히 고가의 치료 같은 의학기술의 발전으로 인해 초기에는 예측하기 어려웠을 비용이 시민에게 부과될 수 있다.[72]

그렇다면 적어도 시민이 자신의 은퇴를 위해 개인적으로 저축할 수 있을 것이라는 기대는 빈번히 개인의 통제 밖의 이유로 인해 무산되게 된다. 은퇴를 위한 개인 저축이 기대되는 세상에서 노인시민에게 무엇이 있어야 하는가? 한 가지 가능성은 성장한 자녀가 궁핍한 부모를 부양하도록 법적으로 요구하는 것이다.[73] 그러나 돌봄 이슈에 관련해서 성장한 자녀에게 그러한 지원에 대한 재정적 책임을 묻지 않는 데에는 강력한 이유가 있다. 비록 자식이 경제적으로 넉넉하면 이러한 책임을 질 수 있다 하더라도, 서민과 중간층에게 특히 이러한 책임은 무거운 부담일 수 있으며, 자녀 가족이 아이를 키우며 고단하게 살고 있다면 이러한 책임은 몇 해로도 만회하기 어려운 무거운 짐이 될 것이다.[74]

더욱이, 노인이 은퇴를 위해 적절하게 저축하는 것을 어렵게 만드는 것과 동일한 요인들(재정상태, 수명, 건강상태 등을 예측하는 것의 어려움)은 자녀가 노부모를 위해 똑같이 하는 것을 어렵게 만들 것이다. 덧붙여, 성인 자식도 예를 들어, 예기치 못한 정리해고나 질병과 같이 불확실성을 당면한다. 샤피로(Ian Shapiro)가 조언한 것처럼, 과거에는 성인자녀에게 노부모에 대한 재정적 책임을 부과하는 것이 일리가 있었지만, 현재에는 "성인기에는 삶 전반적으로 일하고 저축하고 보험에 가입할 수 있지만, 삶의 끝이 다가옴에 따라 노인을 가계 경제에 재편입하는 것은 일리가 없다."[75]

본인 잘못이 아닌 이유로 충분한 저축이 부족한 노인에게 다른 재정적 지원이 없는 상황에서, 국가가 최소한 생계수준의 지원을 제공해야 한다는 데에는 의문의 여지가 없다. 인간의 존엄성을 추구하는 자유주의 정치공동체에서 시민의 기본적인 필요가 충족되는지의 여부를 노동시장의 변덕스러움이나 개인이 통제할 수 없는 수많은 다른 요인에 의존해서는 안 된다. 노인의 준비부족으로 재정여력이 어렵게 된 경우에도, 비록 이 이슈는 면밀히 검토되어야겠지만, 이들 노인시민에게 기본적인 소득지원이 필요하다는 주장은 여전히 강할 수 있다. 우리가 여전히 자신의 능력 이상의 물에서 부주의하게 물에 빠진 수영 선수를 구조하려고 노력해야 하는 것처럼, 취약한 사람들을 보호하기 위한 도덕적 명령은 적어도 초기에 재정적으로 부주의했던 사람들에게, 인간존엄성에 대한 우리의 약속이 그러하듯, 최소한 몇 가지 기본적인 지원을 제공해야 한다.

젊었을 때 자신의 재정적 필요를 위해 저축하지 못한 노인을 보조해야 하는 국가의 위험을 감안할 때, 더 현명한 국가의 진로는 기존 사회보장시스템과 더불어 개인책임에 대한 기대와 보장된 소득지원을 결합한 시스템을 구축하는 것이다. 이러한 시스템에서 능력 있는 성인은 후에 기본적인 지원을 받을 수 있게끔, 근무기간 동안

적립한 퇴직금이 기여할 수 있도록 해야 한다. 근로자 기여금을 공동으로 사용하면 삶의 마지막에 일어날 일에 대한 개인의 불확실성 문제를 피할 수 있다. 더욱이 강제저축의 의무는 일부 시민들이 저축이 부족할 경우 나중에 국가가 지원할 것이라는 믿음으로 생산연령기에 충분히 저축하지 않는 도덕적 해이를 방지한다.[76] 재원부담에 대한 기여를 의무화하는 개인의 자율성에 대한 침해는, 국가에 의해 강제된 기여가 없을 경우 저축이 부족한 시민들을 국가가 보조해야 하는 의무가 있다는 사실로 정당화된다.

개인책임과 국가책임의 이 같은 조합은 자율성과 의존성이 배합된 인간의 조건을 인정하고 대응하는 자유민주국가의 적정한 역할이다. 시민이 공동 기금에 기부하도록 강제하는 것은 생산연령기의 성인이 노년을 위해 저축해야 한다는 것을 인정하는 것이다. 동시에 예측할 수 없는 의존성에 대한 많은 문제가 있더라도, 삶의 끝에서 의존이 일반적인 사실임을 인식하는 것이다. 따라서 의존성을 다루는 것이 국가와 시민 모두의 공동 책임임은 분명히 하면서, 국가는 이 사실에 현실적이고 인도적으로 대응하는 제도를 만들어 가야 한다.

비록 현재의 사회보장프로그램의 기조가 돌봄지원국가의 이론과 부합하더라도, 그것이 제공하는 최소한의 지원은 돌봄지원국가 이론과 부합하지 않는다. 사회보장의 혜택은 원칙상 진보적이어야 하므로, 저소득자의 최종 혜택은 고소득자의 혜택보다 평생 평균소득의 더 많은 부분을 차지하게 된다. 그러나 이는 충분히 진보적이지 않다. 현재 저임금 일자리에서 장기간 근무한 일부 퇴직자들은 빈곤선을 넘어서기에도 부족한 혜택을 받고 있다.[77] 성실히 일하고 미래를 신중히 대비해온 사람들이 나이 들어도 괜찮은 생활수준을 누릴 수 있어야 한다. 이를 위해 현재의 사회보장제도로는 부족한, 대신에 적절한 형태의 최소혜택이 채택되어야 한다.

결 론

국가는 사회제도가 시민의 돌봄필요를 충족시킬 수 있게 지원하는 방식으로 구조화되도록 보장할 중요한 책임이 있다. 의존으로 인한 돌봄필요에 대처함에 있어, 국가의 이러한 책임은 가족구성원이 돌봄을 위한 충분한 기회를 가질 수 있도록 노동시장에서의 근본적인 변화를 요구한다. 국가는 가족의 돌봄의 기회를 극대화하는 방식으로 사회를 구축할 필요는 없지만, 최소한 가족구성원이 부양가족의 기본적인 필요를 합리적으로 충족시킬 수 있도록 제도를 마련해야 한다. 또한 노인의 경우, 국가는 노년기에 발생하는 돌봄필요를 충족하기 위해 가족 울타리를 넘어서도 이용할 수 있는 돌봄 네트워크를 보장해야 한다. 노인의 재정적 의존성 이슈를 인도적으로 충족시켜야 하는 국가의 책임은 또한 노인과 국가 간에 책임을 분담하는 제도를 국가가 보장하도록 요구하는 것이다. 다음 장에서 필자는 일반적으로 능력 있는 성인 간 관계의 문제에서 국가의 의무가 달라지는 정도에 대해 고민하고자 한다.

돌봄지원국가와
성인 간의 "수평적" 관계

04
돌봄지원국가와
성인 간의 "수평적" 관계

수 세기 동안 국가는 이성(애)결혼을 승인하고 이성결혼만을 규범적인 가족구조로 간주하였다. 하지만 최근 15년 사이 이 이슈에 대한 공적 합의는 붕괴되었다. 이 이슈는 성인 간의 친밀한 관계, 즉 "수평적(horizental)" 관계에 대한 국가의 역할에 대한 논쟁을 불러일으켰다. 논쟁은 최근 동성결혼을 금지하는 법원결정[1]과 정치적 반작용[2]으로 촉진되었다. 그리고 미국인들이 가족의 삶을 구성하는 점점 다양해지는 방식에 의해서도 위의 논쟁은 더욱 확대되고 있다.[3]

때문에 부각되는 쟁점은 더욱 복잡해지는 모양새다. 혹자는 전통적인 이성결혼을 옹호한다.[4] 일각에서는 결혼의 권리가 동성커플에게까지 확대되어야 한다고 주장한다.[5] 다른 이들은 현재 기혼부부에게 국한된 권리와 특권이 동성커플뿐만 아니라 동거커플(cohabiting couples)[6] 및 기타 다양한 관계[7]로까지 확대되어야 한다고 주장한다. 동성애 권리옹호자를 포함한 여타의 사람들은 국가는 성인 간 관계에 특권을 부여하는 어떤 합법적인 권한도 없으며, 결혼 및 기타 친밀한 관계를 인가하는 것에서 국가는 완전히 빠져야 한다고 주장한다.[8]

이 장에서 필자는 돌봄지원국가가 수평적 관계를 어떻게 다루어야 하는지에 대해 고찰하고자 한다. 이는 수평적 관계가 복잡하고 모순적인 방식으로 자유민주주의의 중요한 가치들의 범위와 관련되어 있어 그리 단순하지 않은 이슈이다. 따라서 해 볼 만한 어떠한 접근방법이라도 이를 이용하여 여러 가치 사이의 긴장을 해소하고, 필요하다면 절충안을 마련할 수 있는 섬세한 방식을 모색해야 한다. 또한 이는 가장 취약한 시민을 보호하겠다는 의지와 이에 대한 국가의 높은 규범적 열망 사이에 균형을 맞춰야 한다.

이 장의 첫 번째 절에서 필자는 수평적 관계에서 위태로운 가치의 상호작용 및 국가의 역할과 관련하여 발생하는 어려운 이슈를 탐색하고자 한다. 필자는 현재 결혼 논쟁의 스펙트럼상 대척점에 있는 두 논의를 살펴보며 시작하려고 한다. 한쪽은 국가는 계속 이성 간 결혼에만 특권을 부여해야 한다고 주장하는 진영이며, 다른 쪽은 국가가 성인끼리의 수평적 관계에 있어 특권을 부여하는 것을 폐지해야 함을 주장하는 진영이다. 이 장의 다음 부분에서 필자는 돌봄지원국가가 성인 간 관계에 관한 정책을 확립할 수 있는 네 가지 원칙을 통해 이 영역의 중요한 가치들을 조화시킬 수 있는 접근을 제안하고자 한다. 기본적으로 이러한 원칙은 개인의 자율성과 평등이라는 전통적인 자유주의 가치와 아동 및 성인의 의존성 요구 사이의 균형을 맞추기 위해 노력한다. 동시에 이러한 원칙은 중요한 가치를 지원하는 가족형태를 장려하는 것과 이러한 가족형태 밖에서 취약한 시민을 보호하는 것 사이에서 균형을 유지한다. 이러한 원칙 아래 돌봄지원은 돌봄을 진흥하는 폭넓은 관계를 지원하지만 이러한 지원은 특정한 방식으로 제한된다.

이 장의 마지막에서 필자는 수평적 관계를 규제함에 있어 국가가 직면해야 하는 두 가지 난점을 살펴볼 것이다. 결혼(civil marriage)을 제도로서 유지해야 하는지 여부에 관해 돌봄지원국가는 논쟁적인(agonistic) 입장이다. 즉, 이는 문화적 결합으로 결혼제도에 가치를 둔다. 그러나 결혼과 관련된 유일한 문화적 모습이 있다고 보는 것은 다른 많은 소중한 형태의 돌봄관계의 가치를 간과하게 되는 우려가 있음을 인지한다. 그 다음 필자는 국가가 한부모(single-parent)가족보다 두부모(two-parent)가족을 더 장려해야 하는지, 그렇다면 어떻게 해야 하는지에 대한 복잡한 질문을 살펴보고자 한다. 돌봄지원국가는 다인부모(mutiple-parent)가족을 도모하고 장려하는 조치를 채택할 정당한 이유가 있지만, 이는 반드시 한부모가족 자녀의 복지가 소외당하지 않는 방식으로 행해져야만 한다. 그렇게 하려면 두부모가족을 장려하기 위해서는 현재 테이블에 있는 많은 정책들보다 훨씬 더 세심한 정책이 필요하다.

수평적 관계에 대한 국가책임의 개념

국가는 성인 사이의 관계를 어떻게 다루어야 하는가? 이 쟁점을 둘러싼 견해의 스펙트럼은 국가가 이성결혼만을 인정해야 한다는 주장부터, 수평적 관계에 부여하는 국가의 모든 특권(privilege)을 없애야 한다는 주장에 이르기까지 전체를 관통한다. 스펙트럼의 양

끝에 있는 논쟁을 보면 여기에 얽혀있는 복잡한 문제를 이해할 수 있다.

전통적 결혼제도에 대한 찬성

전통적 결혼제도 옹호론자들은 흔히 결혼제도는 이와 결합된 사회적 가치와 무관하다는 이유로 이성 간 결혼만을 국가가 인정해야 한다고 주장한다. 전체적으로 이런 주장은 문제가 있다. 예를 들어, 전직 상원의원인 샌토럼(Rick Santorum)은 자신의 책 『가족이 필요하다(It Takes a Family)』에서 국가가 전통적 가족형태를 지원해야 한다고 주장하는데, 이는 전통적 가족형태만이 "근본적으로 자연스러운" 것이기 때문이라고 말한다.[9] "자연스러움"을 "이성애"[10]로 성급하게 동일시하는 논리를 허무는 동물의 동성 간 성관계와 동성 배우자가 예증하는 확실한 증거를 거론하지 않더라도, 명백한 사실은 결혼은 사회적 통제를 받는 사회제도라는 점이다. 만약 고려해야 할 모든 것이 "자연스러움"에 관한 것이라면, 국가의 역할에 대해 논의할 필요조차 없다.

결혼찬성운동가이자 미국가치연구소(Institute for American Values)의 회장인 블랑켄혼(David Blankenhorn)은 결혼은 근본적으로 자녀에게 생물학적 아버지와 어머니를 보장하는 것이기 때문에 국가는 이성결혼에만 계속해서 특권을 부여해야 한다고 주장했을 때, 그의 주장도 이에 해당된다. 블랑켄혼도 인정하듯, 결혼은 우리가 추적할 수 있는 문명만큼 오래전부터 사회전반에 존재하던 사회제도이다.[11] 당시에 결혼은 관련된 사람들의 필요, 욕구, 문화적 이해를 바탕으로 여러 문화와 시대에 따라 매우 다양한 모습이었다. 예를 들어, 특정 시대와 지역에서는 결혼과 관련된 재산의 측면이 더 두드러졌다. 다른 경우에는 더 폭넓은 혈연관계를 만들려면 결혼이 유용하다고 강조되기도 하였다. 수천 년에 걸쳐 서로 다른 문화에서 수십억 명이 참여한 복잡한 제도가 단 하나에 관한 "것"이라고 말하는 것은 터무니없다. 동성결혼 옹호론자들이 결혼의 목적으로 강조하듯 결혼을 파트너에 대한 감정적인 관계로 이해하고, 또한 블랑켄혼이 결혼의 목적으로 강조하듯 결혼을 아이를 낳고 양육하는 제도라고 인정하는 것은, 확실히 오늘날보다 과거에 더 긴 시간 동안 서로 긴밀하게 결합해 있었다. 논의의 양 끝의 견해가 어느 정도 수긍이 간다고 해도, 이들 중 어떤 논의가 더 근본적인지 정하는 확실한 방법은 없다. 우리가 아는 것은 블랑켄혼도 지적하듯, 우리 사회에서 시민은 결혼에 대한 시민 각자의 이해방식 모두를 중요하게 생각한다는 점이다.[12]

그렇다면 국가가 성인 간 관계를 어떻게 다루어야 하는지에 대한 문제는 어떤 모습의 관계가 "자연스러운지" 혹은 어떤 결혼이 본질적"인지"가 아니라, 특정 관계를 특권화하는 것이 어떻게 촉진되거나 방해되는지에 달려 있다. 샌토럼과 블랑켄혼은 모두 이성결혼가족이 아이들에게 최상의 환경이라는 주장을 통해 국가가 이성가족을 우선하는 것에 더 근본적인 정당성을 부여한다.[13] 이들의 논지가 맞다 틀리다 하기 전에, 자유민주주의에서 아이들의 복지가 중요하게 평가되어야 할 가치라는 점은 확고부동한 사실이다. 하지만 다른 모습의 관계 역시 사회의 다양한 주된 가치를 발전시킬 수 있다면 유독 이성결혼만을 인정하고 우선시해야 할 이유가 있는가? 예를 들어, 동성결혼도 성인 서로의 돌봄필요를 충족하는 데 도움이 되는데 왜 인정되지 않는가? 자신을 책임져줄 생물학적 어머니와 아버지를 가질 수 있는 타고난 권리(birthright)를 아이들에게 보장하기 위해, 결혼은 성(sex)과 재생산(reproduction)을 적정하게 결합한다고 블랑켄혼은 답한다.[14] 그는 동성결혼을 국가가 허용하는 만큼, 아이들에게 두 생물학적 부모를 가질 수 있는 타고난 권리를 보장한다는 결혼 개념이 약화될 것이며, 아이들의 이익이 위협받을 것이라고 주장한다.[15] 이것은 결과적으로 생물학적 아버지와 어머니에 의해 양육되는 자녀의 수가 줄어들어 자녀의 복지에 해를 끼칠 것이라고 본다. 하지만 이 주장에는 여러 문제가 있다.

첫째, 이성결혼가족에서 자란 자녀가 일반적으로 다른 자녀보다 더 낫다는 주장의 진위를 차치하더라도, 결혼제도에 제한적 접근이 자녀의 복지를 진흥한다는 개념은 동성결혼에 대한 가능한 다른 제약을 생각하면 훨씬 더 불편해진다. 예를 들어, 가난한 부모의 자녀가 유복한 부모의 자녀보다 덜 좋은 결과를 낳는다는 연구자료를 근거로 국가가 가난한 사람의 결혼을 금지한다면 불편해하지 않을 사람은 없을 것이다. 또한 부모의 IQ가 자녀에게 유전될 수 있고 부모의 낮은 IQ가 자녀의 미래를 암울하게 만들 수 있다는 이유로 IQ가 낮은 성인의 결혼을 막는다면 누구도 동의하지 못할 것이다. 이 경우 우리는 결혼을 건전한 자녀를 양육하기 위한 제도로 생각하는 것 외에 최소한 어느 정도 인간의 존엄성과 자율성의 문제로 생각한다는 것이다. 이러한 맥락에서 동성커플을 결혼제도에서 제외하는 것이 덜 불쾌해 보이는 이유는 아이들의 복지에 대한 우려보다는, 이는 역사적 편견의 문제이며 게이와 레즈비언을 인간존엄성의 문제에서 제외하는 것을 쉽게 받아들이기 때문이다.

자녀양육에 최적의 환경이 아니라고 판단되는 사람들의 결혼을 금지하지 않는 또 다른 이유는 결혼과 같은 공식 제도의 이점과 권한의 한계를 모두 인식하기 때문이다. 사람들의 결혼을 금지한다고 해서 그들 모두 또는 아마도 대부분이 아이들을 갖지 못하게 되는 것은 아니다. 결혼을 억제하는 처방은 어쨌든 태어날 아이들의 안녕과 복지를 안정화하는 제도로부터 부모를 배제함으로써 아이들의 행복을 위협하는 결과를 초래할 것이다. 결혼이 인정되지 않는 상황에서 결혼제도 밖에서 자녀를 갖기로 결정한 게이와 레즈비언 커플이 많아지는 현실에서, 동성결혼이 그들에게 계속 거부된다면 이것은 분명 가능한 현실이 될 수 있다.[16]

　같은 맥락에서 블랑켄혼 주장의 타당성 여부는 국가가 동성커플을 결혼제도에서 배제하는 것이 아이들은 생물학적 부모가 있는 결혼가정에서 자랄 권리를 가진다는 그의 희망적인 인식을 어느 정도 강화하는지에 달려 있다. 이혼과 재혼의 빈도 증가, 제3자의 난자와 정자에 의존하는 보조생식기술의 사용 증가, 가능한 생물학적 부모의 수를 두 명 이상[17]으로 확장하는 대리모 계약이 증가하는 상황에서, 이러한 세태를 되돌릴 수 있는 것인지 의문이다. 이러한 가능성에 반하여 동성성인을 돌볼 때 얻을 수 있는 매우 확실한 이점과 이성커플로 결혼을 제한함으로써 놓치게 될 동성가정에서 양육된 자녀에 대한 이점 등을 저울질해야 한다.[18]

　마지막으로 아이들에게는 아버지와 어머니 모두가 있어야 한다는 블랑켄혼의 주장은 성평등의 목표와 배치되는 명백하고 본질적인 젠더구분(gender-divide)을 가정하고 있다. 블랑켄혼은 "결혼의 정서적 차원은 인간이라는 종의 일차적인 차이(divide)를 이어주는

목적과 불가분의 관계이다"라고 이야기하는데, 그가 언급하는 차이
란 남성과 여성 사이의 구분됨을 말하는 것이다.[19] 블랑켄혼이 말하
는 성차(sex divide)는 그것이 정확히 어떻게 구성된다는 것인지 상
당히 모호하다. 하지만 여성과 남성이 완전히 다르며 아이들은 이
러한 남녀의 각기 다른 특징과 성질에 노출될 필요가 있다는 그의
생각은, 남녀가 사회에서 다른 역할에 맞게 타고나는 본질적으로
다른 피조물이라는 구시대의 방식을 열변한다.[20] 이러한 젠더상보
성(gender complementarity)은 젠더다양성(gender differences)을
연구하는 사람들이 사절해오던 시각이다. 또한 대법원도 성차이에
대한 이 같은 인식이 시대에 뒤처진 것으로 인정하였다. 대법원은
성을 통째로 분류하는 것은 "여성에게 '맞는 적정한 장소'와 특별한
보호를 요구한다는 고정관념을 강화하는 위험을 근본적으로 수반
한다"고 누누이 지적해왔다.[21]

   그러나 필자는 지금까지 자녀가 태어날 때부터 결혼한 두 이성의
생물학적 부모에 의해 양육되었을 때 가장 잘 자란다는 블랑켄혼과
샌토럼의 주장이 맞는지 아직 살펴보지 않았다. 이러한 형태의 가
족이 아이가 성장하기에 더 나은 환경임을 보여주는 경험적 연구의
제언처럼, 결혼제도 찬성론자들의 주장이 맞는 부분도 있다. 그러
나 이 연구는 파트너 서로가 자녀를 처음부터 계획하고 양육하는
헌신적인 동성결혼은 포함하지 않고 있다. 대신 이 경험적 연구는 이
성결혼가족이 양육하는 아이들이 한부모가족, 결혼하지 않은 이성
동거가족 또는 나중에 의붓부모와 결혼하는 생물학적 부모가 있는
가족의 아이들에 비해 어떻게 사는지를 비교해 보여준다.[22] 이러한
가족과 국가의 지원에서 연구자들이 배제하려는 동성가족 사이에

는 분명히 상당한 차이가 있다.

이성가족이 동성가족보다 아이를 키우는데 훨씬 더 바람직하다는 것이 사실일까? 동성결혼이 비교적 최근 일이기 때문에, 우리는 아직 두 형태의 가족에 대한 장기적인 비교자료가 없다. 그러나 우리에게 있는 자료만 보아도, 동성가족에서 자란 아이들이 비교적 잘 자란다는 것을 알 수 있다.[23] 헤렉(Gregory Herek)의 말에 따르면 샘플의 품질, 연구 설계, 측정 방법 및 데이터 분석 기술의 상당한 차이에도 불구하고 결과는 놀라울 정도로 일관되었다. "경험적 근거들을 볼 때 아이들의 안녕과 부모의 성적 지향 간의 연관성은 찾을 수 없었다."[24]

패터슨(Charlotte Patterson)은 이 연구를 요약한다.

이 분야 연구결과의 명확성은 여러 주요 전문기관에서 인정받았다. 일례로, 미국심리학회(APA)는 "아이의 적응, 발달, 심리적 안녕은 부모의 성적 지향과 관련이 없으며 동성애 부모의 자녀들이 이성애 부모의 자녀만큼 잘 성장할 가능성이 있다는 것을 연구가 보여주었다"라는 성명서를 만장일치로 채택했다(APA, 2004). 미국의학협회, 미국소아과학회, 미국정신과협회 및 다른 주요 전문 단체들도 이와 비슷한 성명을 발표했다.[25]

또한 연구증거는 임신 목적으로 정자은행을 사용하는 이성가족 및 동성가족 모두에서 태어나고, 따라서 아이와 생물학적으로 관련된 부모가 한 명뿐인 아이들도 비슷하게 잘 큰다는 것을 보여주었다.[26] 따라서 모든 증거가 차후 몇 년 동안 나오지는 않겠지만, 동성결혼의 자녀가 이성결혼에서 자란 자녀보다 더 잘 살거나 더 못 살 것이라는 개념을 지지할 만한 것은 사실상 없다. 확실히 두 명의 동성부모의 존재는 부모와 자녀의 관계의 질, 부모관계의 스트레스 수준, 자녀의 소득수준과 같은 요소보다 자녀의 복지에 훨씬 적은 영향을 미친다.

그렇다면 이는 우리에게 무엇을 시사하는가? 샌토럼과 블랑켄혼은 국가가 수평적 관계를 다루는 중요한 쟁점에 있어 아이들의 복지는 반드시 고려해야 할 중요한 가치라고 ──비록 이 가치가 이들이 주장하듯 이성결혼과 분명히 연관되어 보이지는 않더라도── 분명히 거론한다. 하지만 다른 많은 측면에 있어, 이들의 설명은 이들이 간과한 가치 또한 눈여겨봐야 한다. 샌토럼과 블랑켄혼은 자율성의 가치와 연관된 자유주의의 핵심 신조에 거의 관심을 두지 않는다. 여기에는 개인이 어떤 인생 행로를 선택하는지에 대한 존중, 시민의 자유가 일반적으로 정치공동체의 건전성을 담보할 것이라는 믿음, 국가가 정하는 표준에 대한 경계심, 그리고 다수가 정당한 공적 근거 없이 소수에게 자신의 신념을 강요하기 위해 공권력을 쓸 수 있다는 우려 등이 포함된다.[27] 저울의 반대편에는 이러한 신조보다 더 비중있는, 아이들의 복지 같은 가치가 있겠지만, 동성관계를 배제할 때 그래야 하는 증거나 그 반대의 많은 증거는 없다.

게다가 샌토럼과 블랑켄혼은 평등의 가치에 대해서도 대수롭지 않게 여긴다. 필자는 앞서 블랑켄혼의 젠더상보성이 성평등과 어떻게 충돌하는지 설명했다. 결혼한 이성관계만 인정하는 것은 역사적으로 성불평등으로 특징지어지는 연합의 모습을 보다 강화한다는 점에서 더 위험하다. 파인만(Martha Fineman)이 직설적으로 표현한 것처럼, 아이들을 위해 이성결혼만 장려하는 공공정책은 아이들의 이익을 위해 여성의 이익을 기꺼이 희생시키는 국가를 만든다.[28] 게다가 이성결혼을 특권화하는 것은 게이와 레즈비언의 사회적 평등이라는 목표에 반하는 것이다. 자율성에 대한 신념과 마찬가지로, 평등에 대한 자유주의의 신념은 특히 성적 지향(sexual orientation) 및 젠더와 연관된 뿌리 깊은 특성과 관련하여 강하다. 이 목표는 다른 중요한 가치들에 대한 자유주의의 신념 때문에 타협이 필요할 수 있겠지만, 여기서 이 목표와 다른 가치들이 상충한다는 증거는 아직 없다.

또한 국가가 이성결혼만 관계상의 혜택을 제공해야 한다고 주장한다면, 샌토럼과 블랑켄혼의 논지는 사회경제적 평등을 약화하는 것이 된다. 그들의 논의는 이미 충분히 혜택이 있는 이성결혼에 광범위한 혜택이 계속 이어지게 하는 것이기 때문이다. 모든 사람이 결혼하고 결혼을 유지할 수 있는 동등한 기회를 갖는 것은 아니다. 안정적이고 유복한 가정에서 태어나면 그렇게 될 가능성은 크게 높아진다. 더군다나 결혼제도에서 제외된 시민들은 금전적 혜택을 포함해 국가적 혜택이 가장 필요한 사람들일 가능성이 높다. 규모의 경제 때문에, 동거관계에 있는 성인은 일반적으로 혼자 사는 성인보다 재정적으로 더 여유가 있다.[29] 맺고 있는 관계에서 수단과 유리한 운(happenstance)을 가진 사람들에게 혜택을 집중하는 것은 결과적으로 없었던 사람들이 아니라 전통적으로 있었던 사람들에게 사회적 자원의 물꼬를 트는 것이다. 스테이시(Judith Stacey)는 다음과 같이 말한다. "우리 사회가 결혼한 가정의 바구니에만 더 많은 달걀과 의복을 담아줄수록, 운명, 불운 혹은 의지 등의 이유로 문밖에 서 있는 수많은 성인과 의존인의 삶은 더 배고프고 더 고달파질 것이다…"[30]

관련된 쟁점에 대해, 블랑켄혼과 샌토럼처럼 이성결혼 같은 특정 관계만을 인정하고 혜택을 주어야 한다는 논지는 국가가 잡아야 할 균형에 문제가 생긴다. 저울의 한쪽은 국가가 더 유익한 결과가 나올 것으로 보는 특정 삶의 방식만을 장려하고 이에 따르는 사람들에게 보상하는 것이고, 다른 한쪽은 국가의 지원이 가장 필요한, 국가가 장려하는 삶의 방식대로 따라하기 힘든 사람들에게 자원이 가게 하는 것이다. 블랑켄혼과 샌토럼은 공익에 도움이 되는 보상하는(rewarding) 삶의 방식에 초점을 맞추고 있다. 이와 대조적으로, 진보세력이 강조하는 국가의 복지정책은 시민이 직장을 잃거나 건강의 위기가 발생하고 가족이 해체되는 등의 위기에서 국가가 이들을 보호해야 한다는 것이다. 좌파가 실행가능한 사회 안전망을 추진하게 만드는 것은 바로 이러한 우려 때문이다. 사실 양측의 고려사항을 모두 감안해야 하지만, 어느 한쪽으로도 편중되어서는 안 된다.

결혼제도에 대한 반대

국가가 제도로서 결혼을 폐지해야 한다고 주장하는, 즉 스펙트럼의 반대편에 있는 사람들은 결혼옹호자들이 무시하는 다양한 주요 가치에 주의를 기울인다는 점이 놀랍지 않다. 동성결혼을 주장하는 동성권리 옹호자들을 비판하는 퀴어(Queer)이론가 워너(Michael Warner)의 강력한 주장이 단적인 예이다. 워너는 게이커뮤니티가 동성결혼을 추진하는 것은 "친밀한 관계, 성, 낙인의 정치에 대한 퀴어문화의 통찰을 통째로 부정"하게 될 위험이 있다고 주장한다.[31] 이 교훈의 윤리적 핵심은 인간존엄성에 있다. 이 교훈은 성과 그것의 모욕에 대한 퀴어문화의 경험에서 다소 역설적으로 나타난다.

성에 대한 모욕에 누군가는 초연한 척 하지 않는 것이 기본 원칙이다 … 이러한 맥락에서 다른 사람과의 관계는 자신의 가장 비참하고 평판이 좋지 않은 모든 것을 인정하는 것으로부터 시작된다. 수치심이 제일 밑바닥에 있다. 퀴어들도 서로에게 욕을 하고 모욕을 주며 해코지 할 수 있다. 하지만 배제와 무시의 상황은 퀴어 모두가 공통적으로 느끼는 상황이기 때문에, 이들은 동지애를 통해 감동적이고 예상하지 못한 형태의 관대함으로 서로 어떻게 소통해야 하는지 잘 알고 있다. 바로 그 원칙이란 당신 스스로를 극복하는 것이다. 판단하기 전에 먼저 판사의 가발을 써라. 그러면 결과적으로 당신은 당신보다 아래에 있다고 생각하는 사람들로부터 많은 것을 배울 수 있다. 최선의 경우, 이 윤리는 여러분이 끌어들일 수 있는 위계의 모든 모습을 솎아내는 것이다 … [32]

워너는 이 윤리가 "평소 일반적으로 쓰는 단어보다 존엄이라는 현대적 개념에 더 가까우며, 이런 의미에서의 존엄성은 화려하고 유별난 특성이 아닌 인간 본연에 내재해 있는 것이다"라고 부연한다.[33] 그는 결혼이 역사적으로 국가가 이성애의 특정한 일부일처제 모델에 특권을 부여하고 장려하며, 다른 모든 삶의 방식을 도덕적으로 오염된 것으로 낙인찍기 위해 노력해 온 수단이라고 주장한다. 따라서 워너는 동성커플에 대한 결혼의 확대를 동일한 것, 즉 도덕적으로 합당한 것에 대한 다수의 견해를 소수에게 노골적으로 강요하고 모든 사람의 인간존엄성에 대한 동등한 존중을 부인하는 것으로 본다.[34]

결혼의 모습을 국가가 한정하면 안 된다는 워너의 비전은 자유민주주의가 존중하는 많은 가치들을 훌륭하게 접목하고 있다. 그는 인간존엄성에 대한 소명을 강력하게 끌어내며 인간존엄성이 모두에게 평등을 기약할 수 있다는 점을 인정할 뿐만 아니라, 자유주의자들이 기치를 올리는 개인의 자율성까지 강력하게 주장한다. 다시 말해, 자신에게 적합한 삶의 방식을 선택하는 것은 국가가 아니라 시민 개인의 몫이며, 국가는 사적 선호와 다수의 선택을 근거로 특정한 관계 혹은 (혼외 성관계 같은) 활동을 금지해서는 안 된다. 좀 명확하지 않은 부분이 있긴 하지만, 그래도 워너 논의의 기여는 공동체 가치이다. 워너가 제시하듯, 모두가 수치심을 느끼는 동반자(partners in shame)라는 인식은 오히려 동료애, 서로에게서 배우려는 의지, 관대함 그리고 활발한 공동체의식으로 이어진다.

하지만 인간존엄성을 강조하는 워너의 논의는 도움이 될 수도 혹은 도움이 되지 않을 수도 있다. 필자가 주장한 것처럼, 인간조건의 의존성을 고려한다면, 인간존엄성을 중시하는 것은 개인의 자율성을 보호하는 것 뿐만 아니라 돌봄에 대한 지원 또한 있어야 한다. 우리 사회가 조직화 되어감에 따라, 시민에게 필요한 돌봄의 상당 부분은 우리와 가까운 관계에 있는 사람들을 통해서 이루어지게 된다. 장기적인 돌봄관계는 두 명(또는 그 이상) 사이──이성애자, 동성애자, 양성애자 또는 퀴어 여부에 관계없이──의 캐주얼 섹스(casual sex)가 돌봄필요를 충족시키지 못하기 때문에, 이는 정치공동체에 특별하고 중요한 이점을 제공한다. 따라서 국가가 일부 시민의 합법적이며 사적인 선호에 의존하지 않는 특정 관계를 우선시할 만한 근거는 있다. 과도한 국가 개입의 위험성에 대한 자유주의자들의 의구심이 타당한 부분이 있지만, 돌봄을 지원해야 하는 중요성을 고려한다면 돌봄관계를 진흥하는 국가의 활동은 막아서는 안 된다.

결혼의 모습을 국가가 한정하면 안 된다는 입장의 난제는 좋은 사회라면 반드시 있어야 하는 돌봄을 성취하기 위한 결혼의 윤리적 근거가 허약하다는 점이다. 문제는 워너의 비전이 여러 측면에서 규범적으로 매력적인지의 여부가 아니다. 문제는 워너의 비전이 인간의존성과 돌봄에 대한 책임과 헌신을 끌어낼 것이라 합리적으로 기대할 수 있는지의 여부이다. 워너는 퀴어문화는 절제력을 보일 것이며, 퀴어들의 상호공감대는 일각의 우려와 반대로 상대주의, 방종 혹은 방탕함을 극복하는 관대함과 유대감을 양성할 것이기 때문에, 퀴어문화가 결국 상대주의나 방종 혹은 방탕을 극복하지 못할 것이라는 일각의 주장을 사절한다.[35] 비록 이 주장이 퀴어 하위문화 내에 해당될 수 있지만, 이러한 관대함과 공동체의식은 퀴어 삶 외부의 보다 이질적인 문화에서 자발적으로 발생할 가능성은 훨씬 작아 보인다. 그렇다면 이 입장의 옹호자들은 국가가 모든 삶의 모습을 존중한다면, 인간의존성이 필요로 하는 헌신적인 유대로 이어질 것이라고 지나치게 낙관하는 것이다. 결국 인간의존성에 따르는 돌봄필요의 중요성을 감안한다면, 자유민주주의는 돌봄을 촉진하는 헌신과 책임의 규범을 장려할 수 있고 장려해야 한다.

국가의 결혼지정을 폐지하자는 일부 사람들은 워너가 하는 것처럼 국가가 서로 다른 가치 중에서 선택해서는 안 된다는 주장이 아니라, 성인 간 관계에 우열을 정하는 것은 특정 가치를 지원하는 잘 못된 수단이라는 주장에 근거한다. 예를 들어, 페미니스트 파인만은 혼전(premarriage) 옹호자들이 근거하는 것과 동일한 가치인 아이들의 복지를 기반으로 국가의 결혼지정에 대해 폐지의 입장을 견지한다. 결혼옹호론자들과 달리, 파인만은 결혼한 가정만을 국가가 지원한다면 결국 아이들에게 피해가 가게 된다고 주장한다. 그녀는 오늘날 사회에서 아이들은 매우 다양한 모습의 가정에서 크고 있다고 지적한다. 아이들의 복지를 진정으로 지원하고자 하는 국가라면, 단순히 결혼한 부모를 둔 아이뿐만 아니라 아이의 복지가 관련된 모든 맥락에서 아이의 양육을 지원해야 한다고 파인만은 역설한다.[36] 결과적으로 파인만은 어엿한 성인 간 관계를 증진하는데 정통성 있는 근거가 국가에는 없기 때문에 제도로서 결혼(civil marriage)을 폐지해야 한다고 주장한다. 그녀가 제안하는 새로운 체제에서 성인 간 법적 관계는 그들 간에 협상된 사적 계약에 의해 규율되게 된다.[37] 따라서 파인만에게 결혼은 어떤 민사상의 결과 없이, 결혼을 선택하는 부부를 위한 순전히 종교적인 제도로서 기능하게 된다.

이러한 입장에서 파인만은 국가의 정당한 규범적 열망을 제대로 인정하지 않는다. 국가는 현재의 모든 아이들과 부모와의 관계를 지원하도록 하는 데 관심을 집중해야 하지만, 역시 미래의 아이들이 더 건전한 환경에서 태어날 수 있도록, 아이들의 복지를 더 잘 육성하는 가족의 모습을 촉진하고 더 높은 목표를 추구할 수 있다. 이 점에서 샌토럼과 블랑켄혼의 논지는 옳다. 그러나 그들은 다른 점에서, 즉 동성관계는 배제되어야 한다고 주장하는 것은, 정책이 부과하는 취약한 시민들을 위한 비용을 간과하는 것이므로 옳지 않다.

더욱이, 국가는 시민적 지위를 갖는 결혼을 폐기해야 한다는 파인만의 주장은, 국가가 수평적 관계에 관심을 가져야 하는 정당한 이유를 간과한다. 간과하지 말아야 할 사실은, 돌봄은 아이들뿐만이 아니라 성인도 돌봄이 필요하다는 점이다. 이 점이 국가가 성인 간의 관계를 지원해야만 하는 중요한 이유가 된다.

요컨대, 성인 간의 친밀한 관계에 대한 국가규제에는 관련된 가치들이 복잡하게 얽혀있다. 적실한 수평적 관계 이론은 그 관계를 조정하는 원칙을 전개할 때 이들 가치를 고려해야 한다. 이들 가치와 원칙을 함께 고려하는 것은 성인 간 관계에서 국가가 어떤 역할을 해야 하는지에 대한 훨씬 복잡한 하지만 궁극적으로는 더 좋은 그림을 보여준다.

성인 간 관계에 대한 돌봄지원국가의 틀

만약 국가가 성인 간 친밀한 관계와 관련된 폭넓은 주요 가치들과 원칙을 고려한다면, 국가는 성인 간 관계에 대해 어떤 입장을 취해야 하는가? 이들 가치에는 자율성과 인간존엄성뿐만 아니라 아이와 노인에 대한 돌봄과 인간발달의 증진, 모든 시민을 위한 동등한 기회, 그리고 성평등이 해당된다. 이러한 접근은 일련의 중요한 원칙과 이해관계를 고려하고, 개별로 정당한 비중을 부여하며, 이들 사이의 긴장을 가능한 완화해야 한다.

실제로 성인 간 관계에 대한 국가의 접근과 관련하여 고려해야 하는 두 가지 별개이지만 관련된 이슈가 있다. 첫 번째 이슈는 국가가 성인 사이에 권리와 책임을 할당할 목적으로 성인 간 관계를 인정해야 하는지 여부이다. 두 번째 이슈는 이러한 관계에 참여하는 사람들이 국가 또는 제3자로부터 혜택을 받거나 이에 대한 권리를 받아야 한다는 의미에서 국가가 성인 간 관계를 특별히 우선해야 하는지 여부이다. 국가가 관계를 인정해야 하는지 여부의 이슈가 관계를 특히 우선해야 하는지 여부의 이슈보다 답하기 쉽지만, 필자는 이 두 가지 이슈 모두 긍정적으로 답해야 한다고 주장한다.

성인 간 관계에 대한 국가의 인정

국가가 성인 사이에 권리와 책임을 부여할 목적으로 성인 간 관계를 인정해야 하는지에 대한 대답은 분명히 "그렇다"이다. 파인만을 포함하여 국가의 결혼지정폐지를 주장하는 사람들은 성인 간 관계는 그들이 협상한 사적 계약을 통해 더 잘 처리될 것이라고 주장하지만, 성인 간 친밀한 관계의 상호의존적인 특성은 특히 장기적일 때 경제적 불평등과 규제의 부재로 인한 파워의 비대칭을 초래할 수 있다. 이러한 불평등에 직면하여, 쉔리(Mary Shanley)가 인식한 바와 같이, 커플에게 최소한의 기본 규칙을 부과하지 않는 국가는 이러한 관계에서 정의와 평등을 확보하려는 국가의 관심을 포기하는 것이다.[38]

친밀한 관계를 규제하기 위해 계약시스템을 옹호하는 사람들은 그러한 계약의 공정성과 관련하여 발생하는 심각한 어려움을 간과한다. 사람들이 정서적 관계(affective relationships)에 대해 계약을 맺을 때, 그들은 일반적으로 서로에 대해 일정한 거리를 두지 않고 서로를 대한다.

그들은 때때로 다른 사람에 대한 걱정 때문에 또는 자신의 관계가 평생 지속될 것이라는 잘못된 (그러나 매우 널리 퍼진) 믿음 때문에, 자신의 이익을 열심히 지키지 않을 수 있다. 따라서 결과적으로 그들은 불공정 계약에 동의할 수 있다. 게다가 삶과 관계의 과정은 종종 예측하기가 너무 어려워서, 사전에 맺은 계약이 사후에 일어나는 일을 공정하고 정당하게 해결하지 못할 수 있다. 또한 계약 시스템에서 약한 교섭위치에 있는 사람들(전통적으로 여성)은 관계가 진행되는 동안과 관계가 종료되는 경우 모두 불평등으로 이어질 불리한 조건을 협상할 수 있다. 이러한 이유로 커플이 계약을 해지할 수 있도록, 국가가 공정한 기본 위치를 설정하는 것(예를 들어, 관계 동안 파트너 중 한 사람의 수입을 다른 파트너가 공동으로 소유하도록 요구하는 것)은 모든 파트너가 개별적으로 흥정하도록 권장하는 것보다 더 나은 대안이다.

더군다나 수평적 관계에 시민적 지위를 부여하지 않고 그러한 관계가 계약에 의해 전적으로 지배되는 시스템에서는 불리한 계약을 체결한 사람도 전혀 계약을 체결하지 않은 사람에 비해 상대적으로 운이 좋은 편일 수 있다. 일부는 변호사를 선임할 경제적 여유가 없기 때문에 계약을 하지 않을 것이다. 다른 사람들은 공개적으로 사랑을 표명하려는 동기,[39] 즉 결혼을 하려는 동기가 파트너로부터 자신을 보호하기 위해 계약을 체결하는 데 주저하게 만들기 때문에, 계약을 하지 않을 것이다. 만약 관계가 종료되는 경우, 파트너는 배우자로서의 지위를 기반으로 작동되는 어떤 기본적인 보호도 받지 못할 것이며, 서로에 대한 계약상의 청구도 할 수 없게 될 것이다. 다시 말하지만, 관계가 진행되는 동안 파트너가 얻은 소득에 대한 청구권이 없기 때문에, 이는 주 돌봄담당자에게 불리하게 작동할 것이다.[40] 따라서 국가가 성인 사이의 권리와 의무를 공평하게 배분할 목적으로 성인 간 관계를 인정하는 시스템은 계약의 목적보다 공정성과 정의의 목적에 더 잘 부응한다.

물론 국가는 성인 간 관계를 공식화할 수 있는 경로를 제공하지 않더라도 관계의 기능적 특성에 따라 권리와 의무를 배속시킬 수 있다. 예를 들어, 미국법률협회에서 발표한 『가족해체에 관한 법률원칙(Principles of the Law of Family Dissolution)』은 특정한 기능적 기준을 충족하는 미혼 동거인에게 특정한 책임을 부과하고 있다.[41] 제도로서 결혼 및 성인 간 기타 공식화된 서약이 없는 체제에서는, 이와 유사한 기획이 모든 커플에게 적용될 수 있다. 이러한 접근에서는 커플의 기능적 특성(동거 기간, 자녀 유무 등)을 사용하여 서로에 대한 권리와 책임을 결정할 수 있다.

관계를 공식화하기 위한 제도화된 경로를 제거하는 것은 두 가지 이유로 여전히 잘못일 수 있다. 첫째, 공식화는 관계가 의도적으로 무엇을 우선시하고 지속되는지에 대한 그 구성원의 이해방식과 의도를 규정하는 데 도움이 된다. 결혼을 한다는 것은 강제할 수 있는 법적 권리와 법적 책임이 수반되는 구체적으로 공식화된 지위에 본인이 동의한다는 표시이다.[42] 그리고 분명히 이러한 이해는 특정한 관계에 적용되는 기본 규칙을 정할 때 적실해야 한다. 예를 들어, 영구적인 관계에 대한 결의는 별거 당사자 간에 소득을 재분배할지의 여부와 그 정도에 대한 국가의 결정과 상통해야 한다.[43]

둘째, 훨씬 더 중요한 것은 시민이 공식적으로 관계의 영속성과 깊이를 약속할 수 있는 경로를 제공함으로써, 가족 돌봄관계의 안정성을 높이려는 국가의 이익에 기여한다는 점이다. 제도로서 결혼에 대해 스콧(Elizabeth Scott)은 신중하게 이렇게 설명한다.

> 혼인 상태의 형식은 혼인 및 이혼에 대한 법적 조치의 요구사항과 함께 커플이 하는 서약의 의미를 명확히 하고 그 심각성을 강조한다. 결혼이라는 공식적인 위상에 따르는 실질적인 법적 의무는 독립적으로 관계의 안정성을 진흥하는 데 이바지한다.[44]

커플뿐만 아니라 다른 형태의 친밀한 관계에 있는 사람들에게 함께 하겠다는 약속을 공식화할 수 있는 경로를 제공하는 것은 시민이 서로에게 필요한 돌봄을 제공하고, 자녀가 있는 경우 안정적인 관계를 구축하며, 파트너와 함께 어려운 시기를 헤쳐나가도록 노력하여 시민들이 함께 머물 가능성을 높인다.[45]

성인 간 특정 관계를 우선시하는 국가

돌봄지원국가는 관계하는 구성원들에게 일정한 권리와 책임을 할당할 목적으로 성인 간 관계를 공식적으로 인정해야 하지만, 그렇다면 이것이 그러한 관계를 우선시해야 한다는 의미인가? 필자의 견해는 관계가 증진하는 가치를 고려한다면 "그렇다"이다. 하지만 이러한 우선성(privileges)은 자율성 혹은 평등과 같은 다른 중요한 자유주의의 가치들과 충돌하기 때문에 특별한 방식으로 제한되어야 한다. 필자는 성인 간 관계를 다루는 돌봄지원국가를 위한 다음의 네 가지 원칙을 제시함으로써 서로 상충하는 주요 가치들을 조화시키고자 한다.

1. 합의적 관계를 맺을 자유

자유주의가 대단히 중요시하는 개인의 자율성은 본인이 정한 다른 사람과의 합의된 관계에 결연할 수 있는 혹은 결연하지 않을 수 있는 자유를 국가가 개인에게 부여할 것을 요구한다. 국가의 간섭 없이 자신의 개인적 관계를 결정할 수 있는 권리는 자유주의의 근간인 개인의 자기결정(self-determination)과 인간존엄성의 가치의 핵심이다.[46] 예를 들어, 이 원칙에 따르면, 가능한 많은 사람과 성관계를 하는 것이 좋은 삶이라는 가치관을 가진 시민은, 대다수 시민들의 견해와 무관하게 공중보건과 같은 문제를 제외하고는 국가의 간섭없이 그 비전을 이룰 수 있어야만 한다. 비록 이러한 삶의 목표가 많은 사람들에게 어리석고 불경스럽게 보일 수도 있겠지만, 정당한 공적 이유가 없다면 국가는 이러한 행위를 금지할 근거가 없다. 이러한 원칙에서 보면 혼인외 간음이나 동거를 금지하는 여러 주의 형법 집행은 금지될 것이다.[47]

2. (폭넓은) 장기적인 돌봄관계의 지원

자유주의 국가는 모든 합의적 관계를 용인해야겠지만, 이러한 모든 관계를 천편일률적으로 대해서는 안 된다. 워너(Michael Warner)가 주장하듯이, 자유민주주의 국가는 시민의 사적 도덕관에 근거하여 어떤 관계를 다른 관계보다 선호해서는 안 된다는 점이 자명하다.[48] 그러나 자유주의 국가는 정당한 이해관계를 갖는 더 중요한 공적 가치를 진흥하는 관계를 지원하기 위해 노력할 수 있고 또한 노력해야 한다. 인간조건에 내재된 의존성을 고려할 때, 인간존엄성을 유지하는 데 필요한 것은 자율성뿐만 아니라 돌봄과 인간발달이다. 장기적인 관계를 지원하는 것은 이러한 가치를 진흥하는 중요한 방법이다. 성인 간 관계에서 때때로 발생하는 폭력 및 기타 피해를 최소화하거나 이성관계를 특징 짓는 성불평등을 간과하지 않으면서, 동시에 우리가 주목해야 하는 문제의 핵심은 의존성이 아이들뿐만 아니라 어른에게도 피할 수 없는 삶의 사실이라는 점과 자유주의 국가는 그 사실을 다뤄야 한다는 점이다. 시민의 건강, 안녕, 존엄성에 대한 관심 때문에 자유주의 국가는 돌봄을 진흥하는 관계를 성공시켜야 하는 핵심 이해를 가지고 있으며, 이러한 관계가 번성할 수 있도록 도울 제도적 지원을 제공해야 한다.

국가가 성인 간 친밀한 관계를 우선시해야 하는 주된 이유가 돌봄이라는 점을 고려한다면, 국가는 결혼을 선택할 수 있는 이성커플보다 훨씬 더 광범위한 관계를 지원하는 것에 관심이 있게 된다. 예를 들어, 국가는 일부일처제가 아닌 커플(이들의 관계가 성적인 것이 아닌)의 관계를 지원하는 데 관심이 있게 된다. 같은 맥락에서, 국가는 두 명 이상의 성인이 포함된 가족 집단(family groupings)에서의 돌봄을 지원하는 데 관심이 있게 된다.[49] 따라서 국가는 돌봄을 포함하는 다음과 같은 모든 수평적 관계를 지원해야 할 타당한 근거를 갖는다. 함께 살며 서로를 돌보는 두 노인 자매, 일부일처가 아닌 동성커플, 자녀와 함께 사는 성인 다섯 명의 공동체, 이성기혼커플 등이다.

3. 장기적인 돌봄관계를 우선시함에 있어서의 제한

수평적 관계의 건강함과 안정성을 증진하는 것은 번영하는 자유민주주의가 추구해야 할 하나의 목표일 뿐이며, 국가의 의사결정에 영향을 미치는 많은 원칙들 중 하나이다. 따라서 이러한 관계를 우선시하는 국가의 분배는 필요(needs)를 포함하여 대안적 분배원칙 간의 비중을 고려해야 한다. 필자가 앞서 주장한 바와 같이, 국가의 조치와 관련하여 필요에 대한 요구가 현장을 독점해서는 안 된다. 번영하는 사회는 더 나은 미래에 대한 열망에 따라 행동할 수 있어야 한다. 이러한 이유로 국가는 장기적인 관계를 장려하기 위해 특정한 혜택을 제공할 수 있다. 비록 국가가 주는 이익이 그것이 가장 절실히 필요한 적소에 분배되지 못하더라도 말이다. 하여, 필요에 대한 요구는 상당한 도덕적 가중치는 여전히 부여되어야 하겠지만, 이는 성인 간 관계에 부여된 우선적 특권 전체를 금지하는 것은 아니더라도 적절하게 제한되어야 한다.

또한 관계의 존재와 안정을 보장하는 국가역량에 대한 한계를 인정하는 것도 국가의 가족정책에서 고려되어야 한다. 특정 목적을 달성하기 위한 국가의 제한된 제도적 역량에 대한 자유주의의 깊이 있는 이해(자유주의적 겸손liberal humility이라고 불릴 수 있는)는 성인 간 관계에 대한 국가의 접근에서 중요한 요소가 되어야 한다. 자유주의적 겸손은 국가가 시민들이 건강한 돌봄관계를 발전시키고 유지하도록 격려할 수 있는 중간 정도의 역량만을 가지고 있음을 이해할 것을 요구한다. 국가가 시민의 돌봄관계를 뒷받침하는 제도적 조건과 부양책을 지원할 수 있지만, 궁극적으로 건강한 관계가 발전되고 오래도록 지속될 것인지의 여부는 관련된 개인들의 자질 그리고 국가의 역량을 넘어선 운과 관련된다. 국가역량에 대한 이러한 제약을 무시한다면, 국가가 결과에 영향을 미치는 파워가 미미할 때 자원을 과도하게 투자할 수 있다. 그리고 이러한 관계에 지나치게 많은 부양책을 지원한다면, 시민들이 이름만 돌봄관계를 맺고 그 허울만 유지하게 만들 수 있으며, 더 나쁘게는 관계를 지원함이 국가에게 유익이 없는 학대관계(abusive relationships)로 남을 수 있다.

게다가 건강한 관계가 개인의 잘잘못과 관계없는 여러 요인에 따라 달라진다는 사실 역시 국가가 개인관계에 제공하는 이익을 제한하는 정당한 이유가 된다. 적격한 시민이 결혼을 하려 하겠지만, 많은 경우 결혼제도에 유입되고 이를 유지하는 것은 개별 시민의 어쩔 수 없는 상황에 달려 있다. 예를 들어, 파트너는 상대 파트너에게 귀책사유가 전혀 없을 때에도 단지 사랑하지 않는다는 이유로 상대 파트너를 떠날 수 있다. 따라서 국가가 단지 결혼제도에만 재원을 투입하는 것은, 결국 많은 시민이 자기 잘못이 아닌 이유로 국가 혜택의 수령자로서 부적격해 진다는 의미가 된다.

이 점을 고려하면, 국가는 두 가지 구체적인 방법으로 관계를 지원하는 우선권을 제한해야 한다. 첫째, 성인 간 돌봄관계에 대한 국가지원은 모든 시민이 존엄한 삶을 추구하는 수단과 기회를 갖도록 보장해야 하는 국가의 책임을 약화시킬 수 없다. 이는 최소한 정의로운 사회는 가족구성원인지의 여부와 관계없이 사회의 모든 사람에게 보건의료와 같은 기본적인 사회적 가치를 제공하도록 노력해야 함을 의미한다. 국가가 이러한 가치를 특정 관계의 위상에 근거해 분배하는 한, 국가의 가장 기본적인 책임을 소홀히 하는 것이다.

둘째, 국가가 인정하는 관계의 우선성은 돌봄 혹은 성평등 같은 국가의 정통한 이익에 해당하는 구체적인 공적 가치로 한정해야 한다. 우선하는 가족을 선별하는 것은 —가족을 격려하고 지원하는 목표를 더욱 발전시킬 수 있지만— 그러한 가족구성원에 속하는 사람과 그렇지 않은 사람 모두를 포함한 모든 시민 사이의 공정성과 평등의 원칙과 상충할 수 있다. 특히 국가가 경제적 자원을 평균적으로 더 잘사는 사람들에게 재분배하는 경우에는 말이다. 국가는 공정과 평등이라는 원칙 아래 돌봄휴가, 아픈 시민을 돌보는 가족에 대한 우선성, 시민의 배우자에 대한 이민특권 등을 허용할 수 있지만, 돌봄에 추가로 생기는 비용과 무관한 돌봄관계에 있는 사람들에 대한 일반적 면세를 허용할 수는 없다. 따라서 성인 간 관계에서 같이 산다는 것이 규모의 경제학 때문에 재정적으로 더 나은 상황임을 감안할 때, 국가가 특정 성인 간 관계에 일반적인 경제적 지원을 제공할 정당성은 거의 없다. 이와 반대로, 돌봄담당자-의존인의 관계에 있는 사람들에 대한 경제적 재분배는 노동경력의 단절을 포함해 의존인을 돌보는 돌봄담당자의 비용을 고려함으로써 더욱 탄탄히 정당화될 수 있다.[50]

국가가 이 원칙에 부합하는 성인 간 관계를 정당하게 진흥할 수 있는 한 가지 중요한 방법은, 앞서 제안한 것처럼 성인이 다른 사람에 대한 헌신을 공식화할 수 있는 제도적 경로(civil route)를 제공해 주는 것이다. 이러한 공식적인 약속은 관계가 지속될 가능성을 높이게 된다. 이러한 공식적인 약속은 또한 국가가 돌봄관계를 위해 유형의 특권을 재분배하지 않으면서도, 그래서 돌봄을 더 필요로 하는 사람들을 주변화시키지 않으면서도, 안정적인 돌봄관계를 지원한다고 국가가 천명하는 가시적인 수단으로 복무하게 된다. 물론 공식적인 약속에 대한 국가의 승인은 돌봄관계 밖에 있는 이들에게 비용을 발생시키지 않는다는 것은 아니다. 국가가 그러한 약속을 승인하는 한, 약속을 이행하지 않는 사람들은 사회적 존중이 부족하거나 심지어 사회적으로 인정받지 못한다고 느낄 수 있다. 그러나 필자의 생각으로 돌봄관계의 중요성을 감안할 때 이러한 공식화가 이 관계에 기여하는 안정성은 잠재적 낙인의 비용보다 중요하다.

4. 다른 중요가치가 손상되지 않도록 수호하기

마지막으로, 돌봄지원국가는 가족을 지원함으로써 다른 중요한 자유주의의 가치에 제기될 수 있는 위험을 고려해야 한다. 세 가지 위험은 각별히 더 유념해야 한다. 첫째, 돌봄관계에 대한 국가의 지원은 돌봄관계가 이성애를 축으로 할 때 젠더불평등을 악화시킬 수 있다. 둘째, 가족관계를 우선하는 것은 더 가까운 가족일수록 가족 안에서 자원을 배분할 공산이 커지기 때문에 부와 기회의 불평등을 악화시킬 수 있다. 셋째, 가족관계를 장려하는 국가일수록 자기 가족과는 결연(engage)하지만, 공동체로부터는 절연(disengage)하도록 부추길 가능성이 훨씬 높다.

(1) 성불평등

국가가 가족과 같은 친밀한 돌봄관계를 증진해야 한다는 제안은 이성애 관계 그리고 특히 이성결혼이라는 제도가 사회 속 여성의 불평등한 위상과 두텁게 얽혀있다는 사실을 마주해야 한다.[51] 작금의 정치적 현실을 논외로 하더라도, 국가는 장기적인 돌봄관계를 우선시함으로써, 동성관계 혹은 플라토닉(platonic)관계 같은 이성애적이 아닌 난해한 결합을 다뤄야 한다. 차선으로 그리고 정치적으로 훨씬 현실적인 방편으로, 국가는 다른 관계와 함께 이성애 관계를 우선시할 수 있지만, 동시에 국가는 이들 관계 내의 불평등을 제거하기 위해 만전을 다해야 한다.

후자의 선택을 추구하는 가장 중요한 방법 중 하나는 부모가 아이돌봄을 분담하도록 장려하는 정책을 채택하는 것이다. 왜냐하면 이는 젠더평등의 상당 부분은 여성이 불균등한 아이돌봄의 책임을 담당하는 것과 관련이 있기 때문이다.[52] 이 목표를 이루려면, 3장에서 논의했듯이, 국가는 부모 모두가 돌봄과 직장 일을 분담할 수 있도록 공적 지원 모델을 채택해야 한다. 예를 들어, 국가는 자녀를 같이 돌보는 부모가 선택할 수 있는 가족휴가제도나 유연근무제도 등의 정책을 채택하도록 고용주에게 요구할 수 있다.[53] 공립학교 또한 이러한 노력에 있어 할 수 있는 역할이 있다. 아버지와 어머니 모두가 자녀를 양육하는 데 동등한 역할을 해야 한다는 것을 아이들에게 가르치고, 이러한 돌봄의 임무가 가지는 중요성을 아이들이 이해하도록 도울 수 있다. 쉬리브(Anita Shreve)의 말에 따르면, "여아에게 요리와 바느질을 가르치던 예전 가정경제학 수업은, 여아와 남아에게 일과 돌봄을 어떻게 결합할지 가르치는 새로운 가정경제학으로 대체될 수 있다."[54]

(2) 부와 기회의 불평등

가족관계에 대한 국가 지원은 가족관계가 더 가까워지면 부가 가족 내에서 더 단단하게 유지되기 때문에 가족 간 부와 기회의 불균형이 증가할 위험이 있다.[55] 국가는 이 위험을 줄이기 위해 몇 가지 방안을 세워야 한다. 첫째, 국가는 가족의 도움이 없는 경우에도, 모든 시민이 (최소한의) 기본적인 기회를 가질 수 있도록 재정적 수단과 교육을 받게 해야 한다. 둘째, 상당한 재산을 가진 가족구성원이,

자선에 대한 면세와 같이, 가족 외부로 재산을 재분배하도록 장려하는 권장안을 마련해야 한다. 마지막으로, 시민이 본인 가족에게 유산을 남길 때, 국가는 비록 세대 간 지속되는 부의 불평등을 완전히 없애지는 못하더라도 그 격차를 줄여나가기 위해 노력을 해야 한다. 왈쩌(Michael Walzer)가 주장하듯이, 가족구성원이 다른 가족구성원에 대한 유산을 통해 사랑을 표현하도록 허용하는 것은 중요한 이유가 있을 뿐만 아니라, 이러한 유산에 세금을 부과하여 평등을 증진하고 합법적인 국가지출에 자금을 지원하는 것도 중요한 이유가 있다.[56] 필자가 보기에 왈쩌가 유산에 대해 과세를 정할 때, 국가는 각각의 목표에 대한 가중치를 부여함으로써 이들 목표 사이를 조정해야 한다고 결론 내린 것은 옳다고 본다.[57]

(3) 시민적 생활로부터의 후퇴

경제적 이유뿐만 아니라 시민적 이유에서도, 국가는 가족이 그 구성원을 뒷받침하는 원천으로 역할하도록 장려해야 하지만, 가족은 스스로 고립된 섬으로 기능해서는 안 된다. 이는 전보다 작금의 시대에 더 중요해진 사안이다. 성인 미국인의 사회적 생활반경은 지난 수십 년 동안 매우 좁아졌다.[58] 우리의 사회생활이 위축되는 데는 여러 가지 요인이 기여했다. 여성의 노동시장 참여 증가로 인해, 미국 가정의 집 밖에서 일하는 시간이 주당 10시간 이상 증가했다.[59] 자녀가 없는 가정은 부모가 함께 1968년 주 58시간과 2000년 주 68시간 유급노동을 수행했으며, 자녀가 있는 가정은 부모가 함께 1968년 주 53시간과 2000년 주 64시간을 유급노동을 수행했다.[60] 늘어난 출퇴근 시간에 더해,[61] 이러한 상황은 미국의 가족을 과거보다 훨씬 더 심각한 시간 부족에 시달리게 했다. 하지만 최근 시간 분석을 보면, 부모가 아이를 돌보는 시간은 예전과 거의 같은 수준이다.[62] 부모가 아이돌봄에 매진하는 만큼, 이들이 다른 성인과 교류하고 지역사회에 들이는 시간은 그 전보다 훨씬 적어졌다.[63] 이 같은 시간 부족은 자발적인 지역사회 활동 및 단체에서 활동해왔던 고학력 중산층에서 역력하게 드러나고 있다.[64]

이러한 양상은 정치공동체의 건전성에도 중대한 위협이 된다. 자유민주주의가 번영하려면 시민 사이의 단단한 유대와 왕성한 시민 결사체들이 있어야 한다. 그렇지 않다면, 사회가 제대로 기능하는 데 필요한 타인에 대한 신뢰와 확신이 사라지게 된다.[65] 또한 시민 사이의 유대감 약화는 사회적 평등에서도 위험이 된다. 만약 우리가 다른 시민을 "남(other)"으로만 바라본다면, 누군가의 불평등을 적절하다고 볼 가능성은 훨씬 더 커진다. 마지막으로, 희박한 공동체적 유대관계는 가족이란 울타리 밖에서 생길 수 있는 중요한 돌봄관계를 위협한다. 모든 사람이 가족이란 테두리에서만 살 수 있거나 혹은 살 수 있는 선택을 하게 되는 것은 아니다. 설령 그렇더라도, 돌봄이 필요할 때 가족구성원이 항상 곁에 있거나, 돌봄과 인간 발달의 필요를 충족시킬 수 있는 것도 아니다. 1980년대에 에이즈 환자 돌봄을 담당한 샌프란시스코 동성애 커뮤니티의 자원봉사자들의 네트워크가 보여주듯이, 가족의 경계 밖에서 돌보는 것은 건강한 사회에서 중요한 역할을 한다. 하지만 돌봄은 왕성한 시민네트워크의 존재유무에 따라 달라진다. 이러한 이유로 돌봄지원국가는 시민 간 유대관계가 육성되는 모든 조건을 조성할 방안을 강구해야 한다.

건강한 정치공동체에 반드시 있어야 하는 시민의 튼튼한 유대감을 진흥하기 위해, 국가는 시민과 지역사회의 튼튼한 유대를 부양함으로서 돌봄관계를 뒷받침 해야 한다. 이러한 목표는 부분적으로 가족과 지역사회 모두에게 친화적인 조치를 통해 이뤄질 수 있다.[66] 예를 들어, 최대 근로시간 제한 등을 포함한 근로자의 장시간 노동시간과 출퇴근 시간을 줄이는 데 도움이 되는 정책, 대중교통 및 도시의 교통체증과 이로 유발되는 통근시간을 줄이는 정책 등이다. 동시에 정부는 적어도 핵가족의 모습에서 일정부분 탈피하는, 지금 미국에서 현실화되고 있는 양상에 대한 지원책을 강구해야 한다. 각 가정에서 부모가 자녀돌봄을 전적으로 책임지는 양육 형태는 아이들과 돌봄을 담당하는 부모를 더 큰 공동체로부터 고립시킨다. 돌봄관계를 우선고려한다면, 국가는 부모와 의존인을 공동체의 삶 속에 통합시키고 그들의 돌봄책임을 공동체 안에서 분담할 수 있는 제도적 장치를 마련해야 한다. 이러한 추진 방안에는 요리와 아이돌봄을 함께 하는 공동주택에 대한 세제 및 보조금 혜택이나 조합 방식의 아이돌봄을 국가가 지원하는 방법 등이 해당된다.

친밀한 성인 간 관계를 규제하는 것의 어려움

필자는 국가가 돌봄을 증진하는 성인 간 친밀한 관계를 인정하고 진흥해야 한다고 주장했다. 그러나 이러한 관계를 규제하는 것과 관련하여 난해한 두 가지 문제가 있다. 첫째는 국가가 성인 간 친밀한 관계를 공식화하는 형식 혹은 방식에 관한 것이다. 특히 국가는 성인 간 모든 관계에 대해 "동반자관계(domestic partnership)" 같은 공식화된 단일 지위만을 사용하도록 해야 하는가? 아니면 국가는 다른 유형의 관계에 대해서도 여러 가지 공식화된 지위가 가능하도록 해야 하는가? 후자의 경우, 국가는 아마도 다양한 방식으로 다른 관계를 인정하는 한편 일부 관계는 결혼의 형태로서 계속 공식화할 것이다. 둘째는 국가가 한부모가족보다 두부모가족을 정통성 있게 장려하기 위해 사용할 수 있는 여러 방안에 관한 것이다.

모두를 위한 동반자관계? 혹은 일부를 위한 결혼제도?

국가가 성인의 장기적인 돌봄관계를 어떻게 다뤄야 하는지에서 가장 난해한 문제는 국가가 이러한 관계에 특정한 시민적 위상을 부여해야 하는지의 여부도 아니고, 다른 관계에 비해 돌봄관계에 더 많은 특권을 부여해야 하는지의 여부도 아니다. 대신, 수평적 관계를 모두 "동반자관계"와 같은 하나의 법적 범주 내에서 공식화해야 하는지, 아니면 관계의 일반적인 유형에 따라 관계를 별도로 분류해야 하는지의 여부이다. 후자의 경우, 국가는 결혼과 같은 혼인관계에 대해 시민적 위상을 유지하겠지만(이는 공정성뿐만 아니라 관련된 가치의 측면에서도 그 대상이 동성커플로 확대되어야 한다), 함께 사는 친구 간 동반자관계와 같은 다른 모습의 성인 간 관계 역시 인정해야 한다.

이러한 대안은 저마다 상당한 이점과 동시에 단점이 있다. 모든 성인관계를 하나의 법적 위상으로 묶는 것은, 말하자면 결혼과 같은 관계의 특정 하위 범주가 다른 수평적 관계와 마찬가지로 정치적 과정에서 부당하게 우선시될 가능성을 방지하는 이점이 있다. 같은 이유로, 서로 다른 유형의 수평적 관계를 동일한 법적 범주로 묶는 것은 결혼이 법적 체계에서 독보적으로 우월한 위치를 차지하지 않는다는 강한 메시지를 보낼 수 있다. 즉, 한 사회에서 돌봄관계를 형성하고 유지할 수 있는 방식은 여럿이며 모두가 존중받아야 할 관계임을 명확하게 천명하는 것이다.

그러나 이 접근에는 중요한 두 가지 단점이 있다. 첫째, 이 방식은 국가가 돌봄관계의 지위에 할당된 특정한 의무와 혜택을 조정하고 맞추는 것을 어렵게 할 수 있다. 예를 들어, 부부관계를 맺은 배우자에게 아이가 있을 경우, 다른 배우자 또한 부모라는 전제를 부여하는 것은 일리 있다. 그러나 이러한 전제를 비혼상태의 돌봄관계에 부여하는 것은 일리가 떨어진다. 상속권에서도 그렇다. 부부관계에서 대부분은 배우자에게 재산을 물려주기 때문에, 배우자가 상속받도록 할 것이라고 전제하는 것은 일리 있다.[67] 그러나 이러한 전제를 다른 양상의 장기적인 돌봄관계에 적용하는 것은 일리가 떨어진다.

둘째, 우리가 결혼이라는 범주에서 멀어지는 것은 우선성을 부여받은 유일한 제도로서 결혼 개념을 사절하는 이점이 있지만, 결혼제도가 함께 살아가고 서로를 영원히 가족으로 여기는 두 사람의 사랑을 바탕으로 하는 진지하고 장기적인 유대관계라는 개념에서, 결혼제도와 관련된 많은 긍정적인 문화적 파장도 사라지게 되는 단점이 있다.[68] 따라서 결혼제도를 없애는 것은 힘들고 험한 시기를 함께 헤쳐가기 위해 관계를 맺는 사람들의 결심을 약화시킬 수 있다. 또한 국가가 채택하는 새로운 형식의 관계는 결혼을 통해 사랑을 맹세하는 것과 같은 문화적 파급력을 가지지 않을 것이기 때문에, 만약 그렇지 않았다면 관계를 공식화함으로써 결혼했을 사람들을

단념시킬 수 있다.[69]

결혼의 지위를 유지하지만 동시에 성인이 선택할 수 있는 또 다른 공식화된 관계의 범주를 발전시키는 대안은, 결혼제도와 관련된 문화적·법적 힘을 유지하는 이점을 갖는다. 또한 이 대안은 국가가 쟁점이 되는 관계 유형에 대해 특정한 권리를 적절히 조정할 수 있게 해 줄 수 있다. 예를 들어, 국가는 성인 형제자매를 포함하여 함께 살지만 성적 관계와 무관한 성인들(두 명으로 제한할 필요는 없는)에 대해 공식화된 법적 위상을 부여할 수 있으며, 함께 살지는 않지만 장기간 헌신적인 돌봄관계를 맺고 있는 커플 등에 대해서도 법적 위상을 채택할 수 있다. 그러나 이 접근의 단점은 결혼관계가 다른 관계보다 우월하다는 인식이 지속되며, 그래서 불평등하게 배속된 우선권을 계속 가질 위험이 있다는 점이다.

이론적 수준에서 본다면, 각각 일련의 이익과 비용이 있기 때문에 두 대안 중 명확한 승자는 없다. 그러나 정치적 현실의 수준에서 본다면, 대중적인 이데올로기(연간 500억 달러 규모의 결혼산업은 말할 것도 없고)는 결혼의 가치에 지나치게 투자되고 있기 때문에, 제도로서 결혼을 철폐하는 것은 거의 불가능해 보인다.[70] 그 결과, 결혼이 유일하게 선호되어야 하는 가족의 모습이라는 밑받침 위에 올려진 적재물을 쓰러뜨리고 더 넓은 범주의 관계를 평등하게 존중시키고자 하는 사람들은, 결혼을 시민적 위상에서 삭제하고 그 자리를 시민적 동반자격(civil partnership)이라는 범주로 대체하기보다, 시민적 관계의 다른 양상과 범주를 확산시킴으로써 결혼 중심의 획일성이 희석되고 탈피되도록 하는데 주목하는 것이 더 낫다고 본다.[71]

법적 보호와 지원을 받는 관계의 범주를 넓히고 여러 관계 중 기존 결혼관계에 주어지는 여러 권리를 다른 관계에 배속하려는 이러한 전략은, 현재의 정치적 현실을 감안한다면 취할 수 있는 가장 실용적인 방법일 뿐만 아니라, 자유민주주의가 번영하기 위해 반드시 필요한 가치들의 확산에 있어서도 엄청난 가능성을 우리에게 제공해 준다.[72] 쟁점이 되는 가치의 범위에 따라 부여된 우선성을 분리해 내는 것은 '가족'이라는 획일적인 개념과 이를 둘러싼 정통성을 타파하는 데에도 도움이 된다. 이러한 접근은 중요한 공적 가치에 기여하는 관계는 다양하며, 모든 경우에 적합한 천편일률적인 가족은 없다는 점을 분명히 한다.

두(또는 그 이상)부모가족을 권장하기

강건한 자유민주주의는 중요한 공적 목적을 위해 다른 관계보다 일부 관계를 더 우선시할 수 있어야 한다. 그리고 아이들을 위해 안정적인 환경을 조성하는 것은 이러한 중요한 공적 목적에 해당된다. 다른 모든 조건이 동일하다면, 평등하고 가까우며 안정된 가족관계는 거리감 있고 불안정한 관계보다 여러 측면에서 아이들에게 더 좋다. 한부모가족과 관련된 많은 어려움은 적절한 법적·사회적 지원의 부족에 기인하겠지만,[73] 가족의 해체나 부모의 이혼 자체가 가지는 트라우마 역시 심각한 파장을 몰고 오기도 한다.[74] 더욱이 다른 조건이 동일할 때, 아이가 가정 내 사랑하는 두 명의 성인의 정서적·재정적 자원을 받는 것이 한 명의 자원을 받는 것보다 더 낫다.[75] 이것은 한부모가족보다 두부모(또는 그 이상)가족을 선호하는 것에 대해 국가가 정당한 이익이 있음을 방증한다.

하지만 국가가 이러한 다(多)부모가족을 어떻게 장려할 것인지의 문제는 더 어려운 문제이다. 부모가 가족형태에 대해 현명한 선택을 했다고 국가가 판단하는지와 무관하게, 국가는 아이들이 기본적인 필요를 충족하고 최소한 적절한 수준의 인간발달을 증진하는 데 필요한 돌봄과 기타 자원을 보장해줄 의무가 있다. 그리고 비록 국가가 아이들에게 필요한 자원을 보장해주는 것이 더 좋거나 더 나쁜 가족형태에 대한 잘못된 신호를 보냄으로써 아이들에게 미래의 피해를 줄 수 있음이 염려되지만, 현재의 아이들을 적절히 지원해야 하는 국가의 의무는 무엇보다도 중요하다. 그러한 이유로, 어머니의 혼외 자녀의 여부로 저소득 가정에 대한 복지지원은 중단될 수 없다. 그러나 이처럼 필요한 최소한의 지원을 넘어서면, 국가는 다부모가족을 장려하고 안정시키기 위한 조치를 채택해야 할 타당한 이유가 있다. 그러한 조치 중에서 선택할 때, 국가는 여전히 중요한 자유주의 가치들과의 조화를 추구해야 한다. 다시 말해, 국가의 목표는 일부 가치를 증진하는 것이 다른 가치에 해를 끼치는 제로섬 상황을 피하는 정책을 수립하는 것이다. 그러한 정책을 개발하는 것은 적실한 가치들이 충돌할 수 있는 양상에 대한 각별한 주의가 필요하다.

이 기준에 따르면, 한부모가족에게 주어지지 않는 경제적 자원을 두부모가족에게 제공함으로써 국가가 두부모가족을 발전시키려는 것은 이러한 가치를 조화시키는 데에 있어 특히 나쁜 수단이다. 왜냐하면 그렇게 함으로써, 국가는 지원이 가장 필요한 가족을 뒷받침하지 못하고 결과적으로 불평등을 더 가중시킬 수 있기 때문이다. 국가는 그러한 극명한 절충안을 제시하지 않는 조치를 채택하는 것이 더 나을 것이다. 예를 들면, 정부는 부모가 될 리스크가 있는 청소년에게 직업훈련프로그램과 교육보조금을 제공함으로써 다부모 가족을 장려할 수 있다. 관련 연구에 따르면, 청소년이 자신이 미래에 대한 기대치가 높을수록 젊고 독신일 때 자녀를 낳을 가능성이 크게 낮아진다.[76] 이 같은 프로그램은 현재 아이들의 중요한 이해관계를 미래 아이들의 이해관계와 직접 대치하지 않으면서도, 평등한 기회를 높이는 장점이 있다.

같은 기조에서, 국가는 이혼을 더 어렵게 함으로써 결혼제도를 강화하려는 제안, 예를 들어 유책주의 이혼(fault divorce)법으로 회귀하려는 의견을 회의적 시각에서 다뤄야 한다. 결혼장려에 대한 국가의 관심이 커졌음에도 불구하고, 유책주의 이혼으로 퇴행해 이혼법을 강화하는 것은 시민의 자율성을 심각하게 침해하는 것이기 때문이다. 따라서 국가는 이 같은 가치들이 첨예하게 상쇄되지 않도록 결혼전 상담요건 같은 제도를 채택하는 것이 더 나을 수 있다.[77] 같은 맥락에서, 맥클레인(Linda McClain)이 주장하듯이, 다수의 결혼장려정책은 결혼제도 내 성불평등을 영속화할 위험이 있다.[78] 대개 여성이 남성보다 이혼을 많이 원한다는 점을 감안하면, 국가는 집안일과 돌봄이 남성에게도 평등하게 분담되어야 한다는 전제에서 남성이 더 나은 배우자가 되도록 권장함으로써 이러한 관계를 적절하게 지원할 수 있다.[79] 이러한 조치는 이혼법을 강화하는 것보다 개인의 자율성을 덜 침해하는 동시에 성평등을 증진할 것이다.

그러한 관계를 발전시키기 위해 국가가 취해야 할 조치를 결정할 때, 관계의 복잡성을 다루는 국가의 제도적 역량의 한계를 명심하는 것이 중요하다. 국가는 개인이 결혼에서 벗어나는 것을 더 어렵게 할 수 있겠지만, 결혼 관계 속에서 애정과 돌봄이 끊임없이 살아

있게 유지할 수는 없다. 부모관계가 성공적이지 못한 경우, 부모 모두가 자녀의 삶에서 계속적이고 의미 있는 역할을 하도록 보장하는데 국가는 노력을 기울여야 한다. 법원과 평론가들이 인정하듯이, 두 성인이 이혼한다고 그중 한 사람이 자녀와 이혼해야 한다는 의미는 아니다.[80] 이러한 상황에서 국가의 목표는 가능한 부모 양쪽과 자식 간의 조화로운 양육관계를 조성하는 것이어야 한다. 이러한 목표를 위해 돌봄지원국가가 취해야 할 정책목록의 맨 위에 있는 것은, 이혼소송은 당사자 간의 적대감이 높이기 때문에 가정법원을 이혼분쟁을 해결하기 위한 표준모델인 소송에서 분리하여, 당사자 간의 협력을 촉구하는 협력적 갈등해법(collaborative dispute resolution) 모델로의 지향이다.[81]

결 론

성인 간 친밀한 관계에 대해 돌봄지원국가가 어떻게 해야 할지 결정하는 것은 매우 어려운 문제이다. 왜냐하면 이 관계는 미국의 이상(ideal)에서 중요한 여러 가치에 영향을 미치며, 의견이 일치하기도 쉽지 않기 때문이다. 인간존엄성, 자율성, 평등한 기회, 성평등, 아동복지와 같은 각각의 가치는 자유민주주의의 구현에 매우 중요하기 때문에 어느 하나도 다른 것을 위해 희생될 수 없다. 같은 이유로, 그 어떤 가치도 다른 것들에 비해 월등히 우월한 것으로 간주되어서도 안 된다. 그렇기 때문에, 우리에게 필요한 것은, 한 가지 혹은 두 가지 가치에만 편중하고 그 외의 가치들을 등한시할 것이 아니라, 적실한 가치들을 배합해 정당한 인정을 받을 수 있도록 더욱 세련된 원칙을 세우는 가족정책일 것이다.

물론 이것은 특정 가치가 다른 가치들에 의해 타협되지 않고 완화되지 않는 범위를 허용하는 일련의 원칙에 도달할 수 있음을 의미하지 않는다. 벌린(Isaiah Berlin)이 간결하게 권고하듯이, 세상은 "우리가 똑같이 궁극적인 목적과 똑같이 절대적인 주장 사이에서 선택에 직면하는 상황으로 가득 차 있으며, 그 중 일부의 실현은 불가피하게 다른 사람들의 희생이 수반된다."[82] 하지만 사려 깊은 정책을 통해 이러한 가치들 간의 긴장이 개선될 수 있는 여지가 있음이다. 그것은 또한 긴장이 완화될 수 없는 경우, 돌봄지원국가는 여러 가치들 사이에서 치밀하고 신중하게 어려운 결정을 해야 함을 의미한다.

돌봄지원국가, 가족 사생활, 아이들

05
돌봄지원국가, 가족 사생활, 아이들

　일반적으로 국가는 가족의 돌봄과 인간발달을 위한 역량을 지원하는 것과 동시에 가족이 자체 일을 수행하는 결정을 내릴 수 있는 자율성을 부여해야 한다. 하지만 이러한 복잡성 속에서 아이들을 고려해 초점을 맞추는 것은 가족 사생활과 관련하여 까다로운 문제를 제기한다. 일련의 이슈는 아이들을 해악(harm)으로부터 보호해야 하는 국가책임에서 비롯된다. 가족 내 아이들의 취약성은 아동복지와 관련하여 부모와 국가 간 관계를 복잡하게 만든다. 물론 대부분의 부모는 자녀를 사랑하고 최선으로 키우고자 노력한다. 하지만 모든 부모가 그런 것은 아니다. 심지어 자녀를 사랑하는 부모도 적절하게 보호하지 못하거나 학대하기도 한다. 그렇다면 어떻게 국가는 가족과의 관계 속에서 아이들을 해악으로부터 보호하고 이들의 복지를 증진시킬 수 있을 것인가?

　이는 아동학대의 경우뿐만 아니라 아이들의 이익을 폭넓게 보호해야 한다는 어려운 문제를 제기한다. 가족 사생활 보호정책에 대한 국가 지원은 일반적으로 자녀에 대한 부모의 권한을 강화한다. 가족 내 결정에 있어서 저마다의 부모는 각기 다른 방식으로 자신의 권한을 행사한다. 일부 부모는 자녀의 의견을 존중한다. 다른 부모는 자녀에게 최선이라고 생각하는 일을 하겠지만 자녀의 의견에 덜 주의를 기울인다. 또 다른 부모는 자녀의 이익에 관심을 거의 기울이지 않고 자신의 이익과 견해를 추구하기도 한다. 이러한 부모와 아이들 사이의 힘의 불평등(inequality of power)은 성인과 달리 아이들은 부모와 의견이 다를 때 가족을 벗어날 수 없기 때문이다. 그렇다면 국가는 어디까지 이러한 힘의 균형을 바꿀 수 있는 권리를 아이들에게 허락하면서 아이들의 이익을 보호해야 하는가?

결국 부모가 자신의 권한으로 자녀를 양육하면서 일어나는 문제는 가족 내 사생활 문제로 이어진다. 부모는 자신이 적합하다고 생각하는 방식(학대 및 방치 제외)으로 자녀를 양육할 수 있고 자녀가 앞으로 어떤 사람이 될지에 영향을 미칠 수 있다고 강력한 주장을 할 수 있다. 그러나 부모가 자유민주주의적 가치에 반하는 방식으로 자녀를 양육하려 한다면 어떤 일이 생길까? 어떤 경우, 부모는 전통적인 젠더역할을 맹목적으로 본보기 삼아 자녀를 키우기도 한다. 다른 경우, 부모는 자율적인 방식을 거부하고 비자유주의적 혹은 비민주주의적인 관점을 바탕으로 자녀를 양육하기도 한다. 예를 들어, 남부의 일부 침례교 부모들은 아내는 남편에게 순종해야 한다는 교회의 신념을 아이들에게 가르친다. 다른 예로, 일부 기독교 보수주의자들은 동성애는 죄이기 때문에 게이와 레즈비언은 시민권 자격이 없어야 한다고 가르침으로써 아이들에게 시민적 관용이라는 미덕의 발전을 저해시킬 수 있다. 더 심하게는 일부 근본주의 부모들은 자녀가 자신의 종교에서 벗어나지 못하게 하려고 자녀에게 일절 다른 삶의 방식을 허용하지 않기도 한다.[1] 이렇게 고립되어 양육된 아이들은 자신의 인생을 선택하는 데에 필요한 자율성을 개발하는 기회가 막혀버릴 수 있다. 이러한 상황에서 국가는 어떤 입장을 취해야 하는가?

이 장에서 필자는 세 가지 질문에 대해 다룬다. 아이들을 해악으로부터 보호하기 위해 국가는 가족과의 관계를 어떻게 구성하는 것이 최선인가? 가족 내에서 아이들에게 권리를 부여해야 하는가? 비자유주의적 신념에 경도된 부모에 대해 어떻게 대응해야 하는가? 이러한 문제에 대한 주류의 전형적인 대답은 학대나 방임과 같은 구체적이고 극단적인 상황의 경우를 제외하고는 가족 사생활의 원칙을 단순히 확인하는 것이었다. 이에 따르면 1장에서 언급한 롤즈가 밝힌 것처럼, 가족 내에서 일어나는 일은 일반적으로 국가의 관심사가 아니게 된다.[2] 돌봄지원국가의 입장은 이러한 주류의 입장과 정반대되지는 않지만 다소 미묘한 차이가 있다. 주류의 시각처럼 돌봄지원국가의 입장은 가족 사생활이라는 가치를 존중한다. 그러나 이 사생활 문제를 전부 아니면 전무의 이슈로 예단하지 않는다. 한편으로, 돌봄지원국가의 입장은 가족 자율성이 결코 완전하지 않으며 국가가 일상적인 업무 과정에서 가족이 기능하는 방식에 필연적으로 영향을 준다는 점을 인정한다. 다른 한편으로, 가족 자율성에 상당한 비중을 두지만, 개인의 자율성과 마찬가지로 가족 사생활은 번영하는 사회에서 지원되어야 하는 다양한 가치 중 하나임을 인정한다. 따라서 가족 사생활은 더 이상 주류 관점에서와 같이 국가정책의 비장의 카드가 아니다.

이 점에서 돌봄지원국가는 아동복지, 자율성, 시민적 미덕의 발전을 포함하는 다른 중요한 가치와 방향성이 같은 정책을 채택하는 것을 목표로 삼는다. 필자가 이 장의 첫 번째 절에서 주장하는 바와 같이 일상에서 가족을 지원하는 아동복지시스템은 국가가 개입하게 되는 위기상황을 줄일 뿐만 아니라 기존의 아동복지시스템보다 아동의 복지를 향상시키는 데 더 기여할 수 있다. 이 장의 두 번째 절에서는 부모를 지원하는 국가정책 역시 "아동의 권리"를 기반으로 하는 정책보다 아동의 이익에 더 잘 복무한다는 점을 필자는 주장한다. 하지만 필자는 아이들이 자신에게 특정한 권리가 부여되도록 요구할 수 있는 일부 특수한 경우가 있다고 보는데, 가장 시급한 경우는 임신한 소녀의 낙태권이다. 이 장의 마지막 부분에서 필자가 주장하는 것은, 비자유주의적 방식으로 아이들에게 삶의 방식을 전수하려는 부모에 있어 그러한 부모의 생각이 얼마나 깊고 의미가 있는지의 여부를 떠나, 이는 어떤 식으로든 아이들이 자기 삶의 방향을 조정하는데 필요한 자율성과 시민의 미덕을 잠식하기 때문에, 국가는 그러한 부모의 바람을 허용해서는 안 된다는 점이다. 따라서 대부분의 경우, 국가는 부모의 자율성 침해를 최소화하면서도 가족 외 다른 제도를 통해 이러한 목표를 추구할 수 있다.

가족 사생활과 아동복지시스템

아이들의 복지를 최선으로 수호하기 위해 국가는 어떤 역할을 해야 하는가? 이 절에서는 국가 개입에 대한 두 가지 매우 다른 접근을 대조한다. 첫째는 현재 미국의 아동복지시스템에서 사용되는 접근이다. 이 접근은 부모만이 아이가 잘 성장할 수 있는 조건을 제공할 것이라는 전제에서, 부모가 자녀를 적절히 보호하지 못하게 되면 이후 국가가 개입한다고 보고, 아동복지를 국가의 잔여적 책임으로 다룬다.[3] 이 시점에 이르렀다면 부모가 자녀를 자율적으로 보호하지 못한 책임이 있다고 보기 때문에, 강압적인 국가의 개입이 타당하게 된다. 이러한 개입은 종종 국가가 아이들을 가정에서 떼놓는 형태를 취한다. 이 아이들 중 다수는 나중에 부모와 재결합하지만, 일부 아이들은 위탁보호소에 맡겨지거나 혹은 또 다른 일부는 새로운 부모에게 입양되기도 한다. 이들 대안 중 어떤 것이 결정되든, 이 시스템에서 거의 모든 아이들은 국가가 개입하기 전과 후에 모두 심각한 상처를 입게 될 것이다. 비록 이 시스템에서 아이들에게 좋은 결과와 나쁜 결과가 모두 있겠지만, 결과적으로 아이들에게 좋은 결과는 거의 없었다.

두 번째 접근인 돌봄지원국가 방식은 아동복지 문제를 매우 다르게 본다. 이 접근에서 아동복지는 가족의 보호를 받지 못하면 국가가 책임진다는 잔여적 책임이 아니라 보통의 일상생활 속에서 가족과 국가가 함께 책임을 분담한다는 방식이다. 위기가 발생한 후 가족을 강력하게 무장시키는 대신, 국가는 선제적으로 부모와 협력하여 가족이 위기에 덜 취약하도록 노력한다. 부적절하게 양육되어온 아동을 돌보기 위해 민간기업과 위탁 부모에게 대부분의 아동복지기금을 사용하는 기존 시스템과 달리, 정부는 무엇보다도 아이들의 복지를 위한 기존 가족이 사회적 지원을 받을 수 있도록 자원을 투입하게 될 것이다.[4] 돌봄지원국가 모델은 잔여적 모델과 달리 단순히 아이들의 피해를 줄이는 모델이 아니라 아이들의 번영(flourishing)을 강구하는 모델이다.

현행 아동복지시스템

현행 제도 하에서 아동복지를 담당하는 국가기관은 아동학대 신고가 접수되기 전까지 아무런 조치를 취하지 않는다. 그 시점까지 아동복지를 보호할 책임은 국가가 아니라 가족에 있다. 국가가 학대나 방임에 대해 조사를 하고 그것이 입증이 되면, 부모의 양육실패가 인정된다. 이에 가족에 대한 강제적인 국가의 개입은 적절한 대응으로 간주된다.

이 점에서 미국의 위탁돌봄시스템을 전면 개편한 1997년 입양및가족안전에관한법(Adoption and Safe Families Act)[5]은 일단 국가가 관여하게 되면 아이와 가족과의 관계는 단절되고 가급적 짧은 면접만 가능하도록 한다. 이 법은 아이가 가정에 머물도록 노력해야 하며 대안으로 위탁돌봄이 필요한 경우 위탁돌봄 이후 아이를 가정으로 되돌려보내도록 노력해야 한다는 이전 명령을 유지하고 있다.[6] 하지만 이 접근은 가족에 대한 지속적인 국가지원에 적극적이지 않고, 현재의 연방자금지원의 기준은 아이를 위한 위탁돌봄 또는 입양을 제공한 것에 대해 상환받는 것보다 가족을 보호하기 위한 지원을 제공한 것에 대해 보상받는 것을 훨씬 더 어렵게 만들고 있다.[7] 예컨대, 숫자는 이와 같은 재정적 인센티브를 보여준다. 2002년 연방정부는 위탁돌봄을 방지하거나 재결합을 가속화하기 위해 지불한 1달러당 위탁돌봄에 최소 9달러를, 입양에는 3달러를 추가로 지출했다.[8] 결과적으로 상대적으로 적은 비율의 가족만이 실제로 아이를 위탁기관에서 데려오거나 부모와 재결합하기 위해 긴급서비스 이외의 도움이 되는 지원을 받을 수 있었다.[9] 현재의 방식으로는 매년 약 273,000명의 아이들이 위탁돌봄시스템으로 유입되고 있다.[10]

입양및가족안전에관한법은 지난 22개월 중 15개월 동안 아동이 위탁보호를 받았다면, 아동복지기관이 부모의 권리를 종료하도록 명령함으로써 국가가 시도할 수 있는 재결합 노력의 기간을 제한한다.[11] 이 법은 이러한 입장 속에서, 국가가 위탁아동을 위한 입양 가정을 찾는 노력——결함이 있는 부모와 재결합하는 것은 종종 성공하지 못하기 때문에——과 동시에 아동을 가족과 재결합시키려는 노력을 추구할 것을 요구한다.[12] 궁극적으로 이 모델의 구상은 아이들이 입양 가정으로 가든 다시 원래의 가족 품으로 되돌아가든, 가족이 자력으로 자녀의 건강과 복지를 보장할 수 있음을 전제한다.

아이들을 집에 남겨두는 것보다 위탁돌봄에 맡기는 것이 진정으로 더 나은 서비스를 제공하는지에 대한 상당한 논쟁이 있다.[13] 최근 자료를 보면, 집에서 나온 기간이 긴 아이들이나 나이가 있는 아이들은 집을 떠나는 것이 더 낫다고 제안한다.[14] 사실이든 아니든, 아동복지제도로 유입되는 대부분의 아이들은 그 시점까지 국가가 그들의 복지를 지원하지 않았기 때문에 이미 상당한 피해를 입었을 것이다. 이러한 대다수 아이들은 빈곤 속에서 성장하며,[15] 유해한 여파를 감당하며 산다. 아이들이 시설에 올 때 쯤이면, 대부분 의료적 관찰이 필요한 신체적·정신적 이상 징후——자살충동, 살인성향 증가, 발달지연 등——를 보이게 된다.[16]

위탁돌봄에 맡겨지면 아이들에게 외상은 심지어 더 커진다. 아이들이 학대를 받았는지의 여부와 관계없이, 이들의 부모, 형제자매,

그리고 가정으로부터 일시적으로나마 격리된 결과로 아이들이 경험하는 정서적 고통은 상상외로 크다. *Nicholson v. Williams* 사건에서 전문가 증인이 언급한 바와 같이, "부모와 자녀 사이의 애착은 인간으로서 우리가 누구인지의 기초를 형성하며 그러한 애착의 연속성은 아이의 자연스러운 발달에 필수적이다."[17] 일반적으로 아동의 위탁기간은 상당한 기간 동안 이루어진다. 일단 아동이 위탁시설에 맡겨지면 평균 15.8개월 체류하며, 전체 아동의 12%(53,763명)는 5년 이상 체류한다.[18]

위탁돌봄을 받는 아동의 상당 부분은 가족과 이별이라는 피할 수 없는 트라우마를 넘어 훨씬 더 많은 고통을 겪게 된다. 국가가 위탁돌봄시스템을 관리하고 모니터링하는데 어려움을 겪고 있다는 사실은 그 시스템에 유입되는 아이들이 우호적인 경험을 쌓으며 성장하기 어려웠음을 의미한다. 왜냐하면 시스템상 많은 수의 아이들이 이곳에서 저곳으로 옮겨진다.[19] 또한 아이들은 비위탁가족에서 지내는 것보다 더 많은 신체적·성적 학대 및 방임의 위험에 놓이게 된다.[20] 우드하우스(Barbara Woodhouse)가 지적하듯이, 위탁돌봄시스템의 문제는 너무 만연했었기 때문에, 의회에서 입양및가족안전에관한법이 고려되고 있을 당시 21개 주가 이 법을 도입해야만 했었다.[21] 여러 주에서 등장한 위탁돌봄의 부실관리 및 학대에 대한 반복되는 신문 기사는 이 시스템이 실제로 운영되는데 얼마나 결함이 있는지를 보여준다. 아마도 위탁돌봄에 맡겨진 많은 아이들이 일생 동안 상처를 안고 살아갈 것이라는 점은 놀랍지도 않다. 어렸을 때 위탁돌봄을 받았던 20세~33세 사이의 성인은 외상 후 스트레스 장애(PTSD)를 참전 군인의 두 배 비율로 겪는다. 절반 이상(54.4%)이 우울증, 사회공포증, 공황장애 또는 불안과 같은 정신건강 문제를 적어도 한 가지씩은 가지고 있다.[22]

대략 절반가량의 아이들이 결국 자신의 집으로 되돌아가게 된다.[23] 그러나 현재의 아동복지시스템을 특징짓는 일시적인 개입 모델——단지 가족 재결합을 위해 국가가 보조하고, 그것도 매우 제한적인 위험에 초점을 맞춰 상대적으로 단기에 그친 서비스로 한정되는——이 국가개입을 시작부터 촉구하게 되는 뿌리 깊은 문제를 효과적으로 처리할 수 있을지는 명확하지 않다. 잘 알려진 오래된 연구에 따르면, 위탁시설에서 보호를 받는 아이들의 경우, 이들 부모의 33%가 정신적 혹은 정서적 문제를 겪고 있으며, 60%는 알코올 남용 문제가 있는 가족구성원이 있고, 53%는 심각한 건강상의 문제, 그리고 가족 중 76%는 크게 아픈 아이를 한 명 이상 낳은 것으로 나타난다.[24] 이러한 부모 문제의 복합성은 단기 서비스로는 불충분하며, 이는 많은 수의 아이들이 집에서 처음 나왔을 때와 결국 달라지지 않은 집으로 되돌아가게 되는 결과를 의미한다. 이 때문에 아동복지제도에 의탁한 많은 아이들은 반복적으로 악순환을 거듭하게 된다.[25]

부모에게 되돌아가지 못한 아이들 역시 평탄치 않은 길을 가게 된다. 이들 중 다수는 친부모와의 관계가 법적으로 종료되게 된다. 2008년 한 해에만 약 75,000명의 위탁아동이 이런 일을 겪었다.[26] 국가지원이 필요한 많은 가족은 돌이킬 수 없이 망가졌으며 국가는 문제를 완화하기 위해 아무것도 할 수 없고, 그러한 가족의 자녀가 다른 곳에서 더 잘 살 수 있다라는 전제에서, 현행법은 과거보다 그러한 종료를 훨씬 쉽게 만들고 있다.[27] 그러나 이 아이들을 기꺼이 입양하려는 가정이 부족하기 때문에, 많은 수의 아이들은 수년 동안 위탁시설에서 지내야 한다.[28] 예를 들어, 2008년 약 55,000명의 위탁돌봄 아이들이 입양되지만 여전히 123,000명의 아이들은 입양을 기다리고 있다.[29] 현실적으로 나이가 많거나 아프리카계 미국인이거나 장애가 있는 아이들은 입양 가능성이 떨어진다.[30] 결국 아이들은 황폐해진 양육시스템인 위탁돌봄제도에서 "나이가 들어" 이 제도를 떠나기 전까지 시설을 전전하게 된다.[31] 입양 가정을 찾은 아이들도 친가족과의 영구적으로 분리됨으로써 고통스러운 정서적 대가를 치르게 된다.[32]

이 모델은 때로는 영원히 아이를 못 보게 만들기 때문에, 아이들을 빼앗긴 수만 명의 부모에게도 감정적인 대가를 감수하게 만든다. 게다가 위탁시스템에 아이들을 보내야 하는 부모의 거의 대다수는 매우 가난한 계층이다.[33] 마찬가지로 아프리카계 미국인 부모는 다른 인종보다 더 많이 아이들과 결별하게 된다.[34] 이들 중 다수는 현재 시스템에서 부모가 자녀에게 제공하도록 요구하는 조건과 서비스(적절한 주택, 의료, 정신건강 관리, 일하는 동안의 적절한 보육)를 감당할 수 없다.[35] 가난한 아이들이 그토록 불균형한 비율로 부모에게서 분리된다는 점과 이들 중 많은 수가 아프리카계 미국인이라는 사실은 자녀를 양육할 권리를 포함한 기본권이 사람의 재산이나 인종에 좌우되어서는 안 된다는 근본적인 신념에 강한 물음을 제기한다.

마지막으로, 이 모델은 국가의 재정 및 다른 것들에 막대한 비용을 초래한다. 언뜻 보기에 이 모델은 부모만이 자녀에 대한 재정적 책임을 질 수 있고 또 져야 한다고 가정하기 때문에 상대적으로 비용대비 효율적으로 보일 수 있다. 하지만 면밀히 살펴보면 그렇지도 않다. 도시연구소(Urban Institute) 분석에 따르면, 2002년 주정부는 연방, 주 및 지역 재원에서 아동복지자금으로 220억 달러 이상을 지출했으며,[36] 이는 단지 직접비용만 해당된다. 청소년 비행, 생산성 저하, 성인 범죄로 인해 현 제도에서 아이들의 피해로 귀결되는 막대한 간접 비용은 훨씬 더 많으며, 이는 연간 1,038억 달러로 추산된다.[37] 이보다 더 중요한 것은 수십만 명의 가장 취약한 시민들——각자가 자신의 역량을 개발하여 당당한 성인과 생산적인 사회구성원이 되어야 하는——이 현재의 시스템으로 인해 신체적·정신적·정서적 피해를 입으며 그 중 상당수는 평생동안 피해를 입게 됨으로써, 정치공동체가 치러야 하는 비금전적 비용은 막대하다.

요약하건대, 현재의 위탁돌봄시스템은 어느 누구의 이익, 특히 아이들의 이익에 부합하지 않는 국가와 가족 간의 관계 개념을 전제로 한다. 그 안에서 아동복지에 대한 국가지원은 대체로 가족이 "실패"한 후에야 강제로 아이를 가족으로부터 떼어 놓는 것으로 제한된다. 그 결과, 이는 국가에는 비용이 많이 들고, 부모에게는 고통스러우며 가장 중요하게 아이들에게는 파괴적인 시스템이다.

돌봄지원국가와 아동복지

현재의 아동복지시스템과 달리 돌봄지원국가의 접근은 아동복지는 국가의 잔여적 책임이라기보다 연대적 책임이라는 관점을 전제로 하며, 이러한 책임은 일상의 가족을 지원함으로써 가장 잘 충족된다는 관점을 전제로 한다. 국가는 아동복지 확보에 적극적인 파트너 역할을 담당함에 있어 강제적 개입이 필요한 위기가 되기 전에 많은 문제를 미연에 방지하고자 한다. 위험에 처한 아이들에 대한 학대를 방지한다는 제한적인 목표 이외에도, 돌봄지원국가의 접근은 아이들의 발달을 지원한다는 훨씬 광범위한 목표를 추구한다.

돌봄지원국가의 아동복지프로그램에서 반드시 있어야 하는 요체는 아동 빈곤을 경감하기 위해 고안된 일련의 정책이다. 앞서 언급한 바와 같이, 빈곤은 아이들에게 해가 되며 육체적·정신적으로 막대한 악영향을 끼친다.[38] 또한 빈곤은 교육 및 고용 기회를 줄어들게 한다.[39] 더불어 빈곤은 자녀가 안전하게 지낼 수 있는 환경을 조성하는 데 방해가 되며,[40] 부모의 경제적 스트레스로 인해 아동 학대율이 높아진다.[41]

돌봄지원국가의 아동복지프로그램에서 또 다른 요체는 조기교육과 보육프로그램의 가용성을 보장하는 것이다. 이들 프로그램은 하루 중 상당 시간 동안 아이들을 안전하게 보호하고 잘 감독할 뿐만 아니라, 이들 프로그램이 아이들을 위한 더 크고 다양한 유익과 연결된다는 증거가 보고되기도 한다. 또한 아이들은 이들 프로그램을 통해서 더 높은 교육과 질 좋은 고용기회를 얻을 수 있게 된다.[42] 또한 이들 프로그램에 등록함으로써 아동학대의 수준이 현저하게 감소하는 즉각적인 혜택을 얻기도 한다.[43] 나이가 있는 아이들의 경우, 부모가 직장에서 집으로 돌아올 때까지 아이들을 안전하고 건설적으로 돌볼 수 있도록 보장하는 방과후 프로그램은 국가가 아동 복지를 지원하는 데 꼭 필요한 기본적인 방법이다.[44]

모든 아이들에게 이 같은 프로그램은 보장되어야 한다. 하지만 어린 아이가 있는 주 돌봄담당자가 노동시장에서 일을 하도록 만드는 복지규제를 감안한다면, 국가는 저소득층 아이들이 이들 프로그램을 이용할 수 있도록 보장해야 하는 책임이 있다.[45] 조기교육프로그램 같은 공적 지원이 부족하다면, 국가는 저소득층 가정을 위한 이 같은 프로그램에 재정보조를 해야 한다. 프랑스를 보면 이 제도를 어떻게 구성했는지 알 수 있다. 미국의 불규칙한 보조금 지급과 규제되지 않은 민간 어린이집과 달리, 프랑스 모델에서는 생후 3개월부터 영유아는 정부 허가를 받은 어린이집과 보육원에서 보육서비스를 받을 수 있다. 2세 반에서 5세 사이의 아이에게는 이른 저녁까지 운영되는 보조금 지원을 받는 유치원이 제공된다. 비용은 차등제가 기본이다.[46]

돌봄지원국가는 또한 저소득층에게 주거 접근성을 보장하여 부모가 자녀를 양육할 수 있는 괜찮은 집을 가질 수 있도록 한다. 여러 연구에 따르면, 위탁돌봄시설에 맡겨진 아동의 상당수(일부 연구에서는 30%에 달함)가 부모가 괜찮은 주거 접근성이 있었다면 자신의 집에서 안전하게 아이들을 키울 수 있었을 것이다.[47] 돌봄지원국가는 낯선 사람과 같이 지내는 것보다 자신의 부모와 함께 적절한 주거를 보장하는 것이 아동복지에 더 도움이 된다는 점을 인정한다.

마찬가지로, 정신건강서비스 및 약물치료프로그램에 대한 접근성을 보장하는 정책은 아동복지를 촉진하고 강압적인 국가 개입의 필요를 방지하게 될 것이다. 위탁돌봄시스템에 의탁된 아이들의 부모 중 상당한 비율에서 정신건강의 문제가 있는 경우가 많다.[48] 설상가상으로 위탁돌봄시설에 들어가는 아동의 35%~85%가 정신건강의 치료가 필요하다.[49] 사실 이들 중 다수는 부모가 아이들에게 필요한 치료비를 감당할 수 없기 때문에 시스템에 맡겨진다.[50] 정신건강서비스를 받는 데 가장 큰 장벽이 비용이라는 점을 감안한다면,[51] 돌봄지원국가는 위험에 처한 부모와 자녀가 위기에 도달하기 전에 감당할 수 있는 비용의 치료를 제공할 것이다.[52] 또한 부모가 공적 자금으로 지원되는 약물 및 알코올 남용 프로그램에 접근할 수 있도록 보장할 것이다. 아동학대 사례 중 1/3에서 2/3 정도가 부모의 약물 및 알코올 중독에 의한 것이지만,[53] 현재의 치료프로그램 특히 아이돌봄의 책임이 있는 어머니에게 적합한 프로그램은 심각하게 부족한 상태이다.[54] 재삼 말하자면, 돌봄지원국가는 아이들을 가정에서 분리해 위탁시설에 있게 하는 것보다 이 같은 서비스를 부모에게 제공하는 것이 아동복지에 더 도움이 된다는 점을 인정한다.

마지막으로, 학교와 이웃을 포함한 가족 이외의 다른 영역 역시 아동의 복지에 어마어마하게 영향을 미친다. 따라서 돌봄지원국가는 다른 영역에도 아동복지를 지원하는 방식으로 규제되도록 보장할 것이다. 아이의 이웃과 아이의 복지가 밀접하게 연결되었다는 것은 퇴색된 이웃공동체를 국가가 우선적으로 탈바꿈시켜야 한다는 것을 의미한다.[55] 이 같은 프로젝트는 아동학대의 위험 요소를 줄일 뿐만 아니라 모든 공동체 시민의 복지를 향상시킬 것이다.

그러나 이러한 광범위한 프로그램을 시행하기 위해서 국가 차원의 상당한 재정적 투자가 필요하다는 데에는 의심의 여지가 없다. 그러나 연방·주·지방정부가 현재 아동복지시스템에 매년 지출하는 220억 달러 이상의 예산 일부(대부분 위탁돌봄에 사용된다)를 재설정한다면, 아동복지를 진정으로 지원하는 시스템에 비용을 지불하는 데 큰 도움이 될 것이다.[56] 또한 이는 위탁돌봄시스템에 있던 아동이 성인이 된 후 국가에 간접적으로 부과하는 훨씬 더 큰 비용을 피할 수 있다. 더 중요한 것은 돌봄지원국가의 시스템이 현재 수

십만 명의 가장 취약한 시민들에게 닥친 헤아릴 수 없는 신체적·정신적·정서적 피해를 예방하는 데 도움이 될 것이라는 점이다. 이를 토대로 돌봄지원국가는 언젠가는 활기차고 활동적인 시민이자 생산적인 사회구성원이 될 건전한 아이들의 발달을 지원하는 가능성을 제공한다.

그렇다면 돌봄지원국가의 접근 방식을 채택하게 되면, 국가가 가족에 강압적으로 개입할 필요가 없어지고 위탁돌봄프로그램도 중단된다는 것인가? 물론 그렇지는 않다. 제도적 전제가 구비된다 하여도, 자녀의 복지를 충분히 보호하지 못하거나 할 수 없는 부모들이 여전히 있을 수 있다. 이 경우, 부모가 자녀를 학대하거나 방임하거나 혹은 적어도 최소한의 능력 있는 성인 시민을 육성하는 방식으로 아이들을 키우지 않는다고 보는 근거가 있을 때, 국가는 가족 사생활이란 성곽을 돌파해야 한다. "최소한의 능력" 기준은 상당한 위해요소가 보일 때 국가개입을 용인하지만 그렇지 않은 경우라면 국가가 무단으로 진입하지 못하도록 방지하는 데 도움이 된다. 강제적 개입에 대해 상대적으로 높은 기준을 설정하면 관치에 의한 과도한 행동으로부터 보호하는 데 도움이 된다. 미국 아동복지제도의 역사는 국가기관이 특히 빈곤층과 소수민족 가정의 아이들을 부모의 돌봄으로부터 부적절하게 떼어냈던 사례가 매우 많았다.[57]

요약하면, 아이들의 복지 향상을 위해 강구해야 하는 국가만이 할 수 있는 특유의 강점은, 아이들을 강제로 가정에서 시설로 옮기는 것이 아니라 아이들의 복지에 지대한 영향을 미치는 가족 및 기타 제도를 일상적으로 지원하는 것이다. 부모의 책임 범위가 넓고 또한 부모와 자녀의 삶이 복잡하게 얽혀 있기 때문에 부모가 항상 자녀의 최선의 이익을 위해 행동할 것이라고 기대하는 것은 비현실적일 수 있다. 하지만 국가는 부모가 자녀의 복지와 안전을 진흥하는 조건을 정립하기 위해 현재보다 훨씬 더 잘할 수 있다. 아이들이 성인으로 괜찮은 시민이 될 수 있는 가장 좋은 방법은 가정에서 자녀를 분리하는 것이 아니라 가정에서부터 시작하게 하는 것이다.

가족 사생활과 아이들의 이익

부모가 아이를 학대하거나 방임하지 않더라도 가정 내 힘의 불균형은 여전히 문제가 된다. 만약 국가가 가족의 의사결정을 바라만 보고 있다면 그래서 국가가 가정 내 아이의 권리를 보강할 수 있는 조치를 하지 않는다면, 아이에게 중요한 의사결정을 내리는 것은 일반적으로 그 부모이다. 앞서 필자는 성인에게 있어 가정 내 불평등은 문제의 소지가 있으며, 국가가 이러한 불평등을 교정하는 데 조치를 취해야 한다고 주장했다.[58] 그렇다면 국가는 아이들에게도 비슷한 조치를 취해야 하는가?

가족과 아동권리

아동권리옹호자들은 가족 사생활이라는 완강한 교리가 부모에 대한 무소불위의 복종에 아이들을 무방비로 노출시킨다고 주장한다. 이들은 가족 사생활 보호는 부모권리를 위한 아이들의 복지 희생이라고 강변한다.[59] 이들은 부모와 아이 간 힘의 비대칭을 시정할 수 있는 조치 ——예를 들어, 법정에서 특정 소송에 대해 아이가 자신의 이익을 주장할 수 있도록 아이에게 대표권(representation)을 주거나, 아이의 권리를 국가가 수호할 수 있도록 가정에 대한 국가의 개입 기준을 완화하는——를 요구한다.[60]

물론, 아이들의 복지에 큰 비중을 두어야 한다는 이들의 주장은 분명 맞지만, 이 목표를 전반적으로 진작시키는 가장 좋은 수단 측면에서는 그렇지 않다. 부모권리와 가족 사생활이라는 강하지만 무제한적이지는 않은 독트린(doctrine)으로 가족을 지원하는 국가는, 국가개입과 아동권리라는 강한 강령이 기여하는 것보다 아이들의 복지에 더 잘 기여한다.[61] 사실 부모는 일반적으로 자녀의 이익을 위해 행동하려는 동기가 강하다. 하지만 아이를 낳고 키우는 부모라면 모두가 아이를 사랑하게 되며 아이의 이익을 자신의 일로 반드시 생각하게 되는 것은 아니다. 물론 대부분의 경우 그렇지만 말이다. 사실 개인이 자신의 이익을 우선시할 것이라는 강한 기대가 있는 우리와 같은 문화에서 대부분의 부모가 자녀를 위해 자신의 복지를 희생하는 정도는 놀라움 그 자체이다. 부모는 식탁에 끼니를 올려놓기 위해 혹은 자녀의 건강관리 비용을 지불하기 위해 자신이 싫어하는 직업에서 수년 동안 일을 한다. 그들은 자녀가 최상의 교육을 받을 수 있다면 투잡, 쓰리잡까지도 마다하지 않을 것이다. 나아가, 자녀와 충분한 시간을 갖기 위하여 잠도 줄이고 친구나 배우자와 함께하는 시간도 사절할 것이다. 누차 강조하지만 모든 부모가 다 이렇지는 않지만, 일반적인 부모는 대부분 그렇다.

또한 부모의 권위가 아이들의 이익을 해친다는 주장에 반대되는 다른 근거들이 있다. 엘리자베스 스콧(Elizabeth Scott)과 로버트 스콧(Robert Scott)이 지적하듯, 아이들이 잘 성장하기 위해서는 부모와의 강한 유대가 반드시 있어야 한다.[62] 국가가 자녀를 양육할 부모권리를 제한하는 것은 이러한 유대를 약화시켜 아이의 이익에 반하는 것이다.

더 나아가 부모를 대체하는 결정이 아이의 복지에 도움이 되는지 여부는 누구의 판단과 노력이 부모를 대체하는지를 고려하여 평가해야 한다. 아이들은 일반적으로 이 역할을 수행하기에 성숙도와 판단력이 부족하다. 2장에서 제안했듯이, 합당한 자치(reasoned self-government)로 개념화되는 자율성은 인간에게 온전히 형성된 능력이 아니라 시간이 지남에 따라 성숙하는 능력이다.[63] 일반적으로 아이들의 의견은 경청되어야 하지만, 아이들은 자신의 장기적인 이익을 잘 판단하지 못하는 경우가 많다. 부모라고 틀리지 않는다는 법은 없지만, 부모는 아이들보다 아이들의 장기적인 이익을 보장할 수 있는 일반적으로 더 나은 위치에 있다.

국가 역시 부모의 결정에 의문을 제기하거나 아이들을 위해 행동하도록 동기 부여된 더 좋은 위치에 있는 것은 아니다. 국가는 아이들이 충분한 음식, 안식처, 감독과 같은 발달과 성장에 필요한 최소 기준치의 것들을 받고 있는지 여부를 확인해줄 수 있다. 그러나 이 최소 기준을 넘으면, 국가가 특히 다원주의를 지향하는 자유주의 국가가 추구해서는 안 되는 입장인 좋은 삶에 대한 포괄적인 시각을 끌어오지 않는다면, 아이들의 최상의 이익이 무엇인지 말하기는 훨씬 더 어려워진다.[64] 게다가, 자녀를 위한 최선의 결정은 개별 자녀를 잘 알지 못하면 불가능하다는 점에서 국가는 부모를 대신하여 더 나은 결정을 하지 못한다. 결국, 전반적으로 국가라는 행위자는 아무리 부지런해도 자녀를 위한 부모역할에는 못 미치게 된다.

이는 부모가 항상 자신의 이익보다 자녀의 최선의 이익을 위해 행동한다는 것이 아니다. 또한 부모가 그럴 것이라고 기대하지도 않는다. 부모도 인간이고 자녀와 다른 차원의 필요와 바람이 있을 수 있다. 때로는 이러한 필요와 바람이 자녀의 필요와 바람과 충돌할 수 있으며, 부모는 항상 자신의 이익보다 자녀의 이익을 선택해야 하는 것은 아니다. (깨끗하고 건강한 점심을 준비하기 위해 20분 덜 자고 일어나느냐 아니면 20분 더 자고 간편식 샌드위치로 점심을 때우게 할 것인가?) 실제로 항상 자신의 이익보다 자녀의 이익을 돌보는 것은 아마도 장기적으로 지속될 수 있는 부모됨은 아닐 것이다. 학대나 방임이 없는 상태에서 국가는 아동복지를 증진하기 위해 부모의 선택을 단속하기보다 부모가 돌봄과 인간발달을 더 쉽게 지원할 수 있도록 부모와 자녀의 이익 사이에 있을 수 있는 갈등을 개선하는 것이 더 나을 것이다. 예를 들어, 직장에서 근무 시간의 합리적 규제를 제도화함으로써 가족을 위한 시간 압박을 줄여주고 부모가 더 수월하게 아이들과 더 많은 시간을 보낼 수 있게 해 주는 것이다. 마찬가지로 직원들이 아이를 출산하거나 입양한 후 적절한 휴가 시간을 갖도록 보장하는 것은 부모가 너무 지쳐서 자녀와 더 적극적으로 관계하기보다 텔레비전 앞에서 육아시간을 보내는 것을 방지할 수 있다.

가족과 청소년

필자는 아동기를 마치 아이들이 부모나 다른 돌봄제공자에 전적으로 의존하는 시종일관 무력한 존재 시기인 것처럼 설명해왔다. 하지만 이 점은 사실이 아니다. 아이는 유년기에 정적으로 멈춰 있는 것이 아니라 어느 시점에서 성인으로 가는 마법의 계곡을 건너듯 불현듯 성숙해지고 판단력을 정립하며 자기 주체를 갖게 된다. 실제로 아이들은 시나브로 성장하여 성인이 되며 누구는 다른 사람과 다른 속도로 성장하기도 한다. 아이가 모든 방면에서 어른으로 탈바꿈했다고 볼 수 있는 특정 시점은 없다.

하지만 법은 아이의 점진적인 발달과정을 반영하기보다 일반적으로 청소년기를 무시하는 방식으로 다룬다. 우리의 법체계에서 아이는 일반적으로 지정된 시점까지 특정 정책 맥락에서 완전히 무능한 것으로 간주되며 갑자기 유능하다고 선언된다.[65] 이러한 관점에서는 어린 시절과 성인기는 연속적인 스펙트럼의 일부가 아니라 이분법적으로 인식된다.[66] 예를 들어, 17세의 청소년은 투표가 허용되지 않는 아이로 간주되지만, 18세에 그들은 완전한 투표권을 가지게 된다. 20세가 되면 술을 구입하기에는 너무 어린 아이로 간주되지만, 21세에는 모든 주에서 술을 구입할 수 있는 성인이다. 법이 이런 방식으로 청소년을 다루는 것은 대체로 충분히 납득이 된다.[67] 스콧(Elizabeth Scott)이 지적하듯, 이 시스템은 정책적 맥락에 따라 청소년을 서로 다른 연령의 성인으로 지정함으로써 적어도 다소 점진적인 완전한 성인으로의 전환을 촉진한다.[68] 이는 청소년에게 모든 책임이 동시에 부과되지 않고도 일부 책임이 부과되는 경험을 제공한다.

물론, 법에서 성숙하다고 인정되는 나이보다 빨리 성숙한 청소년도 있기 마련이다. 하지만 청소년 개인의 성숙함을 평가할 수 있는 행정비용을 생각하면, 지정된 나이가 되기까지 이들에게 적실한 권리를 인정하지 못함은 일리가 있다.[69] 또한 청소년이 부모로부터 독립을 선언하게 되는 18세라는 기준은 제법 쓸 만하다. 이 규정이 충분히 성숙하며 그리고 해제를 기다릴 수 없는 중요한 사유가 있는 청소년의 사법적 해제를 허용하는 한, 이 제도는 아이가 성인이 되는 과정을 처리하는 데 있어 합리적인 제도이다.

하지만 가족내 의사결정에 있어 이 같은 법적 모델은 그대로 통하지 않을 것이다. 부모에 대한 반론권을 공식적으로 보장한다 해서 아이의 이익이 잘 보호되지 않겠지만, 여전히 아이의 의견을 잘 듣고 고려해야 하는 건 부모이다. 자율성과 인간존엄에 대한 자유주의의 존중은 자신이 어떤 사람인지 그리고 자신의 이익이 무엇인지에 대해 청소년 본인의 시각에, 비록 이들의 판단력이 아직 완연히 성숙한 것은 아니지만, 어느 정도 비중을 둬야 한다고 조언한다.[70] 청소년도 언젠가는 성인이 되어 시민적 책임을 져야하기 때문에, 그 전까지는 의사결정을 할 수 있는 상당한 예행연습이 필요하다. 이상적으로 부모는 청소년이 성숙함에 따라 점점 더 많은 책임을 부여하여 그들이 스스로의 힘으로 독립할 때에는 유능한 의사결정자가 될 것이다.[71] 즉 부모에 대한 자녀의 법적 반론권은 이 목적에 비추어 볼 때 많이 부족한 방책에 불과하다. 결과적으로 십대 자녀가 어떤 친구와 시간을 보낼지, 통금시간을 언제로 할지, 어느 학교를 다닐지 그리고 문신을 할 수 있는지 등에 관한 부모의 결정은 전반적으로 국가가 간섭할 사항이 아니다.

그러나 폭넓은 부모의 권위를 인정하는 원칙에서 돌봄지원국가가 예외로 해야 하는 특정한 상황이 있다. 피임, 성병치료, 약물이나 알코올 남용 그리고 정신건강 상의 질병 같은 경우, 해당 치료와 관련해 미성년자 본인의 동의를 필수로 해야 할 그럴만한 이유가 있다. 이는 미성년자가 이 영역에서 유별나게 성숙하다고 보기 때문이 아니다. 오히려 실제에 있어 부모의 동의를 요구하는 것은 자녀가 치료나 피임약을 받지 않게 됨을 의미하는 실용적인 우려 때문이다.[72] 달리 말하면, 아이들의 장기적인 복지에 대한 위협이라는 측면에서, 아이들에게 의사결정권을 주자는 입장에 무게가 실린다. 그러한 이유에서, 많은 국가에서는 십대들이 성관계를 할 수 있다고 보기 때문이 아니라, 이들이 어떤 이유에서건 성관계를 하게 될 것을 염려하기 때문에, 그리고 피임에 부모의 동의가 필요하다고 한다면 피임없이 성관계를 하게 되기 때문에, 부모의 동의없는 청소년의 출산통제권(birth control)을 허용한다.

미성년자와 낙태

부모가 십대 자녀의 삶에 대해 어느 정도 통제권을 가져야 하는지와 관련해서 상당히 까다로운 문제는 십대 소녀가 낙태를 시도할 때 발생한다. 이 문제는 정치적·법적으로 격렬한 쟁점이었다. 논평자들은 종종 임신한 소녀의 낙태에 거대한 이념적 잣대를 들이댔다. 따라서 낙태 반대론자들은 부모가 딸의 낙태 결정에 거부권을 행사할 수 있어야 한다고 주장한 반면, 낙태 옹호론자들은 임신한 십대 청소년은 성인으로 취급받아야 하며 따라서 낙태에 대해 동의할 수 있는 제한 없는 권리를 부여받아야 한다고 주장해왔다. 후속 논의에서, 필자는 낙태가 성인 여성의 헌법적 권리(constitutional right)라는 전제 하에, 이 권리가 임신한 십대에게 적용되어야 하는 방식과 정도를 고려하고자 한다. 이 과정에서 필자는 미성년자의 낙태와 여성의 낙태에 대한 차이는 청소년이 처한 특수한 상황에 근거해야 한다는 큰 가정을 전제로 논의를 진행하려고 한다.

돌봄지원국가 모델은 십대에 대한 대부분의 결정에 부모가 최종 판단자가 되도록 허용하지만, 자녀의 낙태 결정에 대해서는 부모에게 거부권을 부여하지 말라고 강력하게 권고하는 몇 가지 이유가 있다. 첫째, 낙태가 현재 헌법상 여성의 권리로 보호되고 있기 때문에, 미성년 딸의 접근을 제한하는 부모의 권한은 부모의 도덕적 기준을 적용하기 보다는 미성숙한 의사결정으로부터 딸을 보호하기 위해 행사되어야 한다.[73] 하지만 낙태는 사람마다 자신의 결론에 도달하는, 고도로 논쟁적인 도덕적 결정일 수밖에 없다. 그러한 이유로 부모는 자녀가 옳은 판단을 하는지 그리고 자녀가 얼마나 성숙했는지와 무관하게 부모 자신의 도덕적 기준에서 결정하게 될 것이라는 점을 두려워해야 할 근거가 있다.

또한 임신을 지속할 것인지 또는 중단할 것인지에 대한 결정은 신체적 보존(bodily integrity)과 밀접한 관련이 있으며, 우리 문화에서 이는 매우 주관적인 것과 불가분의 관계가 있다. 몸은 "실제(real)" 인격을 담는 그릇이 아니다. 대신, 몸은 구현된 주체인 "나"이다.[74] 법원은 자신의 신체에 대한 결정을 내릴 수 있는 고유한 권한이 본인에게 있다고 주장하며 이 개념을 적용하였고, 신체에 대한 최소한의 침해도 최고 수준의 면밀한 조사가 필요하다고 보았다. 낙태 논의가 주관성이라는 개념을 요체로 한다는 점을 감안하면, 본인의 몸이 관련된 십대 장본인이 아니라 다른 누군가가 낙태를 결정하도록 허용하기 전에 우리는 신중을 가해야 한다.

낙태 결정과 개인 자율성 사이의 중요한 연결 고리는 이 결정이 십대 미래 삶의 과정에 미칠 막대한 영향으로 인해 복잡해진다. 파월 판사(Justice Powell)가 낙태를 선택하는 청소년의 권리 범위를 결정할 때 다음을 적시했다.

> 임산부에게 올 잠재적인 심각한 손상은 … 그녀가 미성년자라고 해서
> 달라지지 않는다. 실제로 임신한 미성년자의 교육의 정도, 직업기술,
> 재정적 자원, 정서적 성숙도를 고려할 때 원치 않던 임신은 미성년자
> 에게 어마어마한 부담이다. 또한 아이를 갖는다는 것은 법적으로 부
> 모로서 성인과 똑같은 책임을 진다는 것이며 이는 전통적인 의미에서
> 미성년자가 아님을 의미한다 … 미성년자에게 중요한 결정을 내릴 권
> 리를 거부하는 것만큼 중대한 결과를 초래하는 상황도 드물다.[75]

따라서 십대가 스스로 결정하지 못하게 하는 것은 그녀에게 심각한
결과를 초래하며, 이는 그녀의 동의 없이 그녀 삶의 궤적에 깊고 지
속적인 영향을 미치게 될 것이다.

낙태 결정은 시기적으로 아주 짧게 허용되기 때문에, 이 결정을
하는 십대의 관심은 극심하다. 부모가 자녀를 위해 내리는 대부분
의 다른 결정은 십대의 욕구를 일시적으로만 미루는 것이다. 예를
들어, 부모가 법적으로 동의할 수 있는 나이가 되기 전에 군 입대나
결혼을 허락하지 않는 청소년의 경우이다. 이와 달리 낙태 결정은
확실히 시간을 엄수해야 한다. 낙태가 가능한 유효 시간은 잘하면
몇 달이며 몇 주 혹은 며칠을 넘을 수 없다. 그리고 이 결정의 기간
을 보내면 더는 돌이킬 수 없다.

이들 이유를 종합하면, 부모에게 임신한 딸의 낙태 결정에 대한
절대적인 거부권을 부여하지 말 것을 강력히 권고한다. 그렇다면
십대 자녀에게 낙태 결정에 대해 부모에게 알리도록 요구하는 것은

어떠한가? 많은 성인 여성이 결정하기 매우 어렵다고 생각하는 이 결정의 도덕적 복잡성을 고려할 때, 임신한 청소년이 자신을 가장 잘 알고 성숙한 판단력을 가진 부모와 상의해야 한다는 요구는 상당한 호소력을 갖는다.[76] 하지만 부모통지요건(parental notification requirement)조차도 문제가 있다.

이상적인 세상이라면 모든 임신한 청소년이 부모와 낙태 결정에 대해 논의하겠지만 우리는 그러한 세상에 살고 있지 않다. 우리가 살고 있는 세상에서 일부 십대들은 부모와 대화하기를 대놓고 꺼린다. 이는 일부에게는 임신 소식에 부모가 좌절하고 격분하거나 집에서 그들이 쫓겨날 것 같은 두려움 때문이다. 다른 일부에게는 부모에게 말하면 가정폭력으로 이어질 것 같은 두려움 때문이기도 하다.[77] 드문 경우지만, 근친상간으로 인한 임신일 경우 부모에게 말할 수 없을 것이다. 사유의 당위와 상관없이, 부모에게 임신 사실을 알릴 수 없는 청소년이 부모에게 통지해야 한다는 포괄적 통지 요건은 낙태를 막는 장벽이 된다.[78] 도움이 되고 이해를 하는 부모에게까지 알리지 않으려는 미성숙하고 철없는 십대가 있을 수 있겠지만, 원치 않는 아이를 가진 미성숙하고 철없는 십대가 아이를 낳음으로써 잘 보살핌을 받게 되는 것은 결코 아니다. 그리고 궁극적으로 부모에게 알려야 한다는 법은 십대가 낙태 결정을 하고 그것을 진정으로 원할 때 성립될 수 있으며, 낙태하지 않는 것이 십대에게 진정한 이익이 되지 않는다면 이 법은 어떤 경우건 취지를 살리지 못할 것이다. 이 같은 시스템이라면, 일부 십대들은 대화를 꺼리며 낙태가 자신의 최선의 이익임에도 불구하고 결국 아이를 낳게 될 것이다.

부모통지요건을 채택하는 주에서는 언뜻 보기에 청소년이 법원에 낙태를 요청할 수 있는 (헌법상 의무화된) 청원권을 행사함으로써 부모통지를 우회할 수 있도록 허용하여 청소년에게 충분한 "예외"를 두는 것처럼 보인다.[79] 이 우회 절차에서 법원은 미성년자가 스스로 낙태 결정을 내릴 수 있을 만큼 충분히 성숙했음을 입증하는 경우 부모에게 알리지 않고도 낙태를 할 수 있도록 승인할 수 있다. 법원이 그녀가 충분히 성숙하지 않다고 판단하더라도 낙태 시술이 그녀에게 최선의 이익이 된다고 판단하면 낙태를 승인할 수 있다.[80] 이러한 사법적 우회 절차를 통해 부모통지요건을 뒷받침하는 근거는 타당하다. 임신한 청소년이 이 중요한 결정을 부모와 상의하도록 권장하지만, 그렇게 할 수 없거나 그렇게 하지 않으려는 청소년은 우회 절차를 통해 최선의 이익을 보호받을 수 있다.

그러나 실제로 사법적 우회 절차는 그렇게 효과적이지 않았다. 생거(Carol Sanger)가 지적했듯이, 이 조항에 대한 경험적 연구에 따르면 청소년의 낙태 접근을 막기 위해 해당 조항이 주로 활용되었으며, 따라서 낙태를 막는 목표를 달성하는 데 비교적 성공적이었다.[81] 낙태를 원한다는 사실을 부모에게 알리지 않는 상당수의 미성년자들은 법원 결정의 불확실성, 부모 모르게 학교를 결석해야한다는 점, 법원까지 교통편을 구하기 어렵고 법정에서 성행위와 가정생활에 대한 친밀한 세부 내용을 공개해야하기 때문에 우회 청원을 제출하지 않는 것으로 나타났다. 그 결과, 부모통지법이 시행된 후 청소년 낙태가 크게 감소했는데, 이는 청소년들이 우회 권리를 행사하는 것을 꺼려했기 때문이다.[82] 더욱이 청소년들이 우회 청원을 제출하더라도 판사가 해당 사건에 대해 이성적으로 평가하는 경우는 거의 없었다. 대신, 그들은 일반적으로 낙태에 대한 개인적인 견해에 따라 그들에게 제시된 모두 청원서에 서명하거나 혹은 모두 거부한다. 대다수의 판사들은 어린 십대들은 아이를 가질 만큼 충분히 성숙하지 못하며, 낙태로 인해 이들이 대체로 더 나은 삶을 살 것이라고 보기 때문에 이를 허용한다.[83]

돌봄지원국가는 현재의 부모통지법보다 더 잘 할 수 있으며 또한 더 잘해야 한다. 십대들이 여전히 부모에게 알리도록 권장해야 하지만, 부모와 이 문제를 논의할 수 없거나 논의하지 않으려는 십대들을 위해 낙태가 자신에게 이익이 된다고 믿는 십대들이 이 과정에 참여하는 것을 막지 않으면서도 그들이 가능한 옵션을 명확하게 생각할 수 있도록 지원하는 시스템을 구축하는 것이 목표가 되어야 한다. 가능한 모델은 임신한 청소년이 임신, 낙태, 입양, 자녀에 대한 국가지원 등에 대해 논의할 수 있는 공인상담사(authorized counselor)가 부모의 동의증명서를 대신할 수 있도록 허용하는 것이다. 상담사와 상담을 허용하는 것이 십대가 부모와 논의하는 것과 같지는 않지만, 이는 성숙한 성인과 이 같은 문제를 논의할 수 있도록 독려할 수 있다. 그렇다고 해서, 이 방식이 사법적 우회 요건을 무력화해서는 안 된다.[84] 따라서 이 모델은 십대의 판단력이 언젠가는 성숙해질 것이라고 예단하지 않으면서도 자율적인 십대의 이익을 인정할 수 있다. 또한 이 모델은 십대와 부모 간의 의사소통을 촉진하여 부모 유대의 중요성을 인식하는 동시에 십대의 최선의 이익을 보호할 수 있다.

가족, 국가, 자녀의 양육

가정내 자녀의 지위에 관한 마지막 문제는 부모가 자녀의 양육을 통제해야 하는 정도와 관련이 있다. 개인 자율성과 가족 사생활에 높은 가치를 부여하는 자유민주주의에서 우리는 부모가 일반적으로 자신이 적합하다고 생각하는 대로 자녀를 키울 수 있어야 한다는 기본 가정으로부터 시작해야 한다. 이 시작 지점에서 많은 시민의 인생 계획에서 자녀의 양육이 얼마나 중요한지 생각해야 한다. 또한 일반적으로 부모는 자녀를 가장 사랑하고 자녀의 이익을 가장 적극적으로 추구하는 사람임을 인정해야 한다. 그러나 이러한 고려 사항이 자녀의 양육 방법에 관한 유일한 중요한 쟁점은 아니다. 결국 아이들은 가족의 구성원일 뿐만 아니라 언젠가는 집단적인 자치권을 갖게 될 정치공동체의 구성원이기도 하다. 이 때문에 국가는 아이들이 유능한 시민이 되기 위해 필요한 시민적 미덕과 기술(skills)을 습득하도록 보장하는 데 큰 관심을 가지고 있다. 또한 국가는 국가 자체의 이익을 보호하는 것과 별개로 아이들의 이익을 보호할 책임이 있다. 이러한 책임의 일환으로 국가는 아이들이 자율성을 개발하도록 보장해야 할 의무가 있다. 하지만 아이들의 시민적 미덕과 자율성의 발달을 보장한다는 것은 가족 사생활이라는 원칙과 섬세한 조정이 필요하다.

시민적 미덕

전반적으로 이 책에서 필자는 튼튼한(Strong) 가족은 그냥 우연히 생기지 않는다고 주장해왔다. 튼튼한 가족은 특정한 조건과 상당한 노력이 있어야 한다. 튼튼한 정치공동체도 그렇다. 건장한 (vigorous) 자유민주주의 체제는 이 체제를 번성시킬 수 있는 확실한 미덕을 갖춰야 한다. 최근까지 자유민주주의 학자들이 시민적 미덕의 필요성을 주목했을 때, 이들은 시민이 필요로 하는 미덕을 최소화하는 경향을 보였다. 이 관점에서 본다면, 우리는 몇 년에 한 번씩 투표하는 것 이외에 집단적 자치에 참여하는 것이 거의 없는 대의제 민주주의에 살고 있기 때문에, 시민은 최소한의 시민적 기술만 갖추면 됐었다.[85]

지난 10년 동안의 사건들은 이러한 견해에 우호적이지 않았다. 이 기간 동안 중동에서 민주주의를 확립하지 못한 많은 실패는 민주적 선거가 모두를 위한 평등한 자유에 전념하는 자유민주주의를 발전시키거나 유지하기에 충분하지 않다는 것을 보여주었다. 미국의 최근 역사 또한 자유민주주의 제도의 존재가 정치적 평등, 법의 지배, 시민의 권리보호에 헌신하는 정부를 보장하기에 충분하지 않다는 것을 보여주고 있다. 자유민주주의 원칙에 헌신하는 시민이 없다면 이러한 제도적 구조는 조작과 남용에 취약할 뿐이다.

무엇보다도 번영하는 자유민주주의는 시민들이 정치적 평등과 기본적인 개인의 권리보호에 대한 헌신을 발전시킬 것을 요구한다. 캘런(Eamonn Callan)이 설득력 있게 주장하듯이, 어린 시민도 그가 롤즈(John Rawls)를 인용하여 부른 "판단의 부담(burdens of judgment)"을 받아들여야 한다. 이것은 합당한 사람들이 좋은 삶과 종교를 둘러싼 근본적인 문제에 대해 동의하지 않을 수 있고 혹은 동의하지 않을 것이라는 점과 이러한 "포괄적인 철학(comprehensive philosophies)"에 대한 의견 불일치는 서로 이해하는 어떤 기준으로도 해결될 수 없다는 점을 인정해야 한다는 것이다. 따라서 개인의 자유와 다원주의에 전념하는 정치공동체의 시민은 국가 권력이 그러한 포괄적인 견해를 다른 사람들에게 강요하는 데 사용되어서는 안 된다는 견해를 지지해야 한다.[86] 게다가, 시민은 자율적인 사고와 행동을 위해 모종의 역량과 의지를 발달시켜야 한다. 시민이 심성과 정신의 일정한 독립성이 없다면 너무 쉽게 정부에 끌려다니게 될 것이며, 너무 급하게 불충분한 정당화와 설명을 믿어 버리게 될 것이다. ("그들은 우리의 자유 때문에 우리를 싫어한다.")

그러나 때때로 가족은 아이들의 이러한 특성과 기질의 발달을 방해하는 방식으로 돌아간다. 국가는 가족의 이러한 흠결을 시정할 수 있는가? 어떤 부모는 아이들의 필수적인 미덕을 개발하려는 국가에 반대하지 않을 수 있다. 그러나 스스로 자유민주주의 규범을 거부하는 부모는 그러한 교훈에 대해 강하게 반대할 수 있다. 이들의 강한 반대는 이해될 수 있기도 하다. 예를 들어, 부모가 자녀가 될 사람에 대해 깊은 투자를 하고 있다는 것은 의심의 여지가 없다. 길스(Stephen Gilles)가 관찰한 바와 같이, "대부분의 경우, 배우자, 자녀, 형제자매 및 우리를 교육한 부모와 나누는 사랑의 관계는 좋은 삶에 대한 우리 각자 개념의 정곡이다."[87] 따라서 길스는 일반적으로 국가가 아닌 부모가 자녀양육 방법에 대한 최종 결정권을 가져야 한다고 주장한다.

분명히 일부 근본주의 기독교인이 신봉하는 것과 같이 반자유주의적 신념을 강하게 고수하는 부모의 경우, 자녀에게 특정 자유민주적 성향과 미덕을 육성하려는 국가는 가혹한 철퇴일 수 있다. 예를 들어, 다원주의 사회에 존재하는 깊은 신념의 차이에 아이들을 노출시키고 판단의 부담을 인식하게 하려는 국가는 인생에 단 하나의 올바른 길만 있다는 믿음을 자녀에게 물려주려는 부모의 시도에 심각한 피해를 입힐 수 있다.[88] 이들 부모에게 도덕과 헌신은 하나님이나 자연적인 도덕질서에 의해 정해진 것이다. 국가가 아이들이 다른 삶의 방식이 존재할 가능성을 존중하는 법을 배우고, 일부 도덕적 교훈은 비판적 평가에 취약하며 자발적 선택에 따라 채택할 수 있다는 생각에 노출하려고 노력하는 한, 이러한 교육은 부모의 견해의 중심 교리를 훼손할 가능성이 있다.[89]

그러나 자녀를 양육하는 데 있어 부모가 갖는 중대한 이해관계와 자녀가 자유민주주의 미덕을 개발함으로써 일부 부모의 인생 계획에 미칠 수 있는 심각한 피해를 인식하더라도, 이러한 미덕을 개발하는 데 있어 국가의 이익은 여전히 우선시되어야 한다. 번성하는 자유민주주의를 유지하기 위해서는 개인의 자유가 시민적 미덕을 비롯한 다른 중요한 가치들과 충돌할 때 이는 어느 정도 제약되어야 한다. 부모의 자유에 대한 이러한 제약은 자유 자체를 확보하기 위해 반드시 있어야 한다.[90] 자녀양육에 있어 부모의 사적 이익을 국가보다 더 중요하게 고려해야 한다고 주장하는 사람들은 중요한 점을 놓치고 있다: 국가가 자유민주주의적 덕성이 널리 퍼지도록 보장하지 않는다면 부모들이 주장하는 개인의 자유를 보호하는 자유민주주의는 유지될 수 없다는 점이다. 비자유주의적인 대중은 개인의 자유에 대한 침해를 지지할 가능성이 높다. 또한 자유민주주의 기본 원칙을 존중할 가능성이 낮기 때문에 국가는 시민에 대해 더 엄격한 통제를 행사해야 할 것이다. 따라서 부모 자율성을 존중하는 것이 자녀의 시민적 미덕을 기르는 데 방해가 된다면, 여전히 시민 자율성에 대한 더 광범위한 침해가 발생할 수 있다.

더욱이 부모가 비합리적인 견해를 대물림하도록 허용함으로써 개인의 자유에 대한 위험은 모든 시민에게 동일하게 적용되는 것이 아니라, 소외된 집단의 구성원인 시민에게 특히 더 큰 영향을 미친다는 점을 인식해야 한다. 자유민주주의 이상에 정통하지 않은 시민은 공적 이성과 동떨어진 자신의 포괄적인 견해에 근거하여 소외된 집단을 폭압하고 정치적 평등을 부정할 가능성이 훨씬 더 높다. 동성결혼을 둘러싼 지난 몇 년간의 정치적 사건은 포괄적인 신념체계에 따라 게이와 레즈비언을 지속적으로 소외시키려는 일부 시민의 노력을 보여주는 대표적인 예이다. 따라서 부모에 대한 존경심 때문에 시민적 미덕을 가르치지 않은 것에 대한 가장 큰 대가는 부모나 정치공동체 전반이 아니라 다수의 비합리적인 충동에 맞서 싸우는 정치적 소수자들이 치르게 될 것이다. 자녀에 대한 비자유주의적 견해를 간절히 품고 있는 부모들의 희망에 대한 대담함을 가볍게 여겨서는 안 되지만, 자유민주주의 기본 약속에 대한 정치적 소수자의 권리가 그들을 위해 희생되어서도 안 된다.

따라서 일반적으로 부모는 자신의 판단에 따라 자녀를 양육할 수 있어야 하지만, 학대 및 방임에 대한 금지뿐만 아니라 자녀에게 시민적 미덕을 교육해야 한다는 요건에 의해 그들의 자율성이 제한될 수 있다. 달리 말하면, 부모가 자유민주주의 이상에 반대되는 견해를 갖고 있다고 해서 국가가 단순히 텐트를 접고 집으로 돌아갈 필요는 없다. 마케도(Stephen Macedo)의 조언처럼, 자유민주주의가 다원주의를 존중하려면 국가는 시민들이 비자유주의적 견해를 지지하고 자신의 삶에서 이러한 견해를 실천할 수 있도록 허용해야 한다. 하지만 국가는 다음 세대를 고려한다면 이 입장을 공평하게 다뤄야 하는 것은 아니다.[91] 국가가 그렇게 하는 것은 프로스트(Robert Frosts)가 논쟁에서 스스로를 방어할 수 없는 사람을 자유주의자로 정의한 것을 떠올리게 할 수 있다.[92] 대신 국가는 그토록 소중하게 여기는 자유 때문에 아이들에게 시민적 미덕을 교육할 수 있으며 또한 그렇게 해야 한다.

시민적 미덕을 아이들에게 교육시켜야 할 국가의 의무는 가족이 돌아가는 방식에 어느 정도까지 영향을 미쳐야 하는가? 페미니스트 이론가들은 가족이 성평등과 같은 규범을 모범으로 삼지 않는다면 아이들의 중요한 시민적 미덕의 발달이 저해된다고 주장해왔다. 만약 가정이 "정의가 일상적으로 실행되고, 일을 평등하게 분담하며, 동등한 존엄성과 존중으로 서로를 상대하는 공간이 아니"라면, 아이들이 어떻게 정의감을 발달할 수 있는가?[93] 그러나 로젠블룸(Nancy Rosenblum)이 지적했듯이, 가족이 모범이 되는 규범과 자유민주주의 미덕 간의 일치를 보장하는 것은 아이들이 가족 밖에서 이러한 덕목을 기를 수 없는 경우에만 필요하다.[94] 로젠블룸 말을 빌리자면, 아이들이 가정에서 특정 미덕의 모델을 보지 못하더라도 이러한 미덕에 대한 심성은 "놀이터, 학교, 이차적 교우관계, 직장에서 형성될 수 있다"고 한다.[95] 로젠블룸의 말이 대체로 옳다는 것은 의심의 여지가 없다: 부모가 가정에서 전달하는 교훈에 의존하지 않는, 많은 자유민주주의 미덕에 대한 자녀의 심성을 개발할 수 있는 다른 방법이 있다. 예를 들어, 가부장적인 1950년대에 자란 젊은 여성들로부터 1970년대 제2의 페미니즘이 등장할 수 있었던 것은 젠더정의(gender justice)에 대한 심성이 가족 밖에서 계발될 수 있었기 때문이다. 이들 중 다수는 자신이 자란 가정이 아닌 반전 운동(antiwar movement)과 페미니스트 의식함양 단체를 포함한 외부 경험에서 평등과 정의에 대한 갈증을 얻었다.[96]

아이들의 시민교육과 관련하여 돌봄지원국가가 견인해야 하는 세 가지 신조는 다음과 같다. 첫째, 가능한 범위 내에서 국가는 가족 이외의 제도를 통해 아이들이 자유민주주의 미덕을 계발할 수 있도록 노력해야 한다. 그렇게 하면 부모의 자율성을 무제한으로 두지는 않더라도 가능한 가족의 사생활을 보호할 수 있다. 가족을 제외하고 자유민주주의 심성이 계발될 수 있는 가장 중요한 기관은 분명히 공립학교이다. 또한 방과 후 돌봄 및 활동을 담당하는 지역센터, 시민서비스프로그램, 심지어 사립학교를 포함한 다른 곳에서도 국가는 필수 특성을 육성할 수 있다.

둘째, 국가는 가족이 자유민주주의 규범에 부합하는 방식으로 기능하도록 강압적이지 않게 독려해야 한다. 필자는 이미 아버지를 위한 사용하지 않으면 소멸되는 가족휴가 등 국가가 가족이 성별화된 역할에서 벗어나도록 장려하는 공공정책에 대해 논의한 바 있다.[97] 또한 국가는 다른 수단을 사용하여 가족이 자유민주주의 규범에 부합하도록 유도할 수 있다. 예를 들어, 마틴 루터 킹 주니어(Martin Luther King, Jr.)의 생일을 연방 공휴일로 지정하여 부모가 시민권과 평등의 중요성에 대한 인식을 높이도록 장려할 수 있다.

마지막으로, 가족의 의사결정에 더 큰 개입 없이는 자녀에게 시민적 덕목을 개발할 수 없는 경우, 국가는 부모 자율성의 침해 정도를 최소화하기 위해 노력해야 한다. 예를 들어, 홈스쿨링을 받는 일부 아이들은 자유민주주의 심성을 계발할 적절한 기회가 없을 수 있다. 만약 그렇다면 국가는 아이들이 방과후 프로그램에 참석하도록 요구하는 것과 같은 보다 최소한의 개입으로 이러한 부족분을 시정해야 한다. 이러한 대안이 비실용적이거나 실패한 것으로 판명된 경우에만 국가는 홈스쿨링을 전면 금지하고 아이들이 학교에 다니도록 하는 등 더 큰 개입으로 전환해야 한다.

자율성

국가는 아동의 시민적 미덕을 계발할 책임이 있을 뿐만 아니라 자율성을 계발하도록 보장해야 한다. 인간 삶의 가치에 대한 자유주의의 필수적인 부분은 기본적인 수준에서 삶의 계획과 헌신이 이를 지닌 사람의 소유라는 개념이다. 이는 사람들이 의식적으로 그 계획을 선택했거나 처음부터 모든 측면을 구축했음을 의미하지 않는다. 이 개념은 사람들이 자신 삶의 계획이 더 이상 적합하지 않다고 결정한다면 계획을 재조정할 수 있음을 의미한다.[98] 캘런의 말처럼, 최소한 모든 아이는 "우리가 어떻게 살아야 하는지에 대한 질문을 던지는 법을 배워야 하며, 그 질문에 답하는 방식은 비록 우리의 생각이 일반적으로 부모의 삶에 영향을 준 것과 거의 같은 것으로 판명되더라도 다른 사람들이 제공한 대답의 노예와 같은 메아리가 되어서는 안 된다"고 말한다.[99] 이러한 윤리적 예속(ethical servility) 금지는 부모라 하더라도 부모의 삶과 다른 삶을 추구하는 자식의 능력을 배제할 수 없음을 의미한다. 국가는 부모의 반대에도 불구하고 자녀에게 이러한 임계 수준의 자율성을 키워줄 의무가 있다. 자유주의는 상대방이 부모일지라도 한 사람이 다른 사람의 인생 계획을 충족시키기 위해 단순히 노리개 역할을 하는 것을 허용하지 않는다.

물론 아이들의 자율성 발달을 막으려는 많은 부모가 위선자라는 것은 아니다. 그들은 자신 삶에서 자율성이라는 규범을 포기해왔다. 혹은 샌델(Micahel Sandel)과 스톨젠버그(Nomi Stolzenberg)가 지적했듯이, 오히려 그들은 스스로 자율성이라는 규범을 거부하기로 선택했다기보다 다른 길을 위해 선택되었다고 생각한다.[100] 이 같은 부모 입장에서 볼 때 아이들의 자율성을 키우려는 국가는 적정한 삶의 경로에서 아이들을 납치하는 것으로 보인다. 어떤 부모에게는 국가의 행위가 영원한 지옥행에 아이들을 두는 리스크로 보일 것이다.

부모의 강한 신념에도 불구하고 자유주의 국가는 캘런이 "부모의 전제(parental despotism)"라고 부르는 것을 용납할 수 없다.[101] 자유주의는 부모의 인생 계획에 상당한 비중을 두는데, 그 이유는 이러한 계획을 그들이 가진 자유의지(free will)와 그들이 한 약속의 실현으로 생각하기 때문이다. 따라서 부모 계획을 존중하는 것은 인간존엄성을 존중하는 데 필수적이다. 하지만 자녀 교육에 대한 바람에 관심을 기울이는 바로 그 이유 때문에 자녀를 윤리적으로 예속시키려는 부모 바람을 부정해야 한다. 부모 주장이 인생 경로에 대한 선택을 존중하는 자유주의에 근거하는 한, 그 주장이 자녀가 자신의 길을 선택할 수 있는 동일한 기회를 부정하는 데 사용될 수는 없다.[102]

그러나 국가가 증진해야 하는 자율성의 정도는 의견이 분분한 주제이다. 몇몇 학자들은 국가가 아이들이 윤리적으로 예속되지 않도록 보장하는 것 이상으로 아이들이 부모 삶의 방식과 거리를 두도록 장려해야 한다고 주장한다.[103] 캘런은 무엇보다도 국가가 아이들이 자신의 인생 경로를 개방적이고 스스로 선택할 수 있는 것으로 인식하도록 장려해야 한다고 제안한다.[104] 캘런은 자율성 개발에 중점을 둔 자유주의 교육에 대한 애커먼(Bruce Ackerman)의 설명을 따서 이러한 유형의 교육을 '위대한 영역(Great Sphere)'을 위한 교육이라고 부른다. 캘런은 다음과 같이 말한다.

> 학교 교육이 제대로 이루어지기 위해서 어느 단계에서는 아이들이 태어난 가족, 종교 또는 민족의 문화와 상충되는 신념과 삶의 방식에 대해 공감하고 비판적으로 참여해야 한다는 것이 본질적인 요구이다. 더욱이 다른 사람들이 살아가는 신념과 가치를 단순히 삶의 의미의 원천으로만 받아들이는 것이 아니라, 어른이 되어서 스스로 만들어갈 좋음과 옳음 개념의 잠재적 요소로 받아들일 수 있도록 적절한 참여가 이루어져야 한다.[105]

캘런에 따르면, 이 교육의 목적은 아이들이 "주변에서 전해지는 드라마의 더 깊은 의미를 엿볼 수 있는 방식으로 지구를 탐험하도록 돕는 것"이다. 그러나 여정의 끝에서 이제 성숙한 시민은 자신이 시작한 바로 그 지점에서 자신을 찾거나 혹은 영역의 비어 있는 부분을 발견하기 위해 파업을 할 모든 권리가 있다.[106] 레빈슨(Meira Levinson)은 아이의 자율성을 증진하는 데 있어 국가의 핵심 기능은 아이가 자신과 다른 삶의 방식에 대해 생각하도록 장려함으로써 "부모에게 부당하게 유리한 현재의 파워 불균형에 균형을 맞추는 것"이라고 주장한다.[107]

그러나 돌봄지원국가는 윤리적 예속을 방지하는 데 필요한 임계 수준의 자율성을 심어주는 것 이상으로, 부모가 자신 삶의 방식을 자녀에게 물려줄 수 있는 능력을 약화시키려 하지 않는다. 자녀가 윤리적으로 노예가 되지 않도록 하는 것과 부모 삶의 방식에서 너무 멀어져서 그것을 단지 동등한 비중을 가진 일련의 대안 중 하나로 간주하도록 가르치는 것에는 큰 차이가 있다. 돌봄지원국가는 전자를 지지하지만 후자는 지지하지 않는다. 스프라겐스(Thomas Spragens) 의 조언처럼, 자율성은 극대화해야 하는 것이 아니라 최적화해야 하는 가치이다.[108] 우리는 자율성을 인간다운 삶의 본질적인 요소로 여기지만, 지나치게 자율성을 추구하는 삶은 시민으로 하여금 스스로를 뿌리 없는 존재로 여기게 하고 윤리적 관점에 대한 확고한 의식을 갖지 못하게 할 수 있다.[109] 자유주의는 적어도 개인의 자율적인 동의 없이 개인의 배경과 인연이 그 사람의 미래를 완전히 좌우할 수 없음을 요구하지만, 그렇다고 해서 그것들이 무의미할 것을 요구하지도 않는다. 그렇지 않다면 이는 마케도가 자유주의 문화를 캘리포니아 문화에 비유한 것을 정당화할 수 있다. 캘리포니아 문화에서 사람들은 (개인의 자유를 제외한) 어떤 것도 전적으로 믿지 않고 끊임없이 새로운 라이프스타일과 원칙을 시도한다.[110]

돌봄지원국가는 높은 수준의 자율성을 심어주려는 시도가 자녀가 부모 삶의 방식과 연결되어 성장하기를 바라는 많은 부모의 정당한 희망을 약화시킬 수 있음을 인정한다.[111] 성공적인 육아에 대한 부모 비전은 자녀에게 자신과 전혀 다른 삶의 방식을 유입시키는 것이 아니라, 대신 부모는 일반적으로 자녀에게 종교적 전통, 정치적 원칙, 민족적 유산, 심지어 스포츠팀을 소개하기를 희망한다.

우리는 우리 아이들이 노동계급의 뿌리를 편안하게 받아들이고, 우리 가족의 폴란드계 미국인 문화를 이해하며, 홀로코스트 생존자의 자녀로서 "두 번 다시는(never again)"이라는 모토를 내면화하길 바란다. 이는 자녀를 어떤 의미에서 우리 자신의 연장선으로 보고 자녀의 인생 계획도 적어도 어떤 면에서 우리 자신의 연장선으로 보기 때문이 아니라 부모에게 육아의 중요한 많은 부분이 부모와 자녀의 관계와 관련되기 때문이다. 라이히(Robert Reich)의 말에 따르면 "아이를 키우는 것은 단순히 다른 사람에게 제공되는 서비스가 아니라 삶을 집단적으로 공유"하는 것이다.[112] 따라서 우리는 아이들이 우리를 이해하고 우리와 동질감을 갖기를 바란다.

모든 부모가 그렇지는 않겠지만, 많은 부모는 자녀가 자신과 똑같은 삶을 살거나 똑같은 원칙을 따르는 것이 중요한 것이 아니라, 자녀가 더 많은 교육, 더 많은 부, 더 많은 성취 등 자신이 살아온 삶보다 더 나은 삶을 살기를 바란다. 그러나 우리는 자녀가 우리를 뛰어넘기를 바라지만, 동시에 자녀가 자신의 뿌리를 이해하고 받아들이고, 가정으로 편안하게 돌아가며, 연례행사의 의미에 감사하기를 바란다.[113] 아이들은 이러한 정체성을 내면으로부터 구현할 수 없을 때 그러한 삶의 방식에서 벗어날 수 있는 도구를 제공받아야 한다. 그러나 물질로 삶을 꾸려나가는 것이 편한 이들에게 굳이 손으로 직접 새긴 초대장을 주며 처음부터 정체성을 만들어야 할 필요는 없다. 부모의 좋음 개념이 똑같이 신중하게 고려해야 하는 여러 가지 중 하나에 불과하다고 가르치는 것은 자녀양육에 대한 부모의 정당한 희망에 공정한 것은 아니다.[114]

실제로 부모가 자녀에게 가능한 가벼운 각인을 남겨야 한다는 견해는 육아에서 일어나는 일에 대한 잘못된 관념에 기반한다.[115] 우선 아이들은 백지 상태로 세상에 태어나는 것은 아니지만, 그렇다고 완전히 발달된 인격이 펼쳐지기를 기다리는 상태로 세상에 태어나는 것도 아니다. 오히려 아이가 어떤 사람이 될지는 결국 아이와 가족을 포함한 환경들 간 복잡한 관계의 결과이다. 아이를 키우는 과정에서 필연적으로 아이의 특성 중 일부는 육성되고 일부는 약화될 것이다.

더 나아가, 부모가 되는 과정 자체가 아이의 정체성에 영향을 미칠 수밖에 없는 자신 삶을 공유하는 일이다. 우리가 자녀를 사랑하는 이유가 세상에서 가장 훌륭한 자녀이기 때문이 아니라 우리의 자녀이기 때문인 것처럼, 자녀는 부모와 가족과의 관계 때문에 부모와 가족을 동일시하게 된다. 아처드(David Archard)는 아이를 데리고 프로 스포츠팀의 경기를 관람하려 간 아버지의 사례를 들어 이 점을 웅변한다.

> 이 여행은 아버지와 아들이 공유하는 중요한 활동 중 하나이다. 아버지가 눈에 띄게 팀을 지원하는 만큼 아들이 이러한 열정을 공유하지 않는다고 보기 어렵다 … 이것은 단순히 부모가 아들을 위해 선택한 경우, 아들의 삶이 아버지의 '연장'에 불과한 경우가 아니라는 점에 유의해야 한다. 이것은 함께함의 진정한 사례이다.[116]

양육이라는 것이 부모의 삶과 자녀의 삶이 함께 하는 것이라면, 이는 항해, 지역사회봉사, 함께 스포츠 관람하기, 정원가꾸기 등을 포함한 부모의 열정을 자녀와 교류하는 것을 반드시 포함한다. 이러한 활동을 공유하는 것은 자녀가 부모를 알 수 있게 하고, 열정을 충족시키는 활동에 참여하는 것의 가치를 가르치며, 부모가 양육의 책임을 다하면서도 자신만의 즐거움을 유지할 수 있게 하는 등 여러 가지 이유로 중요하다. 그러나 그렇게 하는 것은 아이의 자아감(sense of self)과 어떤 활동이 참여할 가치가 있는지에 필연적으로 영향을 미치게 된다.

핵심은 아이들이 (가족, 지역 스포츠 팀, 특정 노래에 대해) 특별한 애착을 갖게 되는 것은 이러한 것이 객관적인 의미에서 특별히 좋기 때문이거나 우리가 한 발 물러서서 이성적인 기준으로 선택한다면 선택할 것이기 때문이 아니라, 우리의 가족이나 우리의 팀 또는 우리의 노래이기 때문이다. 것만(Amy Gutmann)은 다음과 같이 말한다.

> 이러한 지향은 가족과 사회의 내적 삶에 의미를 부여하고 풍요롭게 하기 때문에, 우리는 어떤 삶의 방식이 다른 방식보다 우리와 우리 자녀에게 더 낫다고 주장할 필요가 있다. 자유의 가치 또는 심지어 도덕적 자유의 가치에만 초점을 맞추는 것은 부모와 시민이 그들의 가족적·정치적 유산에 의해 자녀의 선택에 특별히 영향을 미칠 수 있는 가치를 무시하는 것이다.[117]

아이들에게 형성된 이러한 애착이 적합하지 않다고 판단될 때 다시 생각할 수 있는 능력과 함께 존재하는 한, 국가는 젊은 시민이 이러한 애착으로부터 거리를 두도록 장려해서는 안 된다.

자녀의 인격(personalities)에 대한 부모의 영향은 피할 수 없는 사실일 뿐만 아니라 전반적으로 좋은 것이다.[118] 아이들이 자신 미래가 모든 가능성에 무조건적으로 열려 있다고 생각하도록 장려하는 것은 부모, 학교, 사회가 아이들에게 심어주고자 하는 자유주의, 민주주의 및 기타 덕목을 훼손할 위험이 있다. 우리는 자녀를 교육할 때 자녀가 도덕적으로 어떤 자리에 오르기만을 바라지 않으며, 대신 착하고 책임감 있는 시민이자 가족구성원이 되기를 원한다. 물론 우리가 이러한 가치관을 심어주는 데 성공함은 아이들의 미래를 제한하고 일부 경로를 다른 방법보다 덜 가능하게 만듦으로써 아이들의 자유를 감소시킨다. 하지만 이는 당연한 것이다. 버트(Shelley Burtt)가 현명하게 조언하듯이, "문제는 부모가 자녀의 세계관에 얼마나 적은 영향을 미칠 수 있느냐(얼마나 중립적인 양육을 할 수 있느냐)가 아니라, 부모가 자녀를 생산적이고 만족스러운 성인으로 인도해야 할 의무를 얼마나 온전히 이행할 수 있느냐"이다.[119] 부모는 자녀가 쉽게 받아들이듯 쉽게 거부할 수 있는 황금률을 도입할 필요가 없다. 대신 아이들에게 황금률의 중요성을 심어줄 수 있고 또 그래야만 한다.[120]

요약하면, 국가는 아이들이 부모에게 윤리적으로 예속되지 않도록 보장해야 하지만, 아이들에게 자율성을 교육해야 할 국가의 의무는 그 이상을 요구하지 않는다.[121] 부모가 자녀가 살아갈 삶에 대해 엄지손가락을 치켜세워야 하는 데는 그럴 만한 이유가 있다. 국가는 부모가 자녀로부터 저울을 완전히 빼앗지 않도록 해야 하며, 저울이 부모의 관점에 너무 편중되어서 자녀가 다시 생각할 능력이나 현실적인 선택권이 삭제되지 않도록 보장해야 한다. 그러나 이러한 것들을 보장하는 경우를 제외하고는 일반적으로 국가는 부모의 엄지손가락에 균형을 맞추려고 해서는 안 된다.

이러한 입장에서 돌봄지원국가는 아이의 가족구성원 자격과 정치공동체 구성원 자격 모두에 정의를 담아낼 수 있다. 아이의 가족구성원에 걸맞게, 부모는 자녀를 양육할 때 부모의 신념과 신조를 따르도록 일반적으로 양육할 수 있다. 아이의 정치공동체 구성원 자격에 걸맞게, 국가는 아이가 자유민주주의 미덕에 헌신하고 윤리적으로 노예가 되지 않도록 노력해야 한다. 이 두 목표가 상충하는 경우, 돌봄지원국가는 가능한 가족 이외의 기관을 통해 아동교육의 격차를 해소해야 한다. 아이들이 자신의 헌신을 발전시킬 수 있는 하나 이상의 영역이 존재하도록 보장하면, 한 영역에서의 실패가 다른 영역에서 보상될 수 있음을 보호하는 데 도움이 된다. 또한 아이들이 세상에서 자신에 대한 감각을 개발하는 데 공동으로 책임이 있는 두 명의 교육자가 존재하면, 어느 한 쪽이 아이들의 관점을 완전히 지배하여 좋은 시민이 되거나 완전한 삶을 사는 데 필요한 비판적 관점을 개발하지 못할 가능성이 줄어들게 된다.

결 론

돌봄지원국가는 가족 사생활을 국가 작용에 대한 대화의 마지막 단어에서 시작 단어로 변화시킨다. 이 관점에서 보면, 가족 사생활을 지원하려면 국가가 단순히 가족에게 맡기는 것이 아니라 강력한 가족이 강력한 역량을 갖출 수 있도록 국가가 조치를 취해야 한다. 게다가, 가족 사생활은 더 이상 국가정책의 요체가 아니다. 대신 가족 사생활은 아이들의 복지, 인간발달, 시민적 미덕 같은 다른 중요한 가치들과 더불어 국가가 지원해야 할 중요한 가치이다. 돌봄지원국가는 이들 가치 간의 긴장을 가능한 완화하는 정책을 모색해야 한다. 그러나 가족 사생활과 자유민주주의의 다른 가치 사이의 정면 충돌이 여전히 남아 있는 경우, 가족 사생활을 유지하는 데 드는 높은 비용으로 인해 이를 다른 중요한 가치에 양보해야 하는 경우도 존재한다. 번영하는 자유민주주의 국가에서와 같이 육성해야 할 다양한 중요한 가치들이 있는 곳에서는 이러한 절충은 불가피하다.[122]

후주

서장

1 이 책에서 필자가 사용하는 **자유주의 이론**(liberal theory), **자유주의적**(liberal), **자유주의**(liberalism)라는 용어는 로크(John Locke)부터 시작해 밀(John Stuart Mill)과 롤즈(John Rawls)까지 이어지는 자유, 자치(self-government), 시민의 평등한 가치(equal worth of citizens)를 중요시하는 사상에서 가져왔다. 따라서 그 용례는 정치적 스펙트럼상 반대편 끝에 있는 보수주의가 지칭하는 보통의 어조보다 자유주의적이란 용어를 더 광범위하게 사용한다. 필자의 용례에서 보면, 자유주의자로 통용되는 하원의장 펠로시(Speaker of the House of Representatives Nancy Pelosi)와 일반적으로 정치적 보수주의자로 읽히는 연방대법관 스칼리아(Supreme Court Justice Antonin Scalia)는 모두 자유주의자들이다.

2 Martha Nussbaum, "The Future of Feminist Liberalism," in Eva Feder Kittay and Ellen K. Feder (Eds.), *The Subject of Care: Feminist Perspectives on Dependency* (Lantham, MD: Rowman & Littlefield, 2002), 186.

3 2005년 15세 이상의 1,080만 명(40.7%) 사람들이 일상생활에 지원이 필요한 하나 이상의 장애가 있다고 보고된다(Matthew W. Brault, Current Population Reports, "Americans With Disabilities: 2005," 4 [2008], http://www.census.gov/prod/2008pubs/p70-l17.pdf [2009년 8월 5일 접속]). 2002년에 발표된 장애인 지원에 관한 장애인구 조사에 대한 보고서에 의하면, 1년 이하의 지원이 필요한 장애인의 비율(23.3%) 및 5년 이상의 지원

이 필요한 장애인의 비율(34.1%)에 비해, 1년에서 5년의 지원이 필요한 장애인의 비율(40.7%)이 더욱 높은 것으로 나타난다(Erika Steinmetz, Current Population Reports, "Americans With Disabilities: 2002," 7 [2006년 5월], http://www.census.gov/prod/2006pubs/p70-107.pdf [2009년 8월 5일 접속]).

4 한 가지 이상의 일상활동 지원이 필요한 성인의 비율은 나이가 많을수록 증가한다: 25~44세의 경우 1.9%, 45~54세의 경우 3.4%, 55~64세의 경우 5.7%, 65~69세의 경우 7.6%, 70~74세의 경우 9.6%, 75~79세의 경우 16.1%, 80세 이상의 경우 29.2%로 나타난다(M. W. Brault, "Americans With Disabilities: 2005," 3, 4).

5 Ibid. 미국 통계국(U.S. Census Bureau)의 인구 통계학자들은 노령 인구의 장애율을 다음과 같이 정리한다. 20% 이상의 미국인이 만성 질환을 겪고 있으며, 30%가 이동에 어려움을 겪고 있다. 2000년의 통계에 의하면, 노령인구의 약 41.9%에 해당하는 약 1,400만 명에 달하는 시설의 보호를 받지 않는 고령자들이 일종의 장애를 겪고 있다(Wan He, Manisha Sengupta, Victoria A. Velkoff and Kimberly A. DeBarros, Current Population Reports: Special Studies, "65+ in the United States: 2005" 59 [2005], http://www.census.gov/prod/2006pubs/p23-209.pdf [2009년 8월 5일 접속] [인용 생략]). 75세 이상 노령인구의 약 40%는 한 가지 이상의 식사 준비, 식사, 목욕, 옷 입기, 화장실 이용, 걷기, 운전하기 등의 일상활동을 할 수 없는 것으로 조사된다(National Academy on an Aging Society, "Caregiving: Helping the Elderly with Activity Limitations" 2 [2000], http://www.agingsociety.org/agingsociety/pdf/Caregiving.pdf [2010년 3월 8일 접속]). 통계국에 의하면, 노령인구의 장애율은 감소하고 있지만, 현 노령인구는 2011년부터 베이비 붐 세대가 65세가 되기 시작하면서 현재 그 목전까지 온 상태이다. 오는 2030년에는 노령인구 수가 지난 2000년에 비해 2배 가까이 될 것(3,500만 명에서 7,200만 명으로 증가)으로 예상되며, 같은 시기 미국 인구의 20%에 달할 것으로 예상된다. 즉, 오는 미래에는 돌봄지원이 필요한 노령인구의 수가 더욱 늘어난다는 것이다(Wan He, "65+ In the United States 2005," 60).

6 아이돌봄에 더해, 미국간병인연합회와 미국은퇴자협회에서 2003년 시행한 연구에 의하면, 18세 이상의 성인을 돌보는 무급 돌봄제공자는 4,440만 명에 달한다(이는 미국 성인인구의 21%에 해당). 이들은 미국 전체 가정의 21%에 달하는 2,290만 가정에서 존재한다(National Alliance for Caregiving and the AARP, "Caregiving in the U.S./' 8 [2004], http://www.caregiving.org/data/04finalreport.pdf [2009년 8월 5일 접속]). 상당수의 돌봄제공자(약 83%)는 친인척들을 돌본다(National Alliance for Caregiving and the AARP, "Caregiving in the U.S.," 7). 오는 2020년 근로자의 40%는 자신의 노인 친척을 부양해야 할 것으로 예상된다(Martha Lynn Craver, "Growing Demand for Elder Care Benefits," Kiplinger Business Forecasts [May 29. 2002]). Sarah

Rimer, "Blacks Carry Load of Care for Their Elderly," *New York Times* (March 15. 1998), section 1, 1 ("미국의 네 가정 중 한 가정은 노인친척, 친구 등을 보살피고 있으며, 기저귀를 가는 일을 비롯하여 장보기 등의 일도 하고 있다"). *Congressional Record* 139, 1969(1993)(쉔크(Lynn Schenk) 하원의원은 "[여]성은 17년간 자녀를 돌보고 18년간 연로한 친지를 돌볼 것이라는 기대를 받으며 삶을 산다"고 발언함).

7 Martha Fineman, *The Autonomy Myth: A Theory of Dependency* (New York: New Press, 2005).

8 Frances E. Olsen, "The Myth of State Intervention in the Family," *University of Michigan Journal of Law Reform*, 18, 835, 836 (1985).

9 정부지원 이전의 빈곤율은 미국은 26.6%로, 이는 프랑스의 27.7%, 아일랜드의 24.9% 뉴질랜드의 27.9%, 영국의 25.4%와 비슷하다. 하지만 정부의 지원을 받은 이후에 언급된 국가들의 실제 빈곤율은 미국의 빈곤율보다 현저히 줄어든 것으로 드러난다. 미국의 21.9%에 비해, 프랑스는 7.5%, 아일랜드는 15.7%, 뉴질랜드는 16.3%, 영국은 15.4%를 기록했다. 빈곤지원 프로그램의 효과에 관한 한 가지 예를 들자면, 정부의 세금이전 프로그램 도입 이후 프랑스의 빈곤율은 27.7%에서 7.5%로 크게 감소했다. 이에 비해, 미국의 빈곤율은 본래의 26.6%에서 21.9%로 감소하는데 그쳤다(Sylvia Allegretto, Economic Policy Institute, "U.S. Government Does Relatively Little To Lessen Child Poverty Rates," http://www.epi.org/content.cfm/webfeatures_snapshots_20060719 [2009년 8월 10일 접속]).

10 U.S. Department of Labor, "Women in the Labor Force: A Databook," 17-18 (2009), http://www.bls.gov/cps/wlf-databook-2009.pdf [2010년 2월 28일 접속].

11 Ibid.

12 Janet C. Gornick and Marcia K. Meyers, *Families That Work: Policies for Reconciling Parenthood and Employment* (New York: Russell Sage Foundation, 2003), 30.

13 본서 1장과 3장 참조.

14 Michael Hout and Caroline Hanley, "The Overworked American Family: Trends and Nontrends in Working Hours 1968-2001," (2002), http://ucdata.berkeley.edu/rsf census/papers/Working_Hours_HoutHanley.pdf [2009년 9월 30일 접속]; Jerry A. Jacobs and Kathleen Gerson, "Overworked Individuals or Overworked Families?" *Work and Occupations*, 28, 40 (2001).

15 본서 1장 참조.

16 본서 1장 참조.

17 본서 1장 주 109 참조.

18 UNICEF, Innocenti Research Centre, "Child Poverty in Perspective: An Overview of Child Well-Being in Rich Countries: A Comprehensive Assessment of The Lives and

Well-Being of Children and Adolescents in The Economically Advanced Nations," 26 (2007), http://www.unicef.org/media/files/ChildPovertyReport.pdf (2009년 6월 20일 접속), 26. 미국의 부모-자녀의 관계 정도는 오스트레일리아, 오스트리아, 벨기에, 캐나다, 체코, 덴마크, 프랑스, 독일, 그리스, 헝가리, 아이슬랜드, 아일랜드, 이탈리아, 일본, 네덜란드, 노르웨이, 폴란드, 포르투갈, 스페인, 스웨덴, 스위스, 영국보다 뒤처진다. 핀란드와 뉴질랜드만이 미국보다 낮은 순위로 나타났다. OECD는 30개의 국가로 이루어진 조직이며 경제적인 수준이 높은 선진국으로 여겨진다. 미국은 30개국 중 하나이다.

19 미국의 수준은 오스트리아, 벨기에, 캐나다, 체코, 덴마크, 핀란드, 프랑스, 독일, 그리스, 헝가리, 아일랜드, 이탈리아, 네덜란드, 노르웨이, 폴란드, 포르투갈, 스페인, 스웨덴, 스위스보다 떨어진다. 미국보다 순위가 낮은 국가는 영국이 유일하다(Ibid., 2).

20 여성은 자녀를 돌보기 위한 활동만이 아니라 고령의 친척을 돌보기 위한 상당량의 활동을 하고 있다. 여성은 성인을 돌보는 돌봄제공자의 61%에 해당한다(National Alliance for Caregiving and the AARP, "Caregiving in the U.S.," 9).

21 Ann Crittenden, *The Price of Motherhood* (New York: Metropolitan Books, 2001), 88; Gornick and Meyers, *Families That Work*, 46.

22 Gornick and Meyers, *Families That Work*, 47 (citing Jane Waldfogel, "Understanding the 'Family Gap' in Pay for Women with Children," *Journal of Economic Perspectives*, 12[1] 137 [1998]).

23 Sarah Avellar and Pamela J. Smock, "Has the Price of Motherhood Declined Over Time?: A Cross-Cohort Comparison of the Motherhood Wage Penalty," *Journal of Marriage & Family*, 65, 597, 604 (2003).

24 Crittenden, *The Price of Motherhood*, 88; Gornick and Meyers, *Families That Work*, 47.

25 Jerry A. Jacobs and Kathleen Gerson, "Overworked Individuals or Overworked Families?," 40; Michael Hout and Caroline Hanley, "The Overworked American Family: Trends and Nontrends in Working Hours, 1968-2001," 11-12.

26 듀크대학과 애리조나대학의 사회학자들이 1985년부터 2004년까지 진행한 연구에 의하면, 자신에게 중요하다고 생각하는 사안을 논의할 수 있는 평균 미국인의 수가 1985년 2.94명에서 2.05명으로 약 3분의 1 정도 감소한 것으로 드러났다(Miller McPherson, Lynn Smith Lovin, and Matthew E. Brashears, "Social Isolation in America: Changes in Core Discussion Networks Over Two Decades," *American Sociological Review*, 71, 353 [2006]). 또한 같은 시기 중요한 사항에 대해 가족 이외의 한 명 이상의 사람과 논의를 할 수 있는 사람의 비율도 80%에서 57%로 감소했으며, 반대로 배우자에게 완전히 의존하는 사람의 비율은 5%에서 9%로 증가하였다(Ibid., 359). 위의 연구는 사람

들은 주변의 이웃 혹은 공동체와의 관계가 옅어지고, 반대로 자신과 인연이 깊은 사람, 특히 배우자와의 관계가 짙어진다고 결론내린다(Ibid., 358, 371).

27 Robert Putnam, *Making Democracy Work: Civic Traditions in Modern Italy* (Princeton, NJ: Princeton University Press, 1994); *Bowling Alone: The Collapse and Revival of American Community* (New York: Simon & Schuster, 2000).

28 예를 들어, 펠드만(Stanley Feldman)과 잘러(John Zaller) 등은 복지프로그램에 반대한 사람들이 자신의 철학적 논거를 거의 어려움 없이 제시하였다는 것을 발견하였다. 그들은 자유주의 전통에서 신봉하는 자유와 자율성에 크게 의존하였다. 반면, 복지프로그램을 지지하는 사람들은 자신의 신념에 대한 철학적 근거를 거의 제시하지 못했다 (Stanley Feldman and John Zaller, "The Political Culture of Ambivalence: Ideological Responses to the Welfare State," *American Journal of Political Science*, 36, 268, 292-299 [1992]).

29 매사추세츠, 캘리포니아, 코네티컷, 아이오와 등 4개 주에서는 주헌법에 근거한 동성결혼금지에 대해 파기하는 주대법원의 결정에 따라 동성결혼을 제도화했다. *Goodridge v. Department of Public Health*, 798 N.E.2d 941 (Mass. 2003); *In re Marriage Cases*, 183 P. 3d 384 (Cal. 2008); *Kerrigan v. Commissioner of Public Health*, 957 A.2d407 (Conn. 2008); *Varnum v. Brien*, 763 N.W.2d 862 (Iowa 2009). 버몬트와 뉴햄프셔의 경우 입법부의 주도로 동성결혼이 승인되었다. 하지만 캘리포니아의 경우 동성결혼을 도입하려는 시도는 유권자들에 의해 주헌법을 수정하는 수준으로 그치게 되었다. 한편 메인에서는 동성결혼을 승인하는 법은 통과되었으나, 시행되기 전에 주민투표에 의해 기각되었다(Maria Godoy, "State by State: The Legal Battle Over Gay Marriage," NPR.com, http://www.npr.org/news/specials/gaymarriage/map/에서 열람 가능. [2010년 2월15일 접속]).

30 2010년 현재 29개의 주에서 동성결혼을 금지하는 헌법 수정을 하였다. 이들 29개 주 중 상당수가 동성결혼을 금지하는 법안이 있다. 이들 29개의 주에 더해, 12개의 주에서도 연방 결혼보호법(Federal Defense of Marriage Act of 1996)("DOMA")(1 U.S.C. § 7 [2010], 28 U.S.C. § 1738C [2010])과 비슷한 조항을 도입했다. 작은 DOMA로 불리는 주법령은 다른 주에서 승인받은 동설결혼의 인정을 금지한다 (Human Rights Campaign, "Statewide Marriage Prohibitions," [2010], http://www.hrc.org/documents/marriage_prohibitions_2009.pdf [2010년 2월 28일 접속]). 여기에는 주헌법이 동성결혼은 금지하지는 않지만 주의회가 금지하도록 승인하고 있는 하와이도 포함된다(Ibid 참조).

31 연방 결혼보호법에서는 어떤 주도 타 주에서 축하하는 동성결혼을 인정하지 않을 수 있으며, 결혼은 남성과 여성 사이의 결합으로 이루어지도록 명시하고 있다(Pub. L. No.

104-199 [1996], 110 Stat. 2419 [1996], codified at 1 U.S.C. § 7 [2010], 28 U.S.C. § 1738C [2010]).

32 Terrence Dougherty, National Gay and Lesbian Task Force Policy Institute, "Economic Benefits of Marriage under Federal and Massachusetts Law" (2004), http://www.the taskforce.org/downloads/reports/reports/EconomicBenefitsMA.pdf [2009년 6월20 일 접속].

33 2008년 미국의 이혼율은 1000명 당 3.5%에 달했으며, 이것은 1000명 당 7.1%에 달 하는 결혼율의 절반 가까이에 이른다(National Vital Statistics Reports, "Births, Marriages, Divorces and Deaths: Provisional Data for 2008" 57 [19] [2009], http://www.cdc.gov/nchs/fastats/divorce.htm [2010년 2월 28일 접속]).

34 2000년 미국 통계(U.S. Census)에 의하면, 601,209개의 동성결혼 가족이 있다. 응답 을 코딩하는 방식의 변화로 이전 인구조사가 상당한 비율로 실제보다 적게 집계되는 점을 고려하더라도, 이는 1990년 통계에 비해 314% 증가한 수치이다(David M. Smith and Gary J. Gates, The Urban Institute, "Gay and Lesbian Families in the United States: Same-Sex Unmarried Partner Households," [2001], http://www.urban. org/publications/1000491.html [2009년 6월 20일 접속]).

35 1960년에는 아동의 9%가 한부모가족에서 자랐다(Wendy Sigle-Rushton and Sara McLanahan, The Center for Research on Child Well-Being, "Father Absence and Child Well-Being: A Critical Review," 3-4 [2002], http://www.rwjf.org/fiIes/research/ Father%20Absence%20-%20Fragile%20Families.pdf [2010년 2월 24일 접속]). 하지만 2007년에는 한부모 아동의 비율이 25%로 상승하였다(U.S. Census Bureau, "America's Families and Living Arrangements: 2007, Children by Presence and Type of Parent(s), Race, and Hispanic Origin/" Table C-9 [2007], http://www.census. gov/population/www/socdemo/hh-fam/cps2007.html [2009년 6월 20일 접속]). 한 부모가족의 증가에는 미혼 가족의 증가가 주요한 원인으로 보인다(George Akerlof, Janet Yellen, and Michael Katz, "An Analysis of Out-of-Wedlock Childbearing in the United States," *Quarterly Journal of Economics*, 111, 277, 285 [1996]). 미혼 가족 의 출산이 1990년 중반 이래 20여 년 동안 증가 이후 안정세를 보였음에도, 이는 2002 년 이후 다시 급격한 상승세를 보이고 있다. 2006년에는 미혼모에게서 태어난 아동이 160만여 명에 달하는 등 미국 사상 최고의 기록을 보이고 있다. 2006년 총 미혼모 출산 아동(1,641,946명)은 2005년(1,527,034명)보다 8%, 2002년(1,365,966명)보다 2 0% 이상 증가한 수치이다. 이로 인해 미혼모 출산율은 2002년 34%, 2005년 36.9%에 비해, 2006년에는 38.%로 증가하였다(Joyce A. Martin, Brady E. Hamilton, Paul D. Su tton, Stephanie J. Ventura, Fay Menacker, Sharon Kirmeyer, and T.J. Mathews, "Birth

s: Final Data for 2006," *National Vital Statistics Reports*, 57[7], 2·11 [2009])(U.S. D ept. of Health and Human Services, prepared by the Centers for Disease Control an d Prevention, the National Center for Health Statistics, and the National Vital Sta tistics System에 보고된 내용).

36 미국 커뮤니티 설문조사에서는 2007년 동거커플이 642만 명에 달하지만 1960년에는 43만 9천 명에 지나지 않았다고 밝혔다("American Community Survey, 2007 1-Year Estimates,"[2007], http://factfinder.census.gov/servlet/ADPTable?bm=y&-geo_id=0^G00_&-_lang=en&-_caller=geoselect&-format= [2009년 6월 20일 접속]; U.S. Census Bureau, "1960 Census of Population, Persons by Family Characteristics" [1999], http://www.census.gov/population/socdemo/ms-la/tabad-2.txt [2009 년 6월 20일 접속]).

37 Reynolds Farley and John Haaga (Eds.), *The American People: Census 2000* (New York: Russell Sage Foundation Publications, 2005), 88.

38 Ibid.

39 이 내용에 관해서 제일 좋은 문헌은 Martha Fineman's *The Autonomy Myth*; Linda McClain's *The Place of Families* (Cambridge:Harvard University Press, 2006); Ian Shapiro's *Democratic Justice* (New Haven:Yale University Press, 2001); and Michael Warner's *The Trouble with Normal* (Cambridge: Harvard University Press, 1999)이다.

40 위의 주 1 참조.

41 John Rawls, *A Theory of Justice* (Cambridge: Harvard University Press, 1971).

42 이러한 자유주의 수정론자들에는 공동체 기반의 윤리를 자유주의에 포함시키고자 하는 시민적 자유주의자들(civic liberals)과 일반적인 돌봄 문제에 초점을 맞춘 자유주의적 페미니스트들 모두 포함한다. 전자의 경우는 자유주의에 대한 공동체주의의 비판에 동조하는 많은 이론가들이 해당되며, 이들은 자유주의가 특히 다른 공동체 기반의 장점을 도외시하고 지나치게 개인의 권리와 자유만 강조한다고 주장한다. 자유주의에 전반적으로 비판적인 공동체주의자들과 달리 시민적 자유주의자들은 자유주의는 이러한 비판에 답할 수 있다고 주장한다. 이 중 가장 최고의 문헌으로 손꼽히는 저작은 Stephen Macedo, *Diversity and Distrust* (Cambridge: Harvard University Press, 2000); Thomas Spragens, *Civic Liberalism: Reflections on Our Democratic Ideals* (Lanham, MD: Rowman and Littlefield Publishers, 1999); Eamonn Callan, *Creating Citizens* (New York: Oxford University Press, 1997). 이와 같은 입장을 견지하며, 자유주의 페미니스트들은 정의, 자유, 평등을 돌봄 가치에 대한 지원(support for the value of care)과 조합하는 자유주의의 재공식화를 주장한다. 이에 관한 문헌 중 가장 최고로 꼽히는 저작은 Martha Nussbaum, *Sex and Social Justice* (New York: Oxford

University Press, 1999); Linda McClain, *The Place of Families*; Joan Tronto, *Moral Boundaries: A Political Argument for an Ethic of Care* (New York: Routledge, 1993); Eva Feder Kittay, *Loves Labor: Essays on Women, Equality, and Dependency* (New York: Routledge, 1999).

43 벌린(Isaiah Berlin)은 다음과 같이 웅변한다. "일상의 경험에서 우리가 만나는 세상은 궁극적으로는 동등한 목적들과 똑같이 절대적인 주장들 속에서 하게 되는 선택과 결정으로 맞이하게 되는, 이들 중 일부는 다른 사람의 희생을 불가피하게 수반할 수밖에 없는 세상"이다(Isaiah Berlin, "Two Concepts of Liberty," in *Four Essays on Liberty*, 118, 168 [1969]). 이러한 가치들의 상쇄(trade-off)는 부분적으로 자유주의 사회가 자유결정을 하는 개인의 권리에 대해 강조하기 때문이다. 그러나 어떤 사회적 가치는 개인적 수준에서 충분히 강구될 수 없다. 그런 경우에, 벌린의 표현으로 하면, "자신이 바라는 대로 살겠다고 결정하는 인간 혹은 민족의 자유의 정도는 평등, 정의, 행복, 안보 혹은 공공질서 같은 다른 가치들보다 비중이 있어야 한다"(Ibid., 168, 170).

44 주 42에서 언급한 페미니스트 이론가 참조.

45 Eamonn Callan, *Creating Citizens*, 10; Amy Gutmann, *Democratic Education* (Princeton, NJ: Princeton University Press, 1993), 139.

46 예를 들어, 앞으로 3장에서 논의할 Fineman, *The Autonomy Myth*.

47 예를 들어, 앞으로 4장에서 논의할 Michael Warner, *The Trouble with Normal*.

48 예를 들어, 앞으로 4장에서 논의할 Rick Santorum, *It Takes a Family* (Wilmington, DE: Intercollegiate Studies Institute, 2005).

49 예를 들어, 앞으로 4장에서 논의할 David Blankenhorn, *The Future of Marriage* (New York: Encounter Books, 2007).

50 *Meyer v. Nebraska*, 262 U.S. 390, 402 (1923).

51 Shapiro, *Democratic Justice*, 87.

52 예를 들어, 스테인버거(Peter Steinberger)는 *The Idea of the State* (Cambridge, UK: Cambridge University Press, 2005), 12장에서 "'국가'라는 용어를 사용할 때 그것이 의미하는 것이 중요한 이론적 혼동을 낳는다는 점에 대해 명확히 하지 못하고 있는 정치이론가들의 현재 진행되고 계속 반복되는 실패"를 주장한다.

53 Spragens, *Civic Liberalism*, xiii.

1장

1　John Rawls, *A Theory of Justice* (Cambridge, MA: The Belknap Press of Harvard University Press, 1971).

2　라이언(Alan Ryan)은 『정의론』이 "철학자에게 대논쟁을 불러일으켰으며, 많은 사회학자, 경제학자, 판사, 정치인이 지난 백년 동안 제일 많이 언급한 책이라 밝혔다" (Alan Ryan, "John Rawls," in Quentin Skinner [Ed.], *The Return of Grand Theory in the Human Sciences* [New York: Cambridge University Press, 1985], 101). 한 논평자에 의하면 ("법학지에 인용된 『정의론』의 인용회수를 언급하며") 현대 법리의 사고체계에 미친 롤즈의 영향력은 매우 "지대하다"(Lawrence B. Solum, "Situating Political Liberalism," *Chicago- Kent Law Review*, 69, 549-550 [1994]). Thomas Nagel, "The Rigorous Compassion of John Rawls: Justice, Justice, Shalt Thou Pursue," *New Republic*, Oct. 25, 1999, 36-37.

3　Rawls, *A Theory of Justice*, 3. 롤즈는 "전체 사회의 복지도 무효화할 수 없는, 각인은 정의(justice)에 기반하여 불가침성을 갖기 때문에" 사회정의가 근원적이라고 부연한다.

4　원초적 입장(original position)이 갖는 의미는 "사회적 협력의 공정한 시스템으로 사회를 이해하는 발상(idea)이 어떻게 기본적 권리와 자유, 그리고 자유롭고 평등한 인격체로서 시민으로 간주되는 협력하는 사람들에게 가장 적절한 평등의 양상을 특정하는 원칙을 찾기 위해 개진될 수 있는지 보여줄 수 있다"는 점이다(John Rawls, *Political Liberalism* [New York: Columbia University Press, 1993], 27).

5　Rawls, *A Theory of Justice*, 303.

6　Ibid., 7.

7　Ibid., 7, 462-463.

8　Susan Moller Okin, *Justice, Gender, and the Family* (New York: Basic Books, 1989), 97 참조. 예를 들어, 롤즈는 원초적 입장에서 사람들은 자신을 가장(家長)으로 인식할 것이라 제언하며, 자신은 이러한 해석을 전체적으로 따를 것이라고 말한다(Rawls, *A Theory of Justice*, 128). 롤즈는 그렇게 하는 그의 목적은 단지 원초적 입장에서 결정된 규칙들(decisional rules)이 미래 세대에게 공정함을 보장하기 위해서임을 명확히 하고 있다. 이러한 가정에서 롤즈는 "정당한 저축(just savings)"의 원칙을 도출한다(Ibid., 128-129, 284-293).

9　Rawls, *A Theory of Justice*, 74. 롤즈는 이 논쟁을 [개인의] 성격까지 확장한다. "본인의 능력을 육성하기 위해 노력하게 만드는 우월한 특성은 그 사람의 온전한 가치라는 강변 역시 문제의 소지가 있다. 왜냐하면 개인의 특성은 상당히 많은 부분에서 자신이 모

아놓은 것이라고 항변할 수 없는, 운(fortunate)의 일종인 가족이나 사회적 환경에 따라 좌우되기 때문이다"(Ibid., 104).

10 Ibid. 롤즈는 이 주제를 책에서 다시 꺼내며 가족이 개인에게 불평등한 기회가 될 수 있다는 점을 지적한다(Ibid., 511-512). Martha Nussbaum, "Rawls and Feminism," in Samuel Freeman, (Ed.), *The Cambridge Companion to Rawls* (Cambridge University Press, 2009), 500 참조.

11 Okin, *Justice, Gender, and the Family*, 97.

12 Ibid.

13 롤즈는 자신의 개념을 미덕의 가치(good of virtue)로 제한할 때, 다른 가치들을 배제하고 있음을 인정한다. "이 기준은 사회의 기본구조를 위한 다른 미덕들을 정의하는 원칙과 혼동해서는 안 되며, 사회적 편성(social arrangements)은 전반적으로 효율적일 수도 비효율적일 수 있으며, 자유주의적일 수도 비자유주의적일 수도 있으며, 많은 다른 일은 정의로울 수도 정의롭지 않을 수도 있다. 미덕의 충돌 시 각각의 중요성뿐만 아니라, 사회의 기본구조가 되는 모든 미덕을 위한 원칙을 개념정의하는 완전한 개념은 정의 개념(conception of justice)보다 많다. 그것은 사회적 이상이다."(Rawls, *A Theory of Justice*, 9)

14 Ibid., 4, 7, 9.

15 Ibid., 302.

16 위의 주 9-10 참조. James Fishkin, *Justice, Equal Opportunity, and the Family* (New Haven: Yale University Press, 1983), 63-65 참조.

17 Rawls, *A Theory of Justice*, 462-463. 유사하게 롤즈는 책 후반부에서 가족이 개인에게 불평등한 기회의 문제를 제기할 수 있음을 고려하면서 다음과 같이 묻는다. "그렇다면 가족이 없어져야 하는가? 그대로 받아들여지고 있고 일종의 우선권을 고려했을 때, 평등한 기회라는 아이디어는 그러한 방향으로 간다"(Ibid., 511).

18 Ibid., 6. "제도의 가장 중요한 가치인 정의가 확실한 우선성이 있다 해도, 다른 조건이 동일하다면 어떤 정의의 개념은 그것의 더 큰 연쇄적 결과들이 보다 바람직할 때 다른 정의의 개념보다 선호할만하다는 것은 여전한 진실이다"고 롤즈는 주장한다.

19 Ibid., 545. 롤즈의 강변자들은 원초적 입장에 있는 사람들에 대한 롤즈의 설명은, 일부 비판론자들이 주장하듯, 현실을 재현하기 위한 존재론적 구성이라기보다 자애(benevolence)를 본보기 삼는 도덕적 구성을 갖추기 위함이라고 주장한다. 예를 들어, Linda C. McClain, "'Atomistic Man' Revisited: Liberalism, Connection, and Feminist Jurisprudence," *Southern California Law Review*, 65, 1171 (1992). 롤즈가 실제로는 인간의 사회적 특성을 인정했으며 사회적 결합(social union)의 개념과 상호의존성을 설명했다고 보는 맥클라인의 입장은 정확히 맞다. 그리고 그녀는 롤즈 자신도 비판가들

이 지적하는 방식으로 원초적 입장을 독해하지 않도록 주의를 기울였음을 지적한다 (Ibid., 1206-1211). 롤즈도 명시하듯, "무지의 베일이 걷히면, 모든 당사자들은 자신에게 감정과 애정의 유대가 있으며, 타인의 이익이 나아지기를 원하고 그들의 목적이 성취되기를 바란다는 점을 확인한다"(Rawls, *A Theory of Justice*, 129). 이는 즉 롤즈는 자신의 이론 어디에서도 인간의 의존성에 주목하지 않음으로써, 이를 무시한다는 비판에 취약해진다.

20 롤즈가 인간의 의존성을 무시한다는 기본적인 비판과 이러한 경시가 낳은 "평등과 사회정의"에 미치는 결과에 대해서는 커테이(Eva Feder Kittay)의 *Love's Labor* (New York: Routledge, 1999) 참조. 이 절의 필자 주장의 많은 부분은 커테이의 비판을 기초로 한다.

21 Rawls, *A Theory of Justice*, 4, 60-62. 커테이는 롤즈가 인간의 불가피한 의존성을 파악하지 못한 것이 명백한 부분은 중증발달장애가 있는 의존인의 상황에 대해 논의했었어야 했다는 비판에 대한 롤즈의 답에서 확인된다(Kittay, *Love's Labor*, 77). 롤즈에 따르면, 이처럼 어려운 사례들은 후속 입법단계에 맡기는 게 더 낫다(John Rawls, *Justice as Fairness: A Restatement* [Cambridge, MA: The Belknap Press of Harvard University Press, 2001], 171-176). 하지만 이 시각은 롤즈가 인간을 전반적으로 능력 있고 비의존적인 상태로만 보고 있다고 할 수 있으며, 결과적으로 의존적인 인간을 특별한 경우로 이해해서 인간이라는 조건을 대표하는, 그래서 사회구성의 기본적인 문제로 다뤄야 하는 어떤 연속선상의 한끝으로 간주하지 않는다. 커테이가 일갈하듯, "의존성은 모든 인격체를 반드시 포함해야 하는 평등이론의 모든 프로젝트의 시작점부터 고려해야 한다"(Kittay, *Love's Labor*, 77, 원문강조). Martha Nussbaum, "The Future of Feminist Liberalism," in Eva Feder Kittay and Ellen K. Feder (Eds.), *The Subject of Care: Feminist Perspective on Dependency* (Lanham, MD: Rowman and Little Publishers, 2002), 51.

22 Kittay, *Love's Labor*, 77. See also Okin, *Justice, Gender, and the Family*, 103-104.

23 National Alliance for Caregiving and AARP, "Caregiving in the U.S., Executive Summary 2009," 4 (2009), http://www.caregiving.org/data/Caregiving USAllAges ExecSum.pdf [2010년 2월 28일 접속] (돌봄제공자의 66%는 여성임을 보여줌). 또한 *Congressional Record*, 139, 1969(1993) 참조(하원의원 쉔크(Rep. Lynn Schenk) 의사록 인용)("여성은 17년간 자녀를 돌보고, 그 후 18년간 노인 친족을 돌보게 된다").

24 Sarah Rimer, "Blacks Carry Load of Care for their Elderly," *New York Times* (Mar. 15, 1998), 1; National Alliance for Caregiving and AARP, "Caregiving in the U.S.," http://www.caregiving.org/pubs/data.htm. 다양한 민족집단 간 돌봄제공에 관한 차이에 대해서는 Caregiving in the U.S.: Findings from the National Caregiver Survey

(2004), 15-16 참조 [2010년 2월 28일 접속].

25 Paula England and Nancy Folbre, "Care, Inequality, Policy," in Francesca M. Cancian et al. (Eds.), *Child Care and Inequality: Rethinking Carework for Children and Youth* (New York: Routledge, 2002), 133.

26 2007년의 자료에 의하면, 돌봄제공자의 88%는 여성이며, 그중 52%는 소수 인종이나 민족에 해당하며 21%는 외국인이다(PHI: National Clearinghouse on the Direct Care Workforce, "Facts 3: Who Are Direct Care Workers?" 1 [2007], http://www.direct careclearinghouse.org/download/NCDCW%20Fact%20Sheet-l.pdf [2010년 2월 28일 접속]).

27 Rawls, *A Theory of Justice*, 19.

28 John Rawls, "The Idea of Public Reason Revisited," *University of Chicago Law Review*, 64, 765 (1997).

29 Ibid., 787 n. 58.

30 Ibid., 788.

31 Ibid.

32 Ibid., 789-790.

33 Ibid., 789.

34 Ibid.

35 Ibid., 792.

36 Ibid., 779. 또한 Ibid., 789-790 참조("아내도 남편처럼 평등한 시민인 만큼, 아내에게도 남편과 같은 권리, 자유, 그리고 기회가 있다. 그리고 다른 정의의 원칙들의 정확한 적용과 더불어, 이는 그들의 평등과 독립에 대한 충분한 근거가 된다").

37 Ibid.

38 로이드(Sharon Lloyd)는 이에 대해 언급한 소수의 학자 중 한 명이다(Lloyd, "Situating a Feminist Criticism," 1329-1330).

39 Rawls, "The Idea of Public Reason Revisited," 790.

40 Ibid.

41 Martha Minow, "All in the Family and in All Families: Membership, Loving, and Owning," in Martha Nussbaum and David Estlund (Eds.), *Sex, Preference, and Family* (New York: Oxford University Press, 1997), 249.

42 Frances Olsen, *The Myth of Family Intervention* 참조. 필자는 이 문제를 2장에서 상세히 다룬다.

43 Rawls, "The Idea of Public Reason Revisited," 790.

44 Janet C. Gornick and Marcia K. Meyers, *Families That Work: Policies for Reconciling Parenthood and Employment* (New York: Russell Sage Foundation, 2003), 30.

45 본서 서장의 주 12와 언급된 문헌 참조.

46 이 항목은 6세 이하의 자녀가 있는 어머니의 62%, 6~17세의 자녀를 둔 어머니의 77% 를 포함한다(Bureau of Labor Statistics, "Rise in Mothers Labor Force Includes those with Infants," [2005], http://www.bls.gov/opub/mlr/1986/02/rpt2fu11.pdf [2009년 6월 20일 접속]).

47 National Alliance for Caregiving, "The MetLife Study of Sons at Work: Balancing Employment and Eldercare," http://www.caregiving.org/data/sonsatwork. pdf [2009년 6월 20일 접속].

48 2007년 일, 가족, 형평성 인덱스에 따르면, 169개국에서 출산휴가를 보장하며, 이 중 절반 이상이 14주 혹은 그 이상의 휴가를 보장한다고 보고한다. 이와 달리 미국은 출산 휴가를 자녀돌봄과 연계해서 어떤 방식으로든 보장하지 않은 4개국 중 하나이다. 전 세계에서 거의 3분의 1에 달하는 국가가 아버지에게도 출산휴가를 보장하고 있으나 미국은 아니다. 또한 적어도 107개 국가가 하루에 1시간, 혹은 그 이상의 모유수유를 위한 휴게시간을 필요한 의무로 보고 있으며, 이 중 73개국 이상이 이에 대한 비용을 지출하고 있다. 위 보고서가 출판되면서 헬스케어 개혁안(health care reform)이 의회 를 통과하기 전까지, 모유수유가 영유아의 사망을 줄인다고 증명되었음에도 불구하 고, 미국은 모유수유를 하는 근로자에게 어떤 보호정책도 시행하고 있지 않다(Jody Heymann, Alison Earle, Jeffrey Hayes, "Project on Global Working Families, The Work, Family, and Equity Index: How Does the United States Measure Up? [2007]," http://www.mcgill.ca/files/ihsp/WFEI2007. pdf [2009년 6월 20일 접속]). 하지만 환 자보호 및 부담적정보호법(Patient Protection and Affordable Care Act)의 제4207항 은 고용주가 모유수유가 필요한 근로자에게 '합리적인 모유수유 휴식시간' 및 화장실 이외의 사적인 공간에서 근무 시간 중 모유분비를 할 수 있도록, 아이가 1살 생일을 맞 이하기 전까지 이를 보장하도록 하고 있다.

49 42 U.S.C. 2000e-2000e17 (2009).

50 42 U.S.C. 2000e (2009).

51 29 U.S.C. 2601-2654 (2009).

52 *Chi v. Age Group, Ltd.*, 1996 Westlaw 627580 (S.D.N.Y. Oct. 29, 1996).

53 법원은 이하의 두 다른 프레임으로 민권법 제7편을 분석하고 있다: 차별적 의도가 있 는 고용행위를 금지하는 차별행위원칙(disparate treatment doctrine)과 겉보기는 중 립적이지만 결과적으로 차별적인 영향을 주는 고용행위를 금지하는 간접차별행위원 칙(disparate impact doctrine)이 그것이다(*International Bhd. of Teamsters v. United States*, 431 U.S. 324, 335 36 n.15 [1977]). 재판부는 차별적 행위에 대한 분석을 직무 (job requirement)의 관점에서 남녀가 유사한 상황 아래 여성을 다르게 대우하는 사례

만 분석했기 때문에, 육아를 더 많이 하기 때문에 일하는 어머니에게 불리함에도 양성 (sexes)이 평등한 것으로 적용되는 정책에는 이 원칙이 적용될 수 없다(이에 대한 예시로서, *EEOC v. Sears, Roebuck & Co.*, 628 F. Supp. 1264 [N.D. 111. 1986], *affirmed* 839 F.2d 302 [7th Cir. 1988]; *Record v. Mill Neck Manor Lutheran Sch. for the Deaf*, 611 F. Supp. 905 [E.D.N.Y. 1985]; *Barnes v. Hewlett-Packard Co.*, 846 F. Supp. 442 [D. Md. 1994] 참조). 차별적인 영향을 주는 고용행위를 금지하는 간접차별행위원칙은 이론적으로 일하는 부모를 불리하게 만드는 직무에 대한 도전이다. 그러나 현실적으로 법원은 이러한 직무에 대한 도전을 줄곧 기각해왔다(*Ilhardt v. Sara Lee Corp.*, 118 F.3d 1151, 1156 [7th Cir. 1997] 판시 참조. [간접차별행위원칙으로 분석하면, 시간제 노동자를 해고하는 것은 일하는 어머니를 불리하게 한다는 원고 측 주장은 받아들여질 수 없다. 원고는 노동인력의 감축이 "별개의 사건"이 아니라 "민권법 제7편이 의미하는 특별한 고용형태"임을 보여주지 못했다. *Barrash v. Bowen*, 846 F.2d 927, 932 [4th Cir. 1988] [자녀를 모유수유하고자 하는 여성에 대한 휴직을 사절하는 정책은 "자녀를 약 6개월 이상 양육하고자 하는 젊은 어머니들에게 부정적인 영향을 줄 수 있다." 하지만 이는 법에 저촉되는 간접차별행위가 아니다. 이것은 여성이 남성에 비해 부정적인 대우를 받는 경우라고 볼 수 없다고 판시]; *Wallace v. Pyro Mining Co.*, 789 F. Supp. 867 [W.D. Ky. 1990], [유사]; *Maganuco v. Leyden Community High Sch.* Dist. 212, 939 F.2d 440, 444 [7th Cir. 1991] 등도 참조. [원고가 적절한 통계적 뒷받침을 하지 못했기 때문에, 간접차별행위원칙이 육아휴직정책에 적용될 수 없다고 판시]; *Armstrong v. Flowers Hosp*, 812 F. Supp. 1183, 1191 92 [M.D. Ala. 1993] [임신 중인 간호사와 그렇지 않은 간호사가 AIDS 환자를 마주해야 하는 경우, 임산부 간호사에게 위험이 더 크지만, 이는 간접차별행위원칙에 위배된다고 볼 수 없다고 판시]; E.E.O.C. v. Sears, Roebuck & Co., 628 F. Supp. 1264, 1285 [N.D. 111. 1986], *affirmed*, 839 F.2d 302 [7lh Cir. 1988] [원고가 구체적이고 겉으로는 중립적이지만 여성에게 불리한 정책을 입증하지 못하기 때문에, 간접차별행위원칙을 적용할 수 없음을 판시]; *Chi v. Age Group*, 1996 Westlaw 627 580 [S.D.N.Y. Oct 29, 1996] [여성 근로자에게 늦은 시각까지 근무하도록 한 행위가 간접차별행위라는 소송을 기각했다고 판시. 이는 피고의 요구조건, 즉 생산직 근로자는 늦게까지 일할 수 있고 그럴 의지가 있다고 보는 조건은 그 직위에 합리적으로 연관되었기 때문이다."]).

54 *Guglietta v. Meredith Corporation*, 301 F. Supp.2d 209, 215 (D. Ct. 2004).

55 본서 서장 주 21-24 참조.

56 Pregnancy Discrimination Act of 1978, 42 U.S.C. § 2000e(k) (2006).

57 연방대법원에서는 이하와 같이 판시한다. "주는 임신에 대한 불이익을 하나하나 선정할 수 없지만, 이것이 곧 역으로 어떤 우선적인 대우를 제공해야 함을 의미하지도 않는

다"(*Wimberly v. Labor and Industrial Relations Commission*, 479 U.S. 511, 518 [1987]). *Stout v. Baxter Healthcare Corp.*, 282 F.3d 856 (5th Cir. 2002) 참조("임신차별금지법은 임신으로 결근하여 해고된 임산부를, 그 결근이 임신 혹은 유관 사안으로 인한 것이라 해도, 임신하지 않은 동료의 결근도 묵과되지 않는다면 보호하지 않는다").

58 *International Union, UAW v. Johnson Controls*, 499 U.S. 187 (1991).

59 Title VII of the Civil Rights Act of 1964, 42 U.S.C. § 2000e-2(e)(l) (2006).

60 *Johnson Controls*, 499 U.S. at 205.

61 Ibid., 206-207.

62 Ibid., 203-204.

63 Ibid., 207.

64 차별금지의 프레임으로 배제된 이슈의 중요성은 존슨사 사건에서 다수의견과 소수의견 간 논쟁의 범위에 의해 무효화된다. 어느 쪽의 주장도 이 법이 아이를 가진, 가지고자 하는, 혹은 상처 입은 아이들을 입양하여 부모로서 역할을 하고자 하는 근로자에게 가해지는 피해를 인식하지 못한다는 점을 지적하지 못한다. 이 논쟁은 태아에게 가해지는 위험 대신, 법이 고용주가 입은 경제적 손해를 인지하고 있느냐 아니냐에 대해 초점을 맞추고 있다(Johnson Controls, 499 U.S. at 208-211)(판사 화이트(White, J.)는 부분적으로 동의 혹은 심의 과정에서 동의). 불법행동으로 인해 고용자에게 심한 경제적 손해가 발생한 경우, 법원은 이를 민권법 제7편을 통해 인지할 수 있다고 언급한다. 그러나 아무리 법적으로 개념화한다 해도, 태아가 심각한 상해를 입은 경우, 이것을 추후에 인정받기는 어렵다.

65 그리고 사실 이것은 수많은 청중이 여성의 승리라며 환호하였다(Amy S. Cleghorn, "Justice Harry A. Blackmun: A Retrospective Consideration of the Justice's Role in the Emancipation of Women," *Seton Hall Law Review*, 25, 1176 [1995]; Sheryl Rosensky Miller, "From the Inception to the Aftermath of International Union, *UAW v. Johnson Controls*: Achieving its Potential to Advance Women's Employment Rights," *Catholic University Law Review*, 43, 227 [1993]; Renee I. Solomon, "Future Fear: Prenatal Duties Imposed by Private Parties," *American Journal of Law & Medicine*, 17, 411 [1991]) 등을 예시로 참조.

66 *Wallace v. Pyro Mining Co.*, 789 F. Supp. 867, 869 (W.D. Ky. 1990). *Derungs v. Wal-Mart Stores*, 374 F.3d, 428, 439 (6th Cir. Ohio 2004) 참조(임신차별금지법은 임신 관련 상태는 정상적인 행동이 불가능할 때만 질병으로 취급됨을 요구한다고 판시).

67 H.R. Rep. No. 95-948, 5 (1978). 1978 U.S.C.C.A.N. 4749.

68 *Troupe v. May Department Stores*, 20 F.3d 734 (7th Cir. 1994).

69 Ibid., 737.

70 Ibid., 738.

71 *Johnson Controls*, 499 U.S. at 207. *United States EEOC v. Catholic Healthcare West*, 530
    F.Supp.2d 1096, 1106 (C.D. Cal. 2008) (병원은 임산부 근로자가 태아의 안전을 위해
    형광 투시를 사용하는 부서에서 근무하지 않도록 할 수 없다고 판시: 여성은 "자신의
    신체와 자신의 운명을 위해 본인이 결정해야 한다"). *Peralta v. Chromium Plating &
    Polishing Corp.*, 2000 U.S. Dist. LEXIS 17416 (E.D.N.Y. 2000) (고용주는 임산부 근로
    자가 자신의 태아가 잘못될 것을 우려하여 근무하지 않도록 강요할 수 없음을 판시; 임
    신 중의 근로는 여성 개인에게 달려 있는 것으로 판시).

72 939 F.2d 440, 443-45 (7th Cir. 1991).

73 Ibid., 444.

74 마찬가지로 *Piantanida v. Wyman Ctr.*, 116 F.3d 340, 342 (8th Cir. 1997)에서 판시하
    듯, 제8순회 법원(8th Circuit)에서는 개인의 자녀돌봄이 임신차별금지법의 보호를 받
    고자 하는 "의료적 상태"가 아니라고 결론지었다. 대신에 법원은 부모의 이 결정을
    "아이를 키우고자 하는 모든 새로운 부모가 선택한 사회적 역할"로 개념화했다. 그리
    고 법원은 출산휴가를 받은 근로자에 대한 강등처분은 그 근로자의 새로운 부모로서의
    지위가 성중립적이기 때문에 민권법 제7편을 위반하지 않는다고 보고 기존 판례를 지
    지했다.

75 Joan Tronto, *Moral Boundaries: A Political Argument for an Ethic of Care* (New York:
    Routledge, 1993), 122("돌봄은 감정적이고 사적으로 칭송된 것을 제외하면, 우리 사
    회에서 위상이 없다"). 관련하여 실바우(Katherine Silbaugh)는 집안일이 가정의 영역
    과 연결되고 또한 그 영역이 그저 애정이 있는 분위기로 인식됨이, 집안일을 "진짜 일"
    로 이해하지 않고 따라서 혜택과 보호가 주어지는 임금노동으로서 간주하지 않는다고
    지적한다(Katharine Silbaugh, "Turning Labor into Love: Housework and the Law,"
    Northwestern University Law Review, 91, 1 [1996]).

76 Peggie R. Smith, "Elder Care, Gender, and Work: The Work Family Issue of the 21st
    Century," *Berkeley Journal of Employment and Labor Law*, 25, 351 (2004); Martha
    Fineman, "Contract and Care," *Chicago-Kent Law Review*, 76, 1403 (2001); Jill Elaine
    Hasday, "Contest and Consent: A Legal History of Marital Rape," *California Law
    Review*, 88, 1373 (2000); Carole Pateman, *The Sexual Contract* (Stanford, CA:
    Stanford University Press, 1988); Lucinda M. Finley, "Transcending Equality
    Theory: A Way Out of the Maternity and the Workplace Debate," *Columbia Law
    Review*, 86, (1986); Frances Olsen, "The Myth of State Intervention in the Family,"
    Michigan Journal of Law Reform, 18, 835 (1985); Frances Olsen, "Family and Market:
    A Study of Ideology and Legal Reform," *Harvard Law Review*, 96, 1497 (1983).

77 Nancy Fraser and Linda Gordon, "A Genealogy of 'Dependency': Tracing a Keyword

of the U.S. Welfare State," in *Justice Interruptus: Critical Reflections on the "Postsocialist" Condition* (New York: Routledge, 1997), 176; Olsen, "Family and Market," 1501.

78 Family and Medical Leave Act of 1993, 29 U.S.C. § 2601 (2010).

79 Ibid. 29 U.S.C. § 2612, §2614(a) (2010).

80 *Schultz v. Advocate Health*, 2002 U.S. Dist. LEXIS 9517 (N.D. 111. 2002)(건강상 문제가 있는 고령 부모를 돌보고자 휴가를 요청해서 해고된 근로자에게 손해 배상금을 지급함); *Knussman v. Maryland*, 272 F.3d 625 (4th Cir. 2001) (신생아를 돌보기 위한 휴가에 대한 거부에 대해, 가족의료휴가법의 근거로 매릴랜드 주경찰에게 우호적인 판결을 내림). Diane E. Lewis, "When Dad Needs Time Off: *Knussman* Win Uncovers Double Standard that Often Lurks Within Leave Policies," *Boston Globe*, Feb. 7, 1999, G4.

81 Family and Medical Leave Act of 1993, 29 U.S.C. § 2611(2) (2010).

82 U.S. Department of Labor, "Family and Medical Leave Act Regulations: A Report on the Department of Labor's Request for Information," 128 (2007). http://www.dol.gov/FMLA2007Report/2007FinalReport.pdf [2009년 6월 20일 접속].

83 29 U.S.C. 2614(a)(1) (2010) 참조.

84 U.S. Department of Labor, David Cantor et al., "Balancing the Needs of Families and Employers: Family and Medical Leave Surveys," viii, x (2001), http://www.dol.gov/whd/fmla/foreword.pdf [2009년 6월 20일 접속].

85 캘리포니아는 최초로 실업보험법(Unemployment Insurance Code)을 근거로 최대 6주의 유급휴가를 제공한다(California Unemployment Insurance Code 3301 (A)(1) [West 2010]). 이에 다른 두 주인 워싱턴과 뉴저지가 캘리포니아의 정책을 뒤따랐다 (N.J. Stat. Ann. 43:21-26 [West 2009]; Wash. Rev. Code 49.86.030 [West 2009]).

86 29 C.F.R. 825.113 (1997) ("'자녀돌봄' 휴가는 해당 아동이 신생아가 아닌 경우(생후 1년 이내), 본래 가족의료휴가법의 조건을 충족하지 못한다." S. Rep. No. 103-3 (1993, 29) (의회는 "간단히 며칠이면 끝나는, 본래 입원을 요구하지 않으며 회복기간이 상대적으로 짧은 경미한 질병 및 수술 과정"에 대해 면제를 추구한 바 있다).

87 *Kelley v. Crosfield Catalysts*, 962 F.Supp 1047, 1048(N.D. 111. 1997), 다른 내용에 근거하여, 135 F.3d 1202 (7, h Cir. 1998). *Seidle v. Provident Mutual*. Life Insurance Co, 871 F.Supp. 238, 246 (E.D. Pa. 1994)(자녀의 귀 염증의 경우 가족의료휴가법에 의해 부모의 휴가를 필요로 하는 수준의 심각한 질병이 아님을 판시); *Perry v. Jaguar of Troy*, 353 F.3d 510 (6th Cir. 2003)(ADHD를 앓고 있는 자녀를 양육하고 있는 경우, 그것이 가족의료휴가법의 휴가에 대한 조건을 충족하지 못한다는 점을 판시).

88 *Pang v. Beverly Hospital*, 94 Cal. Rptr. 2d 643, 647 (2000).

89 Ibid., 648.

90 Ibid., 650. Peggie Smith, "Elder Care, Gender, and Work: The Work-Family Issue of the 21st Century," *Berkeley Journal of Employment & Labor Law*, 25, 351, 387-389 (2004) 참조.

91 복지개혁에 관한 논쟁이 여기에 맞는 사례이다. 예를 들어, "The 1998 Campaign," *New York Times*, Oct. 17, 1998, B40 (복지개혁이 "사람들의 삶을 바꾸었고, 책임이 따르는 행동에 대해 의존적으로 행동하도록 했다"고 강조한 뉴욕 주지사 파타키(George Pataki)에 대한 인터뷰); David Brooks, "More Than Money," *New York Times*, March 2, 2004, A23, (에드워드(John Edward)는 만일 부유층과 특별한 이익계층으로부터 돈을 얻을 수 있을 경우, 혜택을 제대로 받지 못하는 계층에게 혜택이 될 것이라고 말한다. 반면, 보수층은 이 점에 등을 돌린다. 만일 사람들이 근면 성실함, 진지함, 신의, 의존성, 충실함 등을 조성하는 환경에서 산다면, 그들은 곧 번영할 것이다"); David Brooks, "No U-turns," *New York Times*, Mar. 29, 2007, A5 (1970년대 사람들은 "권리 대 권력"이라는 그들의 마음에 든 —큰 정부는 개인의 자유를 억압한다는— 패러다임을 갖기에 알맞았다 … 이것은 "치안(security)이 곧 자유"라는 패러다임을 갖는 공공의식으로 대체되어갔다. 안정된 삶의 기반이 있는 사람들은 리스크를 그만큼 감수하고 본인을 위한 삶을 찾을 가망이 더 높다); John Vliet Spitzer, *New York Post*, June 6, 2007, 30 ("여러 세대에 걸친 복지 의존적인 면은 여전히 다방면에서 보이지만, 이는 더 이상 자격으로 생각되지는 않는다. 그리고 그것은 납세자에게 좋은 정도만큼 가난한 사람에게도 좋을 뿐이다." Mike Doming, "Will Poverty Make a Political Comeback?" *Chicago Tribune*, June 3, 2007, C4 ("3,700만 명의 빈곤에 대한 국가의 대응에 대해 에드워드는 작년 내셔널 프레스 클럽(National Press Club)에서 '미국의 성격에 대한 모든 것'을 연설한 바 있다 … 그러나 공화당과 보수주의자들은 광범위한 복지프로그램은 의존성을 키우며, 장기적으로는 빈곤층에게 피해가 될 수 있다고 주장하며, 사람들이 빈곤에서 벗어나도록 하는 최선의 방법은 직업과 취업기회를 제공하는 경제를 만드는 것이라고 언급한다"). 하지만 주택담보대출 이자 인하 정책, 사회보장정책, 부유한 부동산 소유자에 대한 보조금 정책, 그리고 특정 산업 등에 대한 지원 등을 포함하여, 부유층과 중산층에 대한 지원 정책은 의존성을 높일 우려가 없는 정책으로 이해된다는 점은 언급할 필요가 있다. Nancy Fraser and Linda Gordon, "A Genealogy of 'Dependency': Tracing a Keyword of the U.S. Welfare State," 121.

92 Press Release, Bureau of Labor Statistics, U.S. Department of Labor, "Employment Characteristics of Families in 2008," 2, http://www.bls.gov/news.release/famee.nr0.htm [2010년 2월 28일 접속].

93 시간제 근로자는 의료보험, 연금정책 등의 혜택 대상에서 제외되는 경우가 많고, 정규

직 근로자 시급의 약 79% 정도를 받는다. 이는 인적 자본의 기본적 차이를 조정하더라
도 그렇다(Gornick and Meyers, *Families That Work*, 62-63, 149-50).

94 Lawrence Mishel, Jared Bernstein, Heidi Shierholz, *The State of Working America*
    2008/2009 (Ithaca, NY: Cornell University Press, 2009), 365.

95 Ibid.

96 Gornick and Meyers, *Families That Work*, 59.

97 Ibid., 60-61.

98 Ibid.

99 Ibid., 61. 벨기에, 캐나다, 덴마크, 핀란드, 프랑스, 독일, 룩셈부르크, 네덜란드, 노르
    웨이, 스웨덴, 영국 등이 비교 대상 국가들이다.

100 Ibid., 33 (Jerry A. Jacobs and Janet Gerson, "Hours of Paid Work in Dual-Earner
    Couples: The United States in Cross-National Perspective," *Sociological Focus*,
    35(2), 169 [2001] 인용).

101 Ibid.

102 Jeffrey Capizzano and Gina Adams, "The Hours That Children Under Five Spend in
    Child Care: Variation Across States," (Washington, D.C.: Urban Institute [2000]),
    http://www.urban.org/UploadedPDF/anf_b8.pdf [2010년 2월 28일 접속].

103 Ibid, (Jennifer Ehrle, Gina Adams, and Kathryn Tout, "Who's Caring for Our
    Youngest Children? Child Care Patterns of Infants and Toddlers" [Washington,
    D.C.: Urban Institute (2001)], http://www.urban.org/url.cfm?ID=310029
    [2009년 9월 15일 접속].

104 Ibid., (Capizzano, Tout, and Adams, *Child Care Patterns of School-Age Children with
    Employed Mothers*, 6 tbl. 1).

105 Ibid.

106 Eunice Kennedy Shriver National Institute of Child Health and Human
    Development, National Institute of Health, Department of Health and Human Services,
    "The NICHD Study of Early Child Care and Youth Development (SECCYD): Findings
    for Children up to Age 41/2 Years (2006)," http://www.nichd.nih.gov/pub-
    lications/pubs/upload/seccyd_051206. pdf [2009년 6월 20일 접속]. NICHD 연구는
    이 문제에 관해 가장 포괄적인 종적(longitudinal) 연구일 것이다. 주로 자신의 어머
    니로부터 돌봄을 받은 아동은 다른 사람으로부터 양육된 아동과 크게 다르게 자라지
    않는다고 발견한다. 이에 비해, 질적으로 좋은 돌봄을 받은 아동은 초기 3년간 다소
    나은 인지적, 발달적 실력에서 더 나은 성과를 보였다. 이 연구는 더 나은 수준의 돌봄
    환경에 노출된 아동은, 그렇지 않은 아동에 비해 4살 경에 학교에 더 잘 적응할 수 있
    으며, 체계화된 읽기와 셈에 관한 시험에서 더 나은 성적을 보였다고 제시한다.

107 Suzanne Helburn et al., "Cost, Quality, and Child Outcomes in Child Care Centers: Public Report," (Denver: University of Colorado, 1995), 319, http://www.eric.ed.gov/ERICDocs/data/ericdocs2sql/content_storage_ 01/0000019b/80/14/22/e6.pdf [2009년 9월 30일 접속]. 후속 연구는 조금 더 많은 비율의 아이들에게 행동학적으로 나은 결과를 보이는 더 긍정적인 결과가 나오는 것으로 밝혀졌다(Edward F. Zigler, Katherine Marsland, and Heather Lord, National Institute of Child Health and Development [NICHD], Characteristics and Quality of Child Care for Toddlers and Preschoolers, *Applied Developmental Science*, 4[3] 116 [2000] [돌봄 시설의 경우 영아의 28%, 유아의 22%가 긍정적인 돌봄경험을 보이고 있다]).

108 Gornick and Meyers, *Families That Work*, 53-54.

109 Ibid., 56 (Mary B. Larner, Lorraine Zippiroli, Richard E. Behrman, "When School Is Out," *Future of Children*, 9, 4 [1999]).

110 Ibid., 53 (Linda Giannarelli and James Barsimantov, "Child Care Expenses of America's Families" [Washington, D.C.: Urban Institute (2000)]를 인용, http://www.urban.org/url.cfm?ID=310028 [2009년 9월 15일 접속].

111 본서 서장 참조. 크리텐던(Ann Crittenden)은 미시간대학교 로스쿨 여자졸업생에 대한 연구에서, 이들은 직장에서 평균 3.3개월 쉬는 반면 남성 동료는 거의 쉬지 않았으며, 이들은 평균 10.1개월을 시간제로 근무했으며, 전일제로 일하는 경우 남성 동료보다 평균 10% 정도 적은 시간을 근무했다. 그녀는 다음과 같이 말한다. "남성과 여성의 근무 일정 간 약간의 차이에 대한 페널티는 눈에 띄게 가혹했다. 졸업한 지 15년이 넘은 경우, 여성의 봉급은 남성의 봉급에 비해 10%나 20% 정도가 아니라, 거의 40% 이상 낮았다(Ann Crittenden, *The Price of Motherhood* [New York: Metropolitan Books, 2001] 96).

112 위의 주 93 참조.

113 서장, 주 9와 해당 본문 참조.

114 Sylvia Allegretto, Economic Policy Institute, "U.S. Government Does Relatively Little to Lessen Child Poverty Rates, http://www.epi.org/content.cfm/webfeatures_snapshots_20060719 [2009년 8월 10일 접속].

115 Gornick and Meyers, *Families That Work*, 73-78.

116 Harriet Presser, *Working in a 24/7 Economy: Challenges for American Families* (New York: Russell Sage Foundation Publications, 2005).

117 이에는 관상동맥 관련 질병, 수면장애, 위장장애, 만성 권태감 등이 포함된다; 24시간 내내 이어지는 근무 역시 직장 내 사고의 가능성을 높인다(Gornick and Meyers, *Families That Work*, 51-52 [International Labour Association, "Conditions of Work

Digest: Working Time Around the World, International Labor Office" (1995); Harriet B. Presser, "Shift Work Among American Women and Child Care," *Journal of Marriage and the Family*, 48 [3], 551 [1986]).

118 Jody Heymann, *The Widening Gap: Why America's Working Families Are in Jeopardy— and What Can Be Done About It* (New York: Basic Books, 2000).

119 Robert Putnam, *Bowling Alone: The Collapse and Revival of American Community* (New York: Simon & Schuster, 2001).

120 비앙키(Suzzane Bianchi)와 그녀 동료의 부모의 주간근무 시간에 관한 최근의 연구는 의외의 결과를 보여준다. 1965년 이후로 모든 아동의 60%가 생계비를 버는 아버지와 주부 어머니의 가정에서 살았다. 반면 그 비율은 지금은 30% 정도이다. 결혼한 부모와 한부모가족의 경우 모두 자녀를 양육하고 가르치고 같이 놀아주는 시간은 늘어났다. 어머니의 경우, 주당 육아시간은 평균 1965년 10.6시간에서 2000년 12.9시간으로 늘어났다. 아버지의 경우, 주당 2.6시간에서 6.5시간으로 두 배 이상 늘었다. 한부모 어머니의 경우도 역시 1965년 7.5시간에서 2000년 11.8시간으로 증가했다 (Suzanne M. Bianchi, John P. Robinson, and Melissa A. Milkie, *Changing Rhythms of American Family Life* [New York: Russell Sage Foundation Publication, 2007], 1-2, 13, 16, 115-117, 137, 169-170, 175-178). Robert Pear, "Married and Single Parents Spending More Time with Children, Study Finds," *New York Times*, (Oct. 17, 2006), A12.

121 본서 서장 참조.

2장

1 왕은 자신의 신민에 대해 주권을 행사하는 자연권(natural right of sovereignty)을 갖는다는, 자녀에 대한 아담의 부권(paternal authority)에서 전수되었던 세계관을 반박하며 로크는 "신민에 대한 행정관의 권력은 자녀에 대한 아버지의, 하인에 대한 주인의, [그리고] 아내에 대한 남편의 권력과는 다르다"고 주장한다(John Locke, *Second Treatise of Government*, C. B. Macpherson, [Ed.] [Indianapolis: Hackett Publishing Company, 1980], 7 [강조 생략]).

2 1647년 10월 29일 퍼트니 논쟁(Putney Debates)에서 영국의 평등론자 와일드맨(John Wildman)이 다음과 같이 강변할 때, 그는 개인주의의 빠른 전조였다. "영국의 모든 사람은 본인의 대표자로 영국의 가장 위대한 사람을 선출할 권리가 있다"(A.S.P. Woodhouse [Ed.] *Puritanism and Liberty: Being the Army Debates(1647-9) from The*

Clarke Manuscripts [London: J.M. Denton and Sons Limited, 1992], 66).

3 Joyce Appleby, *Capitalism and a New Social Order: The Republican Vision of the 1790s* (New York: New York University Press, 1984), 20 (William Lucy, *Observations, Censures, and Confutation of Notorious Errours in Mr. Hobbes His Leviathan* [London: 1663] 인용). Robert Filmer, "Observations Concerning the Originall of Government," in Peter Laslett (Ed.), *Patriarcha and Other Political Works* (Oxford: B. Blackwell, 1949), 241 참조(홉스를 이하와 같이 비판: "인간이라는 종(company of men)은 서로에게 의존하지 않고, 처음부터 마치 버섯처럼 처음부터 만들어졌다고 주장한다. 그들은 갑자기 서로에 대한 아무런 의무감 없이, 마치 버섯처럼 땅에서 솟아났다." Susan Moller Okin, "Humanist Liberalism" in Nancy L. Rosenblum (Ed.), *Liberalism and the Moral Life* (Cambridge, MA: Harvard University Press, 1989), 39, 41 (자유주의는 "정치이론의 주체인 성인으로 우리가 어떻게 되어가는지(become)에 대해 놀라울 정도로 신경 쓰지 않는다"고 언급).

4 비록 『연방주의자 논고(*The Federalist Papers*)』에서 폭정과 부정의를 수호하기 위해 제도적 견제를 해야 한다고 저자들이 가장 빈번히 인정하고 있지만, 이들은 이러한 견제가 새 공화국의 성공을 위한 핵심 요소로 여겨지는 미덕을 대신하는 것은 결코 아니라고 강조한다. 매디슨(Madison)의 말을 인용하자면, "제작과정에서 일정 수준의 경계와 불신이 있을 수밖에 없고, 동시에 일정 수준의 타락도 수반된다. 그래서 어느 수준의 존경과 자신감을 정당화하는 인간의 본성에는 여러 다른 자질도 있다. 연방정부에서는 이러한 자질의 존재를 다른 어떤 모습보다도 높은 수준으로 전제한다. 이는 마치 우리 사이에서 어떤 정치적인 질투와 인간성에 충실한 유사성 등에서 비롯된 그림과 같다. 이 말인즉, 자치 정부를 위한 어떤 수준의 미덕은 아직 인간에게는 충분히 존재하지 않는다는 의미이며, 이는 전지적인 폭정의 사슬이 인간 상호 간의 파괴와 탐욕을 제일 잘 억제할 수 있다는 의미이기도 하다"(James Madison, "The Federalist No. 55," in Alexander Hamilton, James Madison, and John Jay, *The Federalist Papers* [New York: Bantam Classic, 1982], 342).

5 John Locke, *Second Treatise of Government*, 32 (강조 생략).

6 John Stuart Mill, "Considerations on Representative Government," in John Gray (Ed.), *On Liberty and Other Essays* (New York: Oxford University Press, 1991), 225.

7 Ibid.

8 John Stuart Mill, "On Liberty," in John Gray (Ed.), *On Liberty and Other Essays*, 91.

9 여성과 페미니즘에 대한 밀의 시각을 보고자 한다면, Susan Moller Okin, "John Stuart Mill: Liberal Feminist," in *Women In Western Liberal Thought* (Princeton, NJ: Princeton University Press, 1977), 197-232.

10 밀은 다음과 같이 언급한다. "가족은 전제정(despotism)의 미덕뿐만 아니라 악덕이 배양되는 전제정의 학교이다. 자유·국가에서 시민성원자격(citizenship)은 부분적으로 평등한 사회의 학교이다. 그러나 시민성원자격은 현대적 삶에서 작은 부분을 차지하며, 매일의 습관이나 가장 깊숙이 박혀있는 감성으로 묻어나지 않는다. 정의롭게 구성된 가족은 자유의 미덕을 가르치는 진정한 의미의 학교일 수 있다. 정당한 가족은 자유라는 미덕의 진정한 학교가 될 수 있다 … 필요한 것은, 가족은 구성원 중 누구는 파워를 누리고 누구는 순종하는 모습 없이, 평등하게 서로 공감하는 학교가 되어야 하며 사랑으로 함께 사는 학교여야 한다는 점이다.… 인류의 도덕적 훈련은 인간 사회의 정상적인 구조에 적응된 동일한 도덕률을 가정에서 실행하기 전까지는 다른 모든 인간 진보가 준비하는 생활 조건에 결코 적응되지 않을 것이다"(John Stuart Mill, "The Subjection of Women," in John Gray [Ed J, *On Liberty and Other Essays*, 518-519).

11 자유주의의 도덕적 매력이 적어도 인간존엄성이라는 가치를 기반으로 한다는 것을 증명하는 것은 이 책의 범위를 넘어선다. 그러나 미국 헌법을 포함하여 권리와 자유에 관한 자유주의 체계의 가장 훌륭한 옹호는 궁극적으로 인간존엄성의 가치에 기반한다는 점을 필자는 언급하고자 한다. 예를 들어, PBS 방송시리즈〈헌법을 찾아서(In Search of the Constitution)〉의 모야스(Bill Moyers)와의 인터뷰에서, 브레넌 판사(Justice William Brennan)와 드워킨 교수(Professor Ronald Dworkin)는 자유주의 체제가 모두 헌법 특히 권리장전(Bill of Rights)에 기반을 두고 있다고 강조한다. "Introduction," in Michael J. Meyer and W.A. Parent, *The Constitution of Rights* (Ithaca: Cornell University Press, 1992), 3 (*In Search of the Constitution* "Mr. Justice Brennan" and "Ronald Dworkin: The Changing Store," Public Affairs Television, Inc., New York, 1987).

12 Thomas Paine, *The Rights of Man* (New York: Anchor, 1973), 320, 329-330.

13 Martha Albertson Fineman, *The Autonomy Myth: A Theory of Dependency* (New York: New Press, 2004), 36; Eva Feder Kittay, *Love's Labor: Essays on Women, Equality and Dependency* (New York: Routledge, 1999), 27.

14 트론토(Joan Tronto)는 그녀의 훌륭한 저서 『도덕의 범주(*Moral Boundaries: A Political Argument for an Ethic of Care*)』 (New York: Routledge, 1993)에서 정치이론은 돌봄윤리(an ethic of care)를 포함해야 한다는 지지할만한 주장을 시작한 첫 번째 학자이다.

15 Fineman, *The Autonomy Myth*, 36.

16 스프라겐스(Thomas Spragens)가 관찰하듯, "그 목표는 모든 시민이 말하자면 각자의 배를 항해할 수 있고, 자신의 삶을 일궈가는 데 있어 선장이나 다른 선원들에게 비굴

한 선원이 되지 않을 수 있고, 키나 닻이 없는 보트를 타고 표류하지 않을 수 있는 정치 질서이다"(Thomas Spragens, *Civic Liberalism* [Lanham, MD: Rowman & Littlefield, 1999], 122).

17 Kittay, *Love's Labor*, x‒xi, 40-42와 본서 서장의 주 8 참조.

18 벌린(Isaiah Berlin)은 다음과 같이 열변한다. "일상적인 경험에서 우리가 만나는 세계 는 우리가 똑같이 궁극적인 목적과 똑같이 절대적인 주장 사이에서 선택에 직면하는 세상이며, 그중 일부의 실현은 필연적으로 다른 사람들의 희생을 수반해야 한다." (Isaiah Berlin, "Two Concepts of Liberty," in *Four Essays on Liberty*, 118, 168 [1969]). 이러한 가치들 사이에서 엮인 '상쇄(trade-off)'는 부분적으로 자유주의 사 회가 개인의 자유로운 선택권을 강조하는 이유이다. 그러나 일부 사회적 가치는 개인 수준에서 적절하게 추구될 수 없다. 그 경우, 다시 벌린의 말을 빌리자면, "개인 혹은 국민이 자신이 원하는 대로 살 수 있는 권리 평등, 정의, 행복, 치안 혹은 공공질서 등 수 많은 다른 가치에 반하여 가장 중시되어야 한다는 주장은, 이에 대한 가장 분명한 예시 일 것이다"(Ibid., 168, 170).

19 Spragens, *Civic Liberalism*, xv.

20 Nancy J. Hirschmann, "Rethinking Obligation for Feminism," in Nancy J. Hirschmann and Christine Di Stefano (Eds.), *Revisioning the Political: Feminist Reconstructions of Traditional Conceptions in Western Political Theory* (Boulder, CO: Westview Press, 1996), 157, 162; Nancy J. Hirschmann, "Freedom, Recognition, and Obligation: A Feminist Approach to Political Theory," *American Political Science Review*, 83, 1227, 1229 (1989); Virginia Held, "Mothering Versus Contract," in Jayne Mansbridge (Ed.), *Beyond Self Interest*, (Chicago: The University of Chicago Press, 1990), 287; Okin, "Humanist Liberalism," 41.

21 Okin, "Humanist Liberalism," 41.

22 Stephen Macedo, *Diversity and Distrust: Civic Education in a Multicultural Democracy* (Cambridge: Harvard University Press, 2003); Spragens, *Civic Liberalism*; Michael Sandel, *Democracy's Discontent: America in Search of a Public Philosophy* (Cambridge: Harvard University Press, 1996). 샌델은 다음과 같이 지적한다. "자유에 대한 자유 주의적 시각은 그 장점에도 불구하고, 자치정부를 유지하기 위한 시민적 자원이 결여 되어 있다. 이 결점은 우리의 공적 삶에 피해가 될 수 있다. 우리 삶의 공공철학은 자유 를 보장할 수 없다. 왜냐하면 이는 자유가 요구하는 공동체의식과 시민참여를 고양할 수 없기 때문이다"(Ibid., 6).

23 *Thornburgh v. American College of Obstetricians and Gynecologists*, 476 U.S. 747 (1986) (overruled by *Planned Parenthood of Southeastern Pennsylvania v. Casey*, 505 U.S. 833

[1992]).

24 Ibid., 772.

25 Sandel, *Democracy's Discontent*, 102.

26 Spragens, *Civic Liberalism*, 65.

27 Tronto, *Moral Boundaries*; Kittay, *Love's Labor*; Okin, "Humanist Liberalism."

28 Martha Nussbaum, "The Future of Feminist Liberalism" in Eva Feder Kittay and Ellen K. Feder (Eds.), *The Subject of Care: Feminist Perspectives on Dependency* (Lanham, MD: Rowman & Littlefield Publishers, 2002), 186, 190.

29 Ronald Dworkin, *A Matter of Principle* (Cambridge: Harvard University Press, 1985), 191.

30 William Galston, *Liberal Purposes: Goods, Virtues, and Diversity in the Liberal State* (New York: Cambridge University Press, 1991), 80.

31 공동체주의자들에 대해서는 Robert N. Bellah et al., *Habits of the Heart: Individualism and Commitment in American Life* (Berkeley: University of California Press, 1985); Alasdair Maclntyre, *After Virtue: A Study in Moral Theory* (Notre Dame: University of Notre Dame Press, 1981); Michael Sandel, *Liberalism & the Limits of Justice* (New York: Cambridge University Press, 1982); Sandel, *Democracy"s Discontent*; Charles Taylor, "Liberal Politics and the Public Sphere." in Amitai Etzioni (Ed.), *New Communitarian Thinking* (Charlottesville, VA: University of Virginia Press 1995); Walzer, *Spheres of Justice: A Defense of Pluralism and Equality* (New York: Basic Books, 1990). 페미니스트들에 대해서는 Deborah Rhode, *Justice and Gender* (Cambridge: Harvard University Press, 1989); Carol Smart, *Feminism and the Power of Law* (London: Routledge, 1989); Iris M. Young, *Justice and the Politics of Difference* (Princeton: Princeton University Press, 1990); Martha Minow, *Making All the Difference, Inclusion, Exclusion, and American Law* (Ithaca: Cornell University Press, 1990); Hirschmann, "Rethinking Obligation for Feminism," 157.

32 John Rawls, *Political Liberalism* (New York: Columbia University Press, 1993), 218, 223.

33 Macedo, *Diversity and Distrust*, 169.

34 미노우(Martha Minow)와 너스바움(Martha Nussbaum) 모두 이 지점을 주도적으로 지적한 바 있다. Martha Minow, "All in the Family and In All Families: Membership, Loving, and Owing," in David Estlund and Martha Nussbaum (Eds.), *Sex, Preference, and Family: Essays on Law and Nature* (New York: Oxford University Press, 1997), 250; Nussbaum, "The Future of Feminist Liberalism," 199; Martha Nussbaum,

Women and Human Development: The Capabilities Approach (New York: Cambridge University Press, 1999), 261-64.

35 Rick Santorum, *It Takes a Family: Conservativism and the Common Good* (Wilmington, DE: Intercollegiate Studies Institute, 2005), 28-29.

36 Nussbaum, "The Future of Feminist Liberalism," 31. Sherry B. Ortner and Harriet Whitehead, *Sexual Meanings: The Cultural Construction of Gender and Sexuality* (New York: Cambridge University Press 1991); Jane Collier and Sylvia Yanagisako, *Gender and Kinship: Essays Toward a Unified Analysis* (Stanford, CA: Stanford University Press, 1990).

37 Nussbaum, "The Future of Feminist Liberalism," 199.

38 Hendrik Hartzog, *Man and Wife in America: A History* (Cambridge: Harvard University Press, 2000), 24.

39 Frances E. Olsen, "The Myth of State Intervention in the Family," *The University of Michigan Journal of Law Reform*, 18, 835, 836 (1985).

40 Ibid.

41 William J. Carrington, Kristin McCue, and Brooks Pierce, "Using Establishment Size to Measure the Impact of Title VII and Affirmative Action," *Journal of Human Resources*, 35, 503 (2000).

42 Paula Mergenhagen DeWitt, "Breaking Up Is Hard to Do," *American Demographics*, 14, 53 (1992).

43 Sunhwa Lee, Institute for Women's Policy Research, "Keeping Moms on the Job: The Impacts of Health Insurance and Child Care on Job Retention and Mobility among Low-Income Mothers," 34 (2007), http://www.iwpr.org/pdf/C360KeepingMoms.pdf [2009년 6월 20일 접속] (고용주가 제공하는 건강보험이 가능해지면 퇴사율은 현저히 내려간다. 고용주가 건강보험을 제공할 경우, 수입이 낮은 기혼 여성 근로자는 다른 보험에 가입한 근로자에 비해 3배 높은 직장유지의 경향을 보인다고 한다). Jonathan Gruber and Brigitte Madrian, "Health Insurance, Labor Supply, and Job Mobility: A Critical Review of the Literature," National Bureau of Economic Research NBER Working Paper No. W8817, (2002) 등 참조, http://www.nber.org/papers/w8817.pdf [2009년 6월 20일 접속]. Brigitte Madrian, National Bureau of Economic Research, "The U.S. Health Care System and Labor Markets," Working Paper 11980, 13 (2006), http://www.nber.org/papers/wll980 [2009년 6월 20일 접속].

44 Alice Kessler-Harris, *In Pursuit of Equity: Women, Men, and the Quest for Economic Citizenship in Twentieth-Century America* (New York: Oxford University Press, 2001).

45 Ronald B. Mincy, "Raising the Minimum Wage: Effects on Family Poverty," *Monthly*

Labor Review, 113, 18 (1990)(최저임금 인상이 가족의 빈곤에 미치는 예상보다 큰 영향력, 따라서 자녀의 필요를 충족할 수 있는 가족의 능력을 언급).

46 MDRC, Lisa A. Gennetian et al., "Making Child Care Choices: How Welfare and Work Policies Influence Parents,Decisions," (2002), http://www.mdrc.org/publications/182/policybrief.html. [2010년 3월 8일 접속] (보육보조금과 연계된 근로요건은 고용 상태와 소득에 변화가 있을 때마다 돌봄편성의 안정성(stability of care arrangements)에 영향을 준다는 점을 발견)

47 Institute for Women's Policy Research, *"Fact Sheet: Maternity Leave in the United States,"* 2 (2007), http://www.iwpr.org/pdf/parentalleaveA131.pdf [2010년 3월 8일 접속] ("어떤 형태이든 유급휴가를 받은 여성근로자는 출산 후 평균 10.5주의 출산휴가를 사용한 반면 그렇지 않은 여성근로자는 평균 6.6주의 출산휴가를 사용한다"고 언급).

48 Frederick Engels, "The Condition of the Working-Class in England," in *Karl Marx & Frederick Engels: Collected Works*, vol. IV (New York: International Publishers, 1975), 424-25. 일부 비평가들은 엥겔스의 맨체스터 초상화(Engels' portrait of Manchester)가 가족관계가 침식되는 정도를 과장했다고 주장한다. 가족들이 자본주의 부식효과에 적극적으로 저항하는 정도를 과소평가했기 때문이다. Jane Humphries, "The Persistence of the Working Class Family: A Marxist Perspective," in Jean Bethke Elshtain (Ed.), *The Family in Political Thought*, (Amherst: University of Massachusetts Press, 1982), 197-222 참조.

49 Bendheim-Thoman Center for Research on Child Wellbeing, "Fragile Families Research Brief: Barriers to Marriage Among Fragile Families." http://www.fragilefamilies.princeton.edu/briefs/ResearchBrief6.pdf [2009년 6월 20일 접속].

50 Deborah Weissman, "The Personal Is Political—and Economic" *Brigham Young University Law Review* 387 (2007). 와이즈먼 가족 내 폭력과 경제적·사회적 환경 사이의 연결 관계를 다룬 수많은 연구를 언급한다. 이들 연구에는 Rebecca Miles-Doan, "Violence Between Spouses and Intimates: Does Neighborhood Context Matter?" *Social Forces*, 77, 623 (1998) (파트너 폭력의 비율에서 이웃의 역할에 대한 연구); Judy A. Van Wyk et al., "Detangling Individual-, Partner-, and Community-Level Correlates of Partner Violence," *Crime and Delinquency*, 49, 412, 415 (2003) (사회적 고립이 얼마나 가정폭력의 위험성을 높이는지에 대한 연구); Michael L. Benson et al., "Neighborhood Disadvantage, Individual Economic Distress, and Violence Against Women in Intimate Relationships," *Journal of Quantitative Criminology*, 19, 207, 210 (2003) (실직 등으로 인한 사회적 고립과 가정폭력 사이의 연결고리를 확인);

Jacquelyn Campbell et al., "Risk Factors for Femicide in Abusive Relationships: Results from a Multi-Site Case Control Study," *American Journal of Public Health*, 93, 1089, 1092 (2003) (학대자의 실직으로 인한 가정폭력 4배의 위험 증가를 측정).

51 Office of Justice Programs: Bureau of Justice Statistics, "Intimate Partner Violence" (2010). http://bjs.ojp.usdoj.gov/index.cfm?ty=tp&tid=971[2010년 3월 8일 접속] (2008년 12세 이상의 여성은 친밀한 파트너에 의해 약 552,000건의 치명적이지 않은 폭력피해를 입은 반면 남성은 101,000건의 치명적이지 않은 폭력피해를 경험함. 2007년에는 친밀한 파트너가 전체 살인의 14%를 저질렀으며, 친밀한 파트너 살인 피해자는 2,340명―여성 1,640명, 남성 700명―에 달함).

52 U.S. Department of Health & Human Service: Administration on Children, Youth and Families, "Child Maltreatment 2007," xii-xiii (2009). http://www.acf.hhs.gov/programs/cb/pubs/cm07/cm07.pdf (2010년 3월 12일 접속).

53 Santorum, *It Takes a Family*, 95.

54 파인만은 대중 담론에서 통용되는 개인 자율성과 가족 자율성에 대한 신화를 논하며 이를 없애는 데 탁월한 역할을 하였다(Fineman, *The Autonomy Myth*).

55 Kittay, *Love's Labor*, 67-68. 커테이는 한 돌봄제공자의 말을 인용한다: "뭐, 돌고 도는 거죠"(Ibid., 68).

56 Robert E. Goodin, *Protecting the Vulnerable: A Re-Analysis of Our Social Responsibilities* (Chicago: University of Chicago Press, 1985), 153.

57 그 예시로서, 케이스는 "[자녀의 복지를] 지원하기 위해 공동체에서 '강제추렴 (forced extractions)'하는 것은 개인적 책임이 있는 사람들, 특히 아버지들이 재정적으로나 다른 면에서 공정한 분담 몫을 하도록 강요된 후에야 시작되어야 한다"고 주장한다(Mary Anne Case, "How High the Apple Pie: A Few Troubling Questions About Where, Why, and How the Burden of Care for Children Should Be Shifted," *Chicago-Kent Law Review*, 76, 1753, 1785 ([2001]). "잔여적 책임" 개념은 린지에 의해 새로이 만들어진 개념이다(Duncan Lindsey, *The Welfare of Children* [New York: Oxford University Press, 1994]).

58 Goodin, *Protecting the Vulnerable*, 134.

59 Ibid., 136.

60 본서 2장 참조.

61 *Lawrence v. Texas*, 539 U.S.558 (2003).

62 Michael Walzer, "Liberalism and the Art of Separation." *Political Theory*, 12, 315 (1984).

63 Frances E. Olsen, "The Family and the Market: A study of Ideology and Legal Reform," *Harvard Law Review*, 96, 1497, 1510 (1983).

64　맥키논(Catharine MacKinnon)은 공사구분의 문제점을 다음과 같이 강조한다: 사생
　　활은 누군가에게는 도피처가 될 수 있는 반면 다른 누군가에게는 지옥의 입구가 될 수
　　있다. 젠더의 관점에서 본다면, 법적인 사생활은 인가받은 고립, 처벌불가, 그리고 소
　　명불필요의 면모를 보인다 … 이 속에서 우리 모두는 평등하다고 묵인된다 … 만약 여
　　성이 이 같은 암묵적 전제를 현실로 만들기 위해서는 —일례로, 평등 같은— 무언가가
　　필요하지만, 사생활 법(privacy law)은 여성에게 아무 도움이 되지 못한다(Catharine
　　MacKinnon, "Reflections on Sex Equality Under Law," *Yale Law Journal*, 100, 1281,
　　1311 [1991]). Carole Pateman, "Feminist Critiques of the Public Private
　　Dichotomy," in A. Philips (Ed.), *Feminism and Equality* (New York: New York
　　University Press, 1987); Olsen, "The Family and the Market," 1510.

65　MacKinnon, "Reflections on Sex Equality Under Law," 1311.

66　Reva Siegel, "The Rule of Love: Wife Beating as Prerogative and Privacy," *Yale Law
　　Journal*, 25, 2117, 2170 (1996).

67　Catharine MacKinnon, *Toward a Feminist Theory of the State* (Cambridge, MA:
　　Harvard University Press, 1991), 53.

68　*Eisenstadt v. Baird*, 405 U.S. 438, 453 (1972).

69　Spragens, *Civic Liberalism*, 137-139. 스프라겐 교수에 따르면, "자유주의 이론가들과
　　정치지도자들이 자유를 찬양할 때, 그들은 일반적으로 개인을 사회적 통제로부터 해
　　방시키는 것이 아니라 이러한 중요한 사회적 기획을 정치적 권위와 사회적 엘리트의
　　통제로부터 해방시키는 것에 관심을 가진다." Walzer, *Spheres of Justice*, 23.

70　Spragens, *Civic Liberalism*, 140.

71　Alexis de Tocqueville, *Democracy in America*, Richard D. Heffner (Ed.) (New York:
　　Penguin Group, 2001), 199.

72　Jean Jacques Rousseau, "The Social Contract," in *Discourse on Political Economy and the
　　Social Contract*, Christopher Betts (Trans.) (New York; Oxford University Press,
　　1994), 87.

73　Janet C. Cornick and Marcia K. Meyers, *Families That Work: Policies for Reconciling
　　Parenthood and Employment* (New York: Russell Sage Foundation Publications,
　　2003), 27-28.

74　Charles A. Reich, "Midnight Welfare Searches and the Social Security Act," *Yale Law
　　Journal*, 72, 1347 (1962).

75　필자는 본서 5장에서 낙태를 원하는 미성년자의 어려운 상황을 국가가 어떻게 다루어
　　야 하는지에 대한 복잡한 문제를 논한다.

76　필자는 본서 2장에서 성인 가족구성원이 어떤 행동에 동의하지만, 그 행동이 성평등에
　　영향을 미치는 상황을 국가가 어떻게 다루어야 하는지에 대한 문제를 논한다.

77 위자료 및 공평분배법의 적용이 어머니에게 어떻게 불이익을 주는지에 대한 통찰력 있는 토론은 다음을 참조. Ann Crittenden, "Who Really Owns the Family Wage?" in *The Price of Motherhood* (New York: Henry Holt, 2001).

78 Elizabeth S. Scott, "Marriage, Cohabitation, and Collective Responsibility for Dependency," *University of Chicago Legal Forum*, 225 (2004). 또한 Joseph Veroff, Lynne Sutherland, Letha Chadiha, and Robert M. Ortega, "Predicting Marital Quality with Narrative Assessments of Marital Experience," *Journal of Marriage and Family*, 55(2), 326-337 (1993).

79 Ira Ellman, Paul Kurtz, Elizabeth Scott, Lois Weithorn, and Brian Bix, *Family Law: Cases, Text, Problems*, 4th ed. (Charlottesville, VA: Lexis Law Publishing, 2004), 162.

80 360쌍의 기혼 부부를 연구한 결과, 남편의 75%가 "거의 모든 재정적 책임을 담당"한다고 보고한다(Nancy Burns et al., "The Public Consequence of Private Inequality: Family Lfie and Citizen Participation," *American Political Science Review*, 91, 373, 376-78 [1997]).

81 *McGuire v McGuire*, 59 N.W.2d 336 (Neb. 1953).

82 Ibid., 238.

83 Lee Teitelbaum, "The Family as a System: A Preliminary Sketch," *Utah Law Review* 537 (1996).

84 공동재산을 인정하는 세 개 주는 배우자 간 동등한 재산분할을 요구한다. California (California Family Code § 2250 [West, 2009]); Louisiana (Louisiana Revised Statutes Annotated §9: 280[4][b][West 2009]); and New Mexico (*Ruggles v. Ruggles*, 860 P.2d 182, 188 [N.M. 1993]).

85 이 용어에 대해서는 Lee Teitelbaum, "The Family as a System," 559.

86 롤즈에 관한 본서 1장 참조.

87 아이가 있는 여성의 기회비용을 평가한 연구를 인용하면서, 왈드포겔은 1970년대 남성과 여성의 임금격차는 자녀가 있건 없건 여성 일반에게 나타났다고 주장한다. 하지만, 1991년 30세 이상의 아이가 없는 미국 여성은 남성 보수의 90%를 받았으나, 아이가 있는 여성은 단지 70%에 그쳤다(Jane Waldfogel, "Understanding the 'Family Gap' in Pay for Women with Children," *Journal of Economic Perspectives*, 12, 137-156 [1998]).

88 한 조사에 의하면, 배우자 모두 돈을 버는 경우에도 수입이 더 많은 배우자가 일반적으로 재정적 결정을 통제한다. 예를 들어, "아내가 남편 임금의 30% 이하로 버는 경우, 아내는 가정재정의 31%를 통제한다. 아내가 남편 임금의 30% 이상으로 버는 경우, 아내는 가정재정의 64%를 통제한다"(Jan Pahl, Money and Marriage [Basingstoke,

UK:Macmillan, 1989]).

89 Nussbaum, *Women and Human Development*, 280.

90 Linda McClain, *The Place of Families* (Cambridge: Harvard University Press, 2006), 4.

91 북유럽 3개국—스웨덴, 노르웨이, 덴마크—에서는 이와 같은 안 쓰면 소멸하는 (use-it-or-lose-it) 정책을 성공적으로 시행하고 있다(Gornick and Meyers, *Families that Work*, 134).

92 1990년대 스웨덴 정부는 고용주와 노동조합을 대상으로 아버지가 부모휴가를 사용하는 것의 혜택을 설득하는 캠페인을 시행했다. 그 결과 부모휴가의 사용 횟수가 고무적으로 높아졌다(Ibid., 137). 부모휴가의 사용률을 높인 스웨덴의 성공사례에 대한 최근 논의는 다음을 참조. Katrin Bennhold, "In Sweden, Men Can Have It All," *New York Times* (June 10, 2010), A6 ("스톡홀름으로부터 북극권 남쪽의 숲속 마을까지 스웨덴 아버지의 85%는 부모휴가를 쓴다. 이들은 가족, 친구, 그리고 동료로부터 부모휴가를 쓰겠냐는 질문을 받지 않는 사람들이다").

3장

1 케이스의 논평은 후에 다음과 같이 출판되었다. "How High the Apple Pie-A Few Troubling Questions about Where, Why, and How the Burden of Care for Children Should Be Shifted," *Chicago-Kent Law Review* 76, 1753 (2001). 하지만 1999년 11월 20일 파인만(Martha Fineman)과의 최초의 대화가 있었다. "아이들에 대한 불편한 대화: 공공재인가 개인의 책임인가" 코넬법대 심포지움. 케이스는 그녀의 입장을 다음과 같이 설명한다. "나는 내키지 않았지만 … 내 생각을 들을 사람들이 권해서 … 대화에 참여하게 되었지만, 그들 중 일부는 내 역할이 '펀치볼 속의 쓰레기(the turd in the punchbowl)'라 고백했다"(Ibid., 1786, n.5 [심포지움 모두발언에서 케이스의 입장을 발표하면서, 아브라함(Kahtryn Abrams)의 언급을 인용하며]).

2 Ibid., 1789.

3 Ibid., 1785.

4 Ibid., 1784.

5 본서 2장 참조.

6 Case, "How High the Apple Pie?," 1767 ("내가 겪어온 힘겨움은 다른 가족보다 특정한 가족을 우선시하는 것과 차원을 달리하며, 노동자로서의 삶 걱정보다 가족의 문제를 우선시하는 것을 훨씬 더 광범위하게 넘어선다"); Ibid., 1768-1769("부모지위의 차별에 대한 입법안이 있어야 한다면, 나는 입법의 유효범위에서 버켓(Elinor Burkett)에

동의한다. 버켓에 따르면, 마지막으로 내가 확인했을 때, 차별금지법은 두 방향으로 축소되었다. 우리는 여성에 대한 차별을 금지하지 않는다: 우리는 젠더에 기반한 차별을 금지한다. 왜 부모는 해당이 안 되나? 왜 가족을 기반으로 차별금지를 하지 못하나? 부모가 아닌 사람(nonparents)이 저녁에 일하기 자유롭다고 전제하는 것을 왜 불법으로 다루지 않는가? 또는 부모가 아닌 사람이 부모보다 크리스마스에 일을 더 할 수 있다고 전제하는 것을 왜 불법으로 간주하지 않는가?"); Ibid., 1769 ("내가 주목하는 점은 부모차별에 대한 많은 불만이 차별의 기술적 부분이 아니라, 부모에게 우호적으로 차별을 하지 못한다는 점이다. 자주 거론되는 사례인 아이돌봄의 책임으로 초과근무를 하지 못하는 어머니를 생각해보라. 일을 할 수 없는 다른 이유가 있는 노동자가 직장을 계속 다닌다는 증거는 없다. 이러한 부모를 위해 강구해야 하는 것은 '특별한 권리(special rights)' 그 이상이다 … ").

7   본서 1장 참조.

8   Ibid., 1781-1782; Katherine Franke, "Theorizing Yes: An Essay on Feminism, Law, and Desire," *Columbia Law Review*, 101, 181, 192-195(2001).

9   Crittenden, *The Price of Motherhood*, 107.

10 Ibid., 87-131.

11 이 주장은 아이들에 대한 보조금 증액은 복지 엄마들이 더 많은 아이를 낳게 독려할 것이라는, 복지반대론자의 주장과 상당히 유사하다. 실증적 측면에서 보면, 이 전제를 뒷받침할만한 증거는 없다. 연구자들은 복지와 아이갖기 사이에 아주 사소한 양(+)의 상관관계를 발견했으며, 그것도 고졸 이하의 특정 여성 집단에만 해당됨을 발견했다. Philip Robins and Paul Fronstin, "Welfare Benefits and Birth Decisions of Never-Married Women," *Population Research and Policy Review*, 15, 21 (1996). 하지만 이 정도의 상관관계는 복합적인 요소들을 분리해내기 힘든 어려움 때문에 매우 논쟁적이다. Robert Fairlie and Rebecca London, "The effect of Incremental Benefit Levels on Births to AFDC Recipients," *Journal of Policy § Analysis Management*, 16(4), 575 (1997) 참조.

12 Martha Albertson Fineman, *The Autonomy Myth: A Theory of Dependency* (New York: The New Press, 2005).

13 Ibid., 48.

14 Ibid., xviii.

15 Ibid., xvii.

16 Ibid.

17 법원은 상대의 행위에 의해 반대편에서 부당하게 부를 쌓은 경우, 혹은 양자 간에 일체의 특정한 계약이 없었더라도 [계약은 아니지만 정의와 형평성을 고려하여 법원이 개

입하는 제도인-역자] "implied-in-law-contract"을 확인한다. 하지만 원칙의 적용에 있어서 당사자가 합의가 없었더라도 제공된 서비스에 대해 합리적인 보수를 지불해야 한다. 예를 들어, 의사가 의식불명의 환자에게 응급처리를 한 경우가 해당된다. 아이를 기르겠다는 부모의 결정은 이와 같은 계통의 주장은 아닐 것이다. John Edward Murray, *Murray on Contracts* (4th ed.) (New York: Lexis Publishing, 2001), §51(B)

18 Robert Putnam, *Making Democracy Work: Civic Traditions in Modern Italy* (Princeton, N.J.:Princeton University Press, 1994); *Bowling Alone: The Collapse and Revival of American Community* (New York: Simon & Schuster, 2000).

19 Case, "How High the Apple Pie?," 1773.

20 본서 2장 주 11-12 참조.

21 Linda McClain, "The Place of Families: The Domain of Civic Virtue in a Good Society: Families, Schools, and Sex Equality," *Fordham Law Review*, 69, 1617, 1682-1695 (2001).

22 John Stuart Mill, *On Liberty and Other Essays*, John Gray (Ed.) (New York: Oxford University Press, 1998), 91.

23 이 용어는 스프라겐스의 용어다. Thomas A. Spragens *Jr., Civic Liberalism: Reflections on Our Democratic Ideals* [Lanham, MD: Rowman & Littlefield Publishers, 1999], 59, 64.

24 Rick Santorum, *It Takes A Family: Conservatism and the Common Good* (Wilmington, DE: Intercollegiate Studies Institute, 2006).

25 Ibid., 46.

26 Ibid., 69.

27 1996년 의회가 복지개혁을 단행했을 때, 다시 일을 나가야 하는 빈곤 엄마들이 아이들을 어떻게 돌보는지에 대해서 주목하지 않았다. "Despair, Impasse, Improvisation," in Joel Hander and Lucie White (Eds.), *Hard Labor: Women and Work in the Post-Welfare Era* (New York: M.E.Sharpe, 1999).

28 Santorum, *It Takes a Family*, 97 (원문강조).

29 Ibid., 95.

30 본서 서장 참조.

31 Mill, *On Liberty*, 91.

32 Nancy Fraser, "After the Family Wage. A Postindustrial Thought Experiment," in *Justice Interruptus: Critical Reflections on the Postsocialist Condition*, (New York: Routledge, 1997), 41-43.

33 이 용어는 프레이저(Ibid., 43)에서 인용했다.

34 Personal Responsibility and Work Opportunity Reconciliation Act of 1996 (PRWORA), Pub. L. 104-193, 110 Stat.2105, enacted August 22, 1996.

35 가족임금모델에서는 돌봄제공자에게 제공되는 복지지급의 정도만큼, 그 비용을 예외
적인 것으로 봤으며 가족이 실패했다는 지표로 이해했다. 직접보조모델은 돌봄에 대
한 직접적인 뒷받침을 가정생활의 정상적이고 적절한 과정의 일부로 이해한다.

36 Ann Crittenden, *The Price of Motherhood: Why the Most Important Job in the World Is Still
the Least Valued* (New York: Macmillan, 2001); Susan Moller Okin, *Justice, Gender,
and the Family* (Jackson, TN: Perseus Publishing, 1991); Linda McClain, "The
Liberal Future of Relational Feminism: Robin West's 'Caring for Justice,'" *Law &
Social Inquiry*, 24, 477 (1999).

37 Katharine K. Baker, "Taking Care of Our Daughters," *Cardozo Law Review*, *18*, 1495,
1621-1522 (1997); Maxine Eichner, "Getting Women Work That Isn't Women's
Work; Challenging Gender Biases in the Workplace Under Title VII," *Yale Law
Journal*, 97, 1397, 1401-1401 (1988).

38 현재의 기준으로 가족휴가에 보조금을 지원하자는 야심찬 입법안조차도 돌봄제공자
의 시장에서의 기회비용을 일반적으로 보상하려 하지 않는다. Anne Alstott, *No Exit:
What Parents Owe Their Children and What Society Owes Parents* (New York: Oxford
University Press, 2004)은 예외적이다. 알스톳은 돌봄담당으로 상실하게 되는 부모의
기회를 보완하기 위해 "돌봄담당자 자원 계좌(caretaker resource account)"를 강변
한다. 알스톳은 13세 이하의 아이를 돌보는 돌봄담당자에게 아이돌봄, 교육 또는 은
퇴비용으로 연간 $5,000이 지급되어야 한다고 제안한다. 하지만 그녀도 돌봄제공
자의 실질적인 돌봄기회비용보다 낮은 수준에서 돌봄제공자의 보상 수준을 제안한
다. 실제 비용에 대해서는 Crittenden, *The Price of Motherhood*, 80, 참조.

39 Crittenden, *The Price of Motherhood*, 40.

40 이것은 케이스(Mary Anne Case)와 프랭키(Katherine Franke) 모두가 엄마이데올로
기(repronormativity)[여성은 일부일처제하에서 이성애로 아이를 갖고 싶어한다는-
역자]의 압박에 대해 말할 때 활용한 입장이다(Case, "How High the Apple Pie?";
Franke, "Theorizing Yes," 192-195). 또한 Sharon Hays, *The Cultural Contradictions of
Motherhood* (New Haven, CT: Yale University Press, 1996).

41 Mary Eberstadt, Home-Alone America: *The Hidden Toll of Day Care, Behavioral Drugs,
and Other Parent Substitutes* (Honeoye Falls, NY: Sentinel HC, 2004)(시설돌봄과 일
하는 엄마에 비판적이다); Laura Schlessinger, *Parenthood By Proxy; Don't Have Them If
You Won't Raise Them* (New York: HarperCollins, 2000)(위와 유사); Robert Shaw,
The Epidemic: The Rot of Joyless, Selfish Children (New York:Harper, 2003); Suzanne
Venker, *Seven Myths of Working Mothers: Why Children and (Most) Careers Just Don't Mix*
(Dallas: Spence Publishing Company, 2008)(건강하고 유능한 아이들을 갖기 위해서

는 엄마가 집에서 전업으로 전담해야 한다).

42 Peter Stearns, Anxious Parents: *A History of Modern Childrearing in America* (New York: New York University Press, 2003), 1, 3 ("요즘 아이들은 아주 연약하고 쉽게 지치기 때문에, 조심스럽게 대해야 하며 좀 직설적으로 잘해줘야 한다. 그렇지 않으면 이들의 허약한 자아가 무너지기 쉽다"); 레빈(Madeline Levine), *The Price of Privilege: How Parental Pressure and Material Advantage Are Creating a Generation of Disconnected and Unhappy Kids* (New York: Harper Paperbacks, 2008)("풍족한 공동체에서, 항상 걱정하고 과잉보호적이고 애한테 매달리고 불쑥 간섭하는 부모에 대해 논한다").

43 고닉과 메이어스의 이하 12개국 비교연구 참조. Belgium, Canada, Denmark, Finland, France, Germany, Luxembourg, Netherlands, Norway, Sweden, the United Kingdom, and the United States (Gornick and Meyers, *Families That Work*, 22).

44 Ibid., 5.

45 Ibid.

46 미국인들은 이 개념을 불가능으로 보고 비웃지만, 유럽에서 이러한 유형의 정책은 통용된다. 고닉과 메이어스가 지적하듯, "유럽전역에서 2000년대 전일제 주당 근무 시간은 미국의 법정 근무시간 40시간보다 낮다. 프랑스는 35시간이며 다른 유럽국가들도 대부분 37시간에서 39시간이다. 초과근무시간을 포함해 유럽에서는 주당 최장노동시간을 50시간 이하로 규정하고 EU회원국에서는 초과근무시간을 하더라도 주당 48시간을 넘지 못하도록 제한한다"(Ibid., 161).

47 미국의 전문가들과 언론은 흔히 이러한 관대한 사회정책이 유럽의 경제를 망칠 것이라 제언하지만, 전문적인 연구를 보면 이 주장은 아주 조금 뒷받침될 뿐이다. 이하 연구 참조. MIT 경제학교수 브랜차드(Oliver J. Blanchard)는 사회보호의 정도와 실업률에 명확한 관계가 있다는 생각을 일축한다(Oliver Blanchard, Natonal Bureau of Economics Research Reporter Research Summary [summer 2004], "Explaining European Unemployment," http://www.nber.org/reporter/summer04/blanchard.html [2009년 6월 20일 접속]). 프린스턴대학교의 크루그먼은 "미국와 유럽(주로 프랑스)의 경제를 직접 비교했는데, 실적(performance)이 아니라 우선순위(priority)에서 큰 차이가 있었음을 보여준다. 노동시간과 가족 시간의 상이한 상쇄점을 만드는 고도로 생산적인 두 국가에 대해 말하고 있다. 그리고 프랑스의 결정에 대해 상당히 많은 할 말이 있다." 크루그먼은 프랑스의 실업은 미국의 실업률보다 4% 이상 높았지만, 큰 차이는 프랑스는 가족에 쓰는 시간이 미약한 보상을 상쇄해왔음을 강조한다. Paul Krugman, "French Family Values," *New York Times* [July 29, 2005], A23).

48 Robert Goodin and Diane Gibson, "The Decasualization of Eldercare," in Eva Feder Kittay and Ellen Feder (Eds.), *The Subject of Care: Feminist Perspectives on*

Dependency (Lanham, MD：Rowman & Littlefield Publishers, 2003), 246.

49   Ibid.

50   국가가 노인을 어떻게 돌봐야 하는지에 대한 필자의 발상은 샤피로(Ian Shapiro)의 저
서에서 영향을 받았다. *Democratic Justice* (New Haven：Yale University Press, 2001),
196-229.

51   U.S. Department of Health and Human Services, "Administration on Aging, Profile of
Older Americans,"(2000), http：//assets.aarp.org/rgcenter/general/profile_2000. pdf
[2009년 6월 20일 접속]. U.S. Census Bureau, "Facts for Features：Older Americans Month
Celebrated in May."(2005), http：//www.census.gov/Press-Release/www/releases/
archives/facts_for_features_special_editions/004210.html [2009년 6월 20일 접속].
2000년에서 2050년 사이 65세 이상의 인구는 147% 증가될 것으로 예상된다. 같은 기
간 전체 인구는 49% 증가될 것으로 예상된다.

52   Agency for Healthcare Research and Quality, "Preventing Disability in the Elderly
with Chronic Disease Research In Action, Issue 3," 1 (2002), http：//www.ahrq.gov/
research/elderdis.htm [2008년 10월 5일 접속]; Grace Christ and Sadhna Diwan,
"Chronic Illness and Aging," 7 (2009), http：//depts.washington.edu/geroctr/
mac/ResourceReviews/HealthFiles/CI-Sec1-Demographics.pdf [2010년 5월 2일
접속].

53   "Preventing Disability in the Elderly with Chronic Disease," 1-2.

54   U.S. Census Bureau, "We the Poeople: Aging in the United States," 11 (2004),
http：//www.census.gov/prod/2004pubs/censr-19.pdf [2010년 3월 12일 접속].

55   이런 유형의 돌봄은 전후 영국에서 예외라기보다 룰이었다. 수치로 보면, 동런던 인근
의 베스날 그린(Bethnal Green)의 65세 이상 인구 중 절반 이상이 자녀와 함께 살았다.
노인 중 38%는 자녀들이 도보로 5분 이내 거리에서 살았다. 그리고 노인 중 78%는 매
일 자녀를 봤으며, 97%가 주중 한 번 이상 자녀를 봤다. Peter Townsend, *The Family
Life of Older People* (London：Routlege and Kegan Paul, 1957), 44, 49(Goodin and
Gibson, "The Decasualization of Eldercare," 254-255 재인용).

56   AARP, "Press Release, 9 in 10 Adults AGe 60+ Pefer to Stay in Their Home and
Community Pather Than Move," (2006), http：//www.aarp.org/aarp/presscenter/
pressrelease/artticles/9_in_10_adults_age_60_prefer_to_stay_in_their_home.html
[2010년 3월 12일 접속].

57   Emily K. Abel, *Who Cares for the Elderly? Public Policy and the Experiences of Adult
Daughters* (Philadelphia：Temple University Press, 1991), 4, 128.

58   Winnie Hu, "Ties that Bind, Ties That Break," *The New York Times* (August 2, 1998),

141, http://query.nytimes.com/gst/fullpage.html?res=9506EED81F38F931A3575 BC0A96E958260 [2009년 6월 20일 접속] (몸소 부모를 돌보다가 미국으로 이주한 아시아계 이주민의 규범의 동요에 대해 논의).

59 Shari Roan, "Not Leaving Home. Older Americans Want to Live Out Their Days in Familiar Comfort. Increasingly, They Can," *Los Angels Times*, March 3, 2008, F1 (2005년에 시작한 나이가 들어도 살던 곳에서 살도록 돕는 서비스를 제공하는 LIFE(Living Independently in a Friedly Enviroment) 프로젝트에 대한 논의; Federick Kunkle, "Seniors Reach Beyond Family Ties. Fort Hunt Group Aims to Provide Services That Will Let Elderly Residents Age in Their Homes," *Washington Post*, (Dec. 2, 2007), PW9 (나이가 들어도 집안에서 생활할 수 있도록 도와주는 비영리 서비스인 Mount Vernon at Home에 대한 논의); Jane Gross, "A Grass-Roots Effort to Grow Old at Home," *New York Times* (Aug. 14. 2007), A1 (나이가 들어도 살던 집에서 있을 수 있도록 도와주는 비영리 서비스 제공을 위해 자원을 연결해주는 고령이웃에 대한 논의); Martha T. Moore, "Programs Offer Seniors Option to Age at Home. More Assistance Projects Show Growing Older Doesn't Have to Mean Going Away," *USA Today* (Jan. 17, 2007), 3A (고령자가 가정에서 지낼 수 있도록 서비스를 제공하는 뉴욕주가 재원을 지원하는 고령이웃연계프로그램에 대한 논의와 연방정부차원의 재원은 엄청난 효과를 발휘할 것이라 제언). Jane Ellen Spiegel, "Food Program Pairs Chidlren and Elderly," *New York Times* (Oct. 14, 2007), WE7 (고령자들이 아이들을 돌봐주는 주간돌봄센터에 대한 논의).

60 숙소에 대한 자세한 내용은 다음 참조. *Delores Hayden's Redesigning the American Dream*: Gender, Housing, and Family Life (New York: W.W. Norton & Co., 2002), 216-217.

61 The Family and Medical Leave Act of 1993, Pub.L. 103-3, 29 U.S.C. §§ 2601-2654 (2008).

62 Goodin and Gibsom, "The Decasualization of Eldercare."

63 AARP Public Policy Institute, "Fact Sheet, Income, Poverty, and Health Insurance Coverage in the United States in 2006,"(2006). http://assets.aarp.org/rgcenter/econ/fs141_income.pdf [2009년 6월 20일 접속].

64 Gary Engelhardt and Jonathan Gruber, "Social Security and the Evolution of Elderly Poverty," in Alan Auerbach, David Card, and John Quigley (Eds.), *Public Policy and the Distribution of Income* (New York: Russell Sage Press, 2006), 259-287.

65 Eugene Smolensky, Shelon Danziger, and Peter Gottschalk, "The Declining Signifiance of Age in the United States; Trends in the Well-Being of Children and the

Elderly Since 1939," in John L. Palmer, Timothy Smeeding, and Barbara Boyle Torrey (Eds.), *The Vulnerable* (Washington, DC: Urban Institute Press, 1988).

66 U.S.Social Security Administration, "The Future of Social Security. SSA Publication No.05-10055, ICN 462560,"(2008). http://www.ssa.gov/pubs/10055.html [2009 년 6월 20일 접속].

67 Engelhardt and Gruber, "Social Security and the Evolution of Elderly Poverty." 엥겔 하트와 그루버의 페이퍼에서 발견된 것은 캘리포니아 버클리대학교 경제학과의 카드 (David Card) 교수가 제시한 페이퍼를 한층 더 발전시켰다. David Card, "Comment on Gary V. Engelhardt and Jonathan Gruber 'Social Security and the Evolution of Elderly Poverty,'"(2004), http://urbanpolicy.berkeley.edu/pdg/Ch6CommCardonGruber Engelhardt.pdg [2009년 6월 20일 접속].

68 David Rosenbauum, "At Heart of Social Security Debate, a Misunderstanding," *New York Times* (March 8, 2008), A19.

69 Shapiro, *Democratic Justice*, 197.

70 파산한 사람들에 대한 자코비와 웨렌의 연구를 보면, 의료적인 이유(출생, 사망, 질병 혹은 상해)가 46%를 차지했다(Melissa Jacoby and Elizabeth Warren, "Beyond Hospital Misbehavior: An Alternative Account of Medical-Related Financial Distress," *Northwestern University Law Review,* 100, 535, 548 [2006]).

71 Genworth Financial, "Executive Summary: Genworth 2010 Cost of Care Survey: Nursing Homes, Assisted Living Facilities and Home Care Provides," (April, 2010), http://reverse partner.genworth.com/content/etc/medialib/genworh_v2/pdf/1tc_cost_of_care.Par. 85518.File.dat/Executive%20Summary_gnw.pdf [2010년 6월 20일 접속].

72 Shapiro, *Democratic Justice*, 197.

73 현재 28개 주에서는 극빈 부모를 지원하기 위해 성인 자녀에게 자녀의 책임(filial re-sponsibility)을 부과하는 책임 조항을 갖고 있다. 하지만 대다수 주에서는 더 이상 이 조항을 적극적으로 적용하지 않는다(Allison E.Ross, "Taking Care of Our Caretakers: Using Filial Responsibility Laws to Support the Elderly Beyond the Government's Assistance," *Elder Law Journal*, 16, 167 [2008]).

74 Shapiro, *Democratic Justice*, 203.

75 Ibid., 203, 218-219.

76 Ibid.

77 U.S. Social Security Administration, Office of Policy, "Income of the Aged Chartbooks,"(2004), http://www.ssa.gov/policy/docs/chartbooks/income_aged/2004/ iac04.html [2009년 6월 20일 접속] (80대 이상의 노인들이 가장 극빈한 빈곤율을 보 였다).

4장

1 *Baehr v. Lewin*, 852 P.2d 44 (Haw. 1993); *Goodridge v. Department of Public Health*, 798 N.E.2d 941 (Mass. 2003); *In reMariaage Cases* 183 P.3d 384 (Cal. 2008); *Kerrigan v. Commissioner of Public Health*, 957 A.2d 407 (Conn. 2008); *Varnum v. Brien*, 763 N.W.2d 862 (Iowa 2009). 하와이 대법원이 배어(Baehr) 판결에서 하와이주의 동성결혼 금지가 하와이 주 헌법에 위배된다고 선언한 이후, 하와이 유권자들은 하와이 대법원이 동성결혼 제한의 합헌성에 대해 최종 판결을 내리기 전에 주 헌법을 개정했다.

2 이러한 반발은 하와이 대법원의 *Baehr v. Lewin* 판결에 대한 대응으로 시작되었다. 배어 판결을 이어, 의회는 1996년 결혼보호법(Defense of Marriage Act)을 통과시켰는데, 이 법에서는 어떠한 주도 다른 주에서의 동성결혼의 효력을 부여해서는 안 되며, **결혼**이라는 용어는 남성과 여성의 결혼에 국한된다고 공표했다. Pub. L. No. 104-199 (1996), 110 Stat. 2419 (1996) (1 U.S.C. § 7 [2001], 28 U.S.C. §1738C[2001]). 또한 2008년 현재 29개 주는 동성결혼을 금지하는 법을 채택했으며, 법 개정을 하지 않은 주 중 15개의 주는 다른 주의 동성결혼을 인정하지 못하도록 하는 연방법과 유사한 법안을 채택했다. Human Rights Campaign, Statewide Marriage Laws(2008), http://www.hrc.org/documents/marriage_prohibitions.pdf [2010년 3월 7일 접속].

3 본서 서장 참조.

4 Richard Santorum, *It Takes a Family: Conservatism and the Common Good* (Wilmington, Del.: ISI Books, 2005); David Blankenhorn, *The Future of Marriage* (New York: Encounter Books, 2007); Council on Family Law, *The Future of Family Law: Law and the Marriage Crisis In North America* (New York: Institute for American Values, 2005); George W. Dent, Jr., "The Defense of Traditional Marriage," *Journal of Law and Politics*, 15, 581 (1999); William C. Duncan, "Domestic Partnership Laws in the United States: A Review and Critique," *Brigham Young Law Review* 961 (2001); Lynn D. Wardle, "Is Marriage Obsolete?," *Michigan Journal of Gender and Law*, 10, 189, 223-224 (2003).

5 William N. Eskridge, Jr., *The Case for Same-Sex Marriage* (New York: Free Press, 1996); Andrew Koppelman, "The Decline and Fall of the Case against SameSex Marriage," *University of St. Thomas Law Journal* 2, 5 (2004).

6 American Law Institute, *Principles of the Law of Family Dissolution: Analysis and Recommendations*, §§6.01-6.06 (Newark: LexisNexis, 2002); Grace Ganz Blumberg, "Unmarried Partners and the Legacy of *Marvin v. Marvin*: The Regularization of

Nonmarital Cohabitation: Rights and Responsibilities in the American Welfare State,"
Notre Dame Law Review, 76, 1265 (2001); Ira Mark Ellman, "'Contract Thinking' Was
Marvin's Fatal Flaw," *Notre Dame Law Review*, 76, 1365 (2001); Martha Ertman, "The
ALI Principles' Approach to Domestic Partnership," *Duke Journal of Gender Law and
Policy*, 8, 107, 114 (2001).

7 Nancy D. Polikoff, *Beyond (Straight and Gay) Marriage: Valuing All Families Under the Law*
(Boston: Beacon Press 2008); Judith Stacey, "Toward Equal Regard For Marriage and
Other Imperfect Intimate Affiliations," *Hofstra Law Review*, 32, 331, 340 (2003).

8 Martha Albertson Fineman, *The Autonomy Myth: A Theory of Dependency* (Boston: The
Free Press, 2004); Michael Warner, *The Trouble With Normal: Sex, Politics, and the Ethics
of Queer Life* (Cambridge: Harvard University Press, 1999).

9 Santorum, *It Takes a Family*, 28. 샌토럼은 또한 자유주의 엘리트들이 가족을 부양하지
않는다는 것을 포함하여 가족에 대하여 통제할 수 없는 정치적 좌파적 입장을 여럿 말
하고 있는데 그 이유는 "개인들로만 구성된 사회가 '전문가' 지휘와 통제에 더 잘 반응
하기 때문"이라고 하였다. 필자는 샌토럼의 일부 의견에 좀 더 진지하게 고려하여 초점
을 맞추고 있다.

10 Dinitia Smith, "Love that Dares Not Squeak Its Name," *New York Times*, Feb. 7, 2004,
B7.

11 Blankenhorn, *The Future of Marriage*, 23.

12 블랑켄혼은 2003년 말과 2004년 초에 글렌(Norval Glenn)이 실시한 설문조사에서 응
답자들에게 좋은 결혼생활에서 어떤 특징이 더 중요한지 물은 것을 인용한다: 응답자
의 13%가 "결혼 상대자 모두가 행복감과 건강이 증진되어야 한다"라고 답하였고,
10%는 "아이들이 사회에 잘 적응하고 좋은 시민이 될 수 있도록 길러야 한다"라고 답
하였다. 74%에 가까운 응답자들은 이 두 가지 모두가 중요하다고 하였으며 설문조사
에서는 "두 가지 점이 모두 동등하게 중요하다"라고 답하였다(Ibid., 226 [Norval
Glenn, "National Fatherhood Initiative With This Ring…: A National Survey on
Marriage in America," 30, 2005]).

13 Santorum, *It Takes a Family*, p.21-22, 31; Blankenhorn, *The Future of Marriage*, 16.

14 Ibid., 16.

15 Ibid., 3, 105, 197, 201.

16 2000년도 인구조사 결과 293,000명의 동성여성 커플의 33%가 (생물학적, 입양 혹은
의붓) 자녀가 있고, 301,000명의 동성남성 커플의 22%가 (생물학적, 입양 혹은 의붓)
자녀가 있다고 집계되었다(Tavia Simmons and Martin O'Connell, "Census 2000
Special Reports: Married-Couple and UnmarriedPartner Household[2003], http://

www.census.gov/prod/2003pubs/censr-5.pdf [2009년 6월 20일 접속]). 이 수치는 이성커플의 잘못된 보고로 인하여 과장되었을 가능성이 있다. 게다가 이들 가정의 상당 비율의 아이들은 과거의 이성커플에서 태어난 아이일 가능성이 높지만, 인구조사 자료로는 구별되지 않는다. 하지만 더 많은 수의 레즈비언과 게이가 동성관계에서 아이를 갖는 것을 원하고 있다. 카이저가족재단(Kaiser Family Foundation)의 여론조사에서 아이가 없는 레즈비언이나 게이의 49%가 자신의 아이를 갖거나 입양하기를 원한다고 답했다고 보고한다(Kaiser Family Foundation, "Inside-Out: A Report on the Experiences of Lesbians, Gays and Bisexuals in America and the Public's View on Issues and Policies Related to Sexual Orientation," [2001]). 2007년 Urban Institute and Williams Institute의 연구에 따르면, 약 65,000명의 아이들이 레즈비언이나 게이 부모에게 입양되어 함께 살고 있으며, 약 14,100명의 아이들이 레즈비언이나 게이에게 위탁되어 살고 있다(Gary J. Gates, M.V. Lee Badgett, Jennifer Ehrle Macomber, and Kate Chambers, The Williams Institute and The Urban Institute, "Adoption and Foster Care by Gay and Lesbian Parents in the United States," http://www.urban.org/ UploadedPDF/411437_Adoption_Foster_Care.pdf [2009년 6월 20일 접속]).

17 미국 질병통제센터(Center for Disease Control)의 보고에 의하면 2000년에 난자 기증을 통하여 태어난 아이가 10,801명에 달한다(Victoria Wright, Laura Schieve, Meredith Reynolds, and Gary Jeng, "Assisted Reproductive Technology Surveillance—United States, 2000," [Aug. 29, 2003] http://www.cdc.gov/mmwr/preview/mmwrhtml/ss5209a1.htm [2009년 6월 20일 접속]). 비공식적으로 정자 기증이 이루어질 수 있기 때문에, 태어난 아이의 수는 정확히 알 수 없다. 워싱턴 포스트의 한 기사에서는 미국에서 매년 80,000건에서 100,000건의 기증된 정자가 사용되고 있으며 2003년도에는 기증된 난자로 적어도 15,000건의 체외수정 시술을 시행했고, 대리모를 통하여 매년 1,000명 이상의 아이들이 태어난다고 보고한다(Liza Mundy, "It's All in the Genes, Except When It Isn't," Washington Post, Dec. 17, 2006, B1).

18 최근 매사추세츠주에서 결혼한 동성커플을 대상으로 한 설문조사에서 응답자의 거의 모두(93%)가 결혼으로 인하여 자녀가 행복해지고 더 잘살고 있다는 데 동의하거나 비교적 동의한다고 답했다. 응답자들은 자녀가 안정감을 얻어 더 안전하고 보호받는 느낌을 받고 있다고 답하였으며 결혼을 통하여 자녀들이 사회적으로 혹은 법률적으로 가족으로서 인정받고 있다고 응답하였다. 또한 72%의 응답자들은 결혼으로 가족에 더욱 전념하고 있다고 응답했다(Christopher Ramos, Naomi G. Goldberg, and M.V. Lee Badgett, "The Effects of Marriage Equality in Massachusetts: A Survey of the Experiences and Impact of Marriage on SameSex Couples," The Williams Institute

[May 2009], available at http://www.law.ucla.edu/williamsinstitute/publications/ Effects_FINAL.pdf [2010년 3월 14일 접속]).

19 Blankenhorn, *The Future of Marriage*, 105, 93. 블랑켄혼은 후에 "결혼에 대한 대중의 이해에서 남성과 여성의 부분을 제거하는 것은 결혼의 가장 밝고 가장 명백한 장점을 꺼버리는 것이다"라고 말한다(Ibid., 150).

20 *Bradwell v. Illinois*, 83 U.S. 130, 141 (1873).

21 *Orr v. Orr*, 440 U.S. 268, 283 (1979). *Frontiero v. Richardson*, 411 U.S. 677, 685-687 (1973).

22 본 사례는 아동동향보고서에서 발췌했으며, 블랑켄혼은 "보고서는 아이들의 복지를 가장 잘 돕는 가족구조는 갈등 수위가 낮은 두 생물학적 부모의 가족임을 여실없이 보여준다"는 주장을 한다(Blankenhorn, *The Future of Marriage*, 123 [Kristin Anderson Moore, Susan M. Jekielek, and Carol Emig, "Marriage from a Child's Perspective: How Does Family Structure Affect Children, and What Can We Do about It?" (Washington, D.C.: Child Trends, Research Brief, June 2002) available at http:// www.childtrends.org/Files//Child_Trends-2002_06_01_RB_ChildsViewMarriage. pdf [2010년 3월 14일 접속]).

23 동성부모의 자녀들을 살펴본 이전의 연구에서 종종 이성관계 부모 중 한 명이 게이나 레즈비언이 되어 그 후 이혼한 사례를 볼 수 있다. 따라서 이러한 연구들은 동성부모에 의해 양육되는 아이들에게 미치는 영향과 이혼의 영향은 분리할 수 없다. Charlotte Patterson, "Children of Lesbian and Gay Parents," *Current Directions in Psychological Science*, 15(5), 241 (2006).

24 Gregory M. Herek, "Legal Recognition of Same-Sex Relationships in the United States: A Social Science Perspective," *American Psychologist*, 61(6), 607, 616-617 (2006).

25 Patterson, "Children of Lesbian and Gay Parents," 243.

26 Ibid., 242-243.

27 밀(John Stuart Mill)은 그의 『자유론』에서 위해 원칙(harm principle)을 제시했는데, 이는 아마도 국가의 합법적 한계에 대한 가장 잘 알려진 자유주의적 설명일 것이다 (John Stuart Mill, *On Liberty and Other Essays*, John Gray (Ed.), [Oxford: Oxford University Press, 1st ed., 1991], 14). 마찬가지로, 그의 자유와 경험을 허용하는 사회에 대한 이익과 개성에 대한 방어는 이러한 가치 집단의 고전적 환기로 남아 있다(Ibid. 74, 120-121, 128).

28 Fineman, *The Autonomy Myth*, 7, 87-88.

29 Ann Crittenden, *The Price of Motherhood* (New York: Metropolitan Books, 2001).

30 Stacey, "Toward Equal Regard for Marriage and Other Imperfect Intimate

Affiliations," 344.

31 Warner, *The Trouble With Normal*, 91.

32 Ibid., 35.

33 Ibid., 36.

34 워너는 다음과 같이 주장한다.

이러한 사회공학에는 의문점이 있다. 삶의 방식의 다양성을 억누르려는 목표를 가지고 즐거움과 친밀한 관계 영역에 대하여 기계적인 행정의 잣대로 잰다. 또한 이는 국가가 한 가지 형태의 삶을 규범적으로 만들도록 허락한다. 즉, **이미 규범화된** 형태의 삶에 대하여 더 많은 우위를 부여한다. 현대 사회의 삶을 국가가 행정적으로 침투하는 이러한 응집력 있는 사고방식을 우리는 느끼지 못했는지 모른다. 우리는 이를 당연하게 여긴다. 그러나 맹목적인 다수주의는 금기 및 처벌의 축으로 무장하였을 뿐만 아니라 경제적 이익과 손실을 동등하게 무장시켰는데, 이는 대중의 경제적 선택과 사람들이 좋은 삶을 실질적이고 규범적 시각을 조작하도록 고안되었다(Ibid., 112)(원문 강조).

35 Ibid., 36.

36 Fineman, *The Autonomy Myth*, 140-141.

37 Ibid., xix, 123.

38 Mary Shanley, *Just Marriage* (New York: Oxford University Press, 2004), 16.

39 *Goodridge*, 798 N.E.2d at 954-955 ("시민결혼은 다른 사람에 대한 지극히 개인적인 약속인 동시에 상호성, 동반자관계, 친밀감, 충실성, 가족이라는 이상에 대해 공공연히 축하하는 것이다. '이는 정치적 신념에서가 아닌 삶의 조화로서, 상업적이나 사회적 입지를 위한 것이 아닌 쌍방의 충성심으로서, 삶의 방식을 향상시키는 연결고리이다.'" [*Griswold v. Connecticut*, 381 U.S. 479, 486 (1965)]).

40 그러나 부부관계를 맺은 일부 개인은 헤어질 경우 더 나빠질 수 있지만, 결혼이 없어지면 다른 많은 개인은 국가로부터 그러한 인정을 받지 못하게 되면서 부부관계를 완전히 중단할 것이기 때문에 더 나아질 것이라고 주장할 수 있다. 확실히 파인먼과 다른 논평가들은 여성이 남성과 결혼이나 혹은 결혼과 유사한 관계를 맺지 않는다면 집단적으로 더 나은 삶을 살 수 있을 것이라고 제안한다(Fineman, *The Autonomy Myth*, 135). 이것이 사실이든 아니든, 필자의 강한 직감은 시민적 인정을 끝내는 것이 부부관계를 맺는 사람들의 수에 거의 영향을 미치지 않을 것이며, 그들은 단순히 국가나 국가의 보호 없이 그렇게 할 것이라는 점이다.

41 American Law Institute, *Principles of the Law of Family Dissolution*, §§ 6.01, 6.03-6.06.

42 Elizabeth S. Scott, "Marriage, Cohabitation, and Collective Responsibility for Dependency," *University of Chicago Legal Forum*, 225 (2004).

43 Marsha Garrison, "Is Consent Necessary?: An Evaluation of the Emerging Law of

Cohabitant Obligation," *UCLA Law Review*, 52, 1 (2005).

44 Scott, "Marriage, Cohabitation, and Collective Responsibility for Dependency, 241-243.

45 캐나다 법률위원회의 중요한 보고서인 <부부관계를 넘어서>에서 주장하듯이, 국가가 성인관계를 공식화함으로써 안정성과 확실성을 확보할 수 있는 광범위한 관계들이 존재한다(Law Commission of Canada, "Beyond Conjugality: Recognizing and Supporting Close Personal Adult Relationships [2002]," http://www.same-sexmarriage.ca/docs/beyond_conjugality.pdf [2009년 6월 20일 접속]). 이 보고서는 국가가 "사람들이 서로에 대한 약속을 표현하고 자발적으로 다양한 법적 권리와 의무를 맡을 수 있는 질서 있는 틀을 제공해야 한다고 주장한다"(Ibid. 113). Bruce C. Hafen, "The Constitutional Status of Marriage, Kinship, and Sexual Privacy—Balancing the Individual and Social Interests," *University of Michigan Law Review*, 81, 463, 476-484 (1983).

46 이러한 존중은 우리의 사법적 판단(jurisprudence)으로 통합된다. *Lawrence v. Texas*, 539 U.S. 558, 562 (2003) ("우리의 전통에서 국가는 가정에 존재하지 않는다. 그리고 가정 밖에는 국가가 지배적인 존재가 되어서는 안 되는 우리 삶과 존재의 다른 영역이 있다. 자유는 공간적 유대를 넘어 사상, 신념, 표현 및 특정 사적인 행위의 자유를 배제하는 자아의 자율성을 전제로 한다"); Ibid., 567 ("이는 원칙적으로 국가 또는 법원이 사람에 대한 상해나 법이 인정하는 기관의 남용이 없는 한 관계의 의미를 정의하거나 그 경계를 설정하려는 시도에 반대해야 한다. 성인이 가정과 사생활의 영역에서 이러한 관계를 맺을 수 있으며, 자유인으로서의 존엄성을 유지할 수 있다는 점을 인정하는 것만으로도 충분하다. 섹슈얼리티가 다른 사람과의 친밀한 행위에서 노골적으로 표현될 때, 그 행위는 더 오래 지속되는 개인의 한 요소에 불과할 수 있다. 헌법이 보호하는 자유는 동성애자에게 이러한 선택을 할 권리를 허용한다").

47 *Lawrence v. Texas* 판결 이후 합헌 여부가 모호해졌지만, 현재 이러한 법률을 유지하고 있는 주는 5개 주에 불과하다. Florida, Michigan, Mississippi, Virginia, and West Virginia. (Fla. Stat. § 798.02 [2009]; Mich. Comp. Laws § 750.335 [2009]; Miss. Code Ann. § 97-29-1 [2009]; Va. Code Ann. § 18.2-345 [2009]; W. Va. Code § 61-8-4 [2009]).

48 Warner, *The Trouble With Normal*, 112.

49 국가가 인정해야 하는 인원 제한은 이론적인 이유보다는 행정적 이유일 수 있다. 그러나 반드시 두 사람으로 제한해야 할 근거는 없다.

50 그러나 일반적으로 자녀가 있는 가정에 자원을 배분하는 것은 필요에 따라 배분하는 것과 일치한다. 워런과 티아기가 보여주듯이, "아이를 낳는다는 것은 이제 여성이 재정적으로 파탄에 이를 것이라는 가장 좋은 예측 요인이다." (Elizabeth Warren and

Amelia Warren Tyagi, *The Two Income Trap: Why Middle-Class Mothers and Fathers are Going Broke* [New York: Basic Books, 2003], 6). 즉, "자녀가 있는 부부는 자녀가 없는 부부보다 파산할 확률이 2배 높다"(Ibid.). 또한 이들은 자녀가 없는 가족보다 신용카드 대금 지불이 늦을 가능성이 75% 더 높고, 집이 압류될 가능성이 훨씬 더 높다(Ibid., 6-7).

51 보통법(common law)에서 결혼은 남편과 아내의 위계적 질서를 전제하는 제도였다. 잉글랜드 법에 정통한 권위자였던 블랙스톤(William Blackstone)은 "결혼"을 다음과 같이 설명한다.

남편과 아내는 법적으로 한 사람이다. 즉, 혼인상태에서 여성의 법적 존립은 정지되거나 적어도 남편의 법적 존재로 통합된다. 남편의 날개, 보호, 범위에서 아내는 모든 것을 시연한다 … 결혼으로 어느 한 쪽이 획득하게 되는 거의 모든 법적 권리, 의무, 할 수 없는 것들(disabilities)은 남편과 아내라는 인격적 결합이라는 이와 같은 원칙에 따른다 … 그러나, 비록 우리의 법이 전체적으로 남편과 아내를 하나의 인격체로 간주한다 해도, 아직은 아내를 ―남편보다 열등하고 남편의 독려로 행동한다는 의미에서― 별개로 생각하는 경우가 흔하다 … 구(舊)법에 의하면, 남편은 아내를 바로 잡았다. 남편이 아내의 행실에 책임이 있었기 때문에, 구법은 견습생이나 아이들을 교정할 수 있는 관리방식과 동일하게 집안 내 체벌(domestic chastisement)을 통해 아내를 제어할 수 있는 파워를 남편에게 주는 것이 합리적이라고 생각했었다 (William Blackstone, *Commentaries on the Laws of England*, Vol.1, [1765], 442-45). *Bradwell v. Illinois, 83* U.S. 130, 141 (1873) (Bradley, J. 동의 의견) ("여성은 자신의 결정권자(head)이자 사회적 대표자인 남편과 분리된 법적 존재가 아니라는 것이 보통법 체계의 금언이라는 정서는 보통법 제헌자들에게 굳건한 신념이었다").

시간이 가면서, 보통법 제도에서 서서히 젠더에 기반한 법적 의무뿐만 아니라 이런 명시적인 위계적 법령이 없어졌다. *Stanton v Stanton*, 421 U.S. 7, 10, 14-15 (1975) ("전반적으로 집과 그 필수품을 제공하는 것이 남성의 주요 책임"이라는 "개념"을 사절하며, "더 이상 여성 혼자 집을 보고 가족을 키워야 하고, 남성은 시장과 이념의 세계를 전담하지 않는다"는 점을 명시한다). 하지만 여전히 결혼에 착근된 문화적 공감이 남아있고, 직장에만 전념하는 것을 보상하는 사회적 규범을 조정하지 못하여 가정을 돌봐줄 파트너를 가정에서 필요로 하는 근로자의 경우 이성애 관계에 있는 여성이 남성보다 불리한 위치에 놓이게 된다. 이성애 관계와 대조적으로, 동성애 관계는 전반적으로 배우자들 간에 상당한 평등을 보여준다(Gregory M. Herek, "Legal Recognition of Same-Sex Relationships in the United States: A Social Science Perspective," http://psychology.ucdavis.edu/rainbow/HTML/AP_06_pre.PDF [2009년 6월 20일 접속]).

52 본서 서장 참조; Katharine T. Bartlett, "Brigitte M. Bodenheimer Memorial Lecture on the Family: Saving the Family from the Reformers," *University of California Davis Law Review*, 31, 809, 844-845 (1998).

53 이 쟁점의 자세한 내용은 본서 3장 참조.

54 Susan Moller Okin, *Justice, Gender and the Family* (New York: Basic Books, 1989), 177 (Anita Shreve, *Remaking Motherhood* [New York: Viking Press, 1987], 237 인용).

55 James S. Fishkin, *Justice, Equal Opportunity, and the Family* (New Haven: Yale University Press, 1983).

56 Michael Walzer, *Spheres of Justice: A Defense of Pluralism and Equality* (New York: Basic Books, 1983), 127-128.

57 Ibid.

58 Miller McPherson, Lynn Smith-Lovin, and Matthew E. Brashears, "Social Isolation in America: Changes in Core Discussion Networks Over Two Decades," *American Sociological Review*, 71, 353 (2006). 이에 대해서 본서 서장 참조.

59 1960년과 2000년 사이 자녀가 있는 기혼 여성의 고용률은 전체적으로 거의 3배 가까이 증가했으며, 6세 미만의 자녀를 둔 기혼 여성의 고용률은 가장 가파르게 높아졌다(Janet C. Gornick and Marcia K. Meyers, *Families That Work: Policies for Reconciling Parenthood and Employment* [New York: Russell Sage Foundation Publications, 2003], 27-28). 전체적으로, 여성의 노동시장 참여율은 1940년 28%에서 2000년도에는 60%로 증가했다(Ibid., 27).

60 Michael Hout and Caroline Hanley, "The Overworked American Family: Trends and Nontrends in Working Hours 1968-2001," (2002), http://ucdata.berkeley.edu/rsfcensus/papers/Working_Hours_HoutHanley. pdf [2010년 3월 16일 접속]. Jerry A. Jacobs and Kathleen Gerson, "Overworked Individuals or Overworked Families?," *Work and Occupations*, 28, 40 (2001).

61 인구조사국(Census Bureau)에 따르면, 미국 노동자의 출근 시간은 평균 편도로 25.2분이며 왕복으로는 51분이다(Bureau of the Census, 2008 American Community Survey, "Mean Travel Time to Work of Workers 16 Years and Over Who Did Not Work at Home (Minutes)," http:// factfinder.census.gov/servlet/GRTTable?_bm=y&-geo_id=01000US&-_ box_head_nbr=R0801&-ds_name=ACS_2008_1YR_G00_&-_lang=en&-redoLog=true&-format=US-30&-mt_name=ACS_20)[2010년 3월 16일 접속].

62 Suzanne Bianchi, John P. Robinson, and Melissa A. Milkie, *Changing Rhythms of American Family Life* (New York: Russell Sage Foundation Productions, 2007);

Robert Pear, "Married and Single Parents Spending More Time With Children, Study Finds," *New York Times*, Oct. 17, 2006, A12.

63 McPherson, Smith-Lovin and Brashears, "Social Isolation in America: Changes in Core Discussion."

64 Ibid.

65 Robert Putnam, *Making Democracy Work: Civic Traditions in Modern Italy* (Princeton, NJ: Princeton University Press, 1994); *Bowling Alone: The Collapse and Revival of American Community* (New York: Simon & Schuster, 2000).

66 가족이 일과 돌봄을 조화시키는 데 도움이 되는 정책은 본서 3장에 자세히 논의했다.

67 J. Thomas Oldham, "What Does the U.S. System Regarding Inheritance Rights of Children Reveal about American Families?," *Family Law Quarterly*, 33, 265, 269 (1999).

68 Scott, "Marriage, Cohabitation, and Collective Responsibility for Dependency," 241-245.

69 Ibid.

70 Dina ElBoghdady, "For Love and Money: Amid Economic Sickness, Bridal Industry Radiates Health," *Washington Post*, May 25, 2003, F1.

71 Judith Stacey, "The New Family Values Crusaders: Dan Quayle's Revenge," *The Nation*, 259(4), July 25, 1994, 119. Linda C. McClain, *The Place of Families: Fostering Capacity, Equality, and Responsibility* (Harvard University Press, 2006), 191-219.

72 Iris Marion Young, "Reflections on Families in the Age of Murphy Brown: On Gender, Justice, and Sexuality," in Nancy J. Hirschmann and Christine Di Stefano (Eds.), *Revisioning the Political: Feminist Reconstructions of Traditional Concepts in Western Political Theory* (Boulder, CO: Westview Press, 1996), 251.

73 Nancy Dowd, "Stigmatizing Single Parents," *Harvard Women's Law Journal*, 18, 19, 34-35 (1995).

74 Gary Painter and David I. Levine, "Family Structure and Youths' Outcomes: Which Correlations are Causal?," *Journal of Human Resources*, 35(3), 524 (2000).

75 Sara McLanahan and Gary Sandefur, *Growing Up in a Single-Parent Family: What Hurts, What Helps* (Cambridge: Harvard University Press, 1994); Thomas Deleire and Ariel Kalil, "Good Things Come in Threes: Single-Parent Multigenerational Family Structure and Adolescent Adjustment," *Demography*, 39(2), 393 (2002); Leslie N. Richardsand Cynthia J. Schmiege, "Problems and Strengths of Single-Parent Families: Implication for Practice and Policy," *Family Relations*, 42(3), 277 (July 1993).

76 Marian Wright Edelman, "Preventing Adolescent Pregnancy: A Role for Social Work Services," Urban Education, 22(4), 496 (1988) ("전국 조사데이터의 새로운 분석은 소득과 기본적인 직업능력의 결핍, 즉 '청소년의 삶의 선택지를 줄이는 부족'을 통제하면 소수계와 백인 출생률이 본질적으로 동일하다는 것을 보여준다"); Kristen Luker, Dubious Conceptions: The Politics of Teen Pregnancy (Cambridge: Harvard University Press, 1997).

77 개인이 결혼 시 이혼규정을 명시화할 것인지를 정할 수 있게 하는 결혼서약법 (covenant marriage laws)은 결혼생활의 갈등을 덜 유발한다(Ariz. Rev. Stat. § 25-901 to 25-906 [2000 & Supp. 2004], Ark. Code Ann. § 9-11-801 to 9-11-811 [2002 & Supp. 2003], La. Rev. Stat. Ann. § 9:272 to 9:276 [2000 & Supp. 2005]). 그러나 결혼서약법을 선택하는 커플이 소수라는 점과 배우자 중 한 쪽이 이혼을 원해도 결혼상태를 유지해야 하는 문제를 감안하면, 국가가 대안을 마련하는 것이 현명해 보인다. 루이지애나주에서는 2%, 아리조나주에서는 0.25%, 아칸소주에서는 38,000 만 쌍의 결혼 커플 중 71쌍만이 결혼서약법이 가능한 해인 2001년~2002년도에 이를 선택하였다. Scott Drewianka, "Civil Unions and Covenant Marriage: The Economics of Reforming Marital Institutions (2003)," http://www.uwm.edu/~sdrewian/MEA paper2003.pdf [2010년 3월 16일 접속].

78 McClain, The Place of Families, 131-154.

79 Bartlett, "Brigitte M. Bodenheimer Memorial Lecture on the Family," 842. 바틀렛은 62~67%의 여성이 이혼한다는 1986년 연구 수치를 인용하였다(Ibid., 842, n.135). 최근의 연구에서도 거의 동일한 결과가 나타났는데, 이혼율은 3분의 2를 넘었다 (Margaret F. Brinig and Douglas W. Allen, "These Boots Are Made for Walking: Why Most Divorce Filers Are Women," American Law and Economic Review, 2, 126, 127-128 [2000]). 최근의 데이터에 따르면 가구당 가사 분담에 있어 여성이 주당 평균 19.4시간인 반면에 남성은 평균 9.7시간 집안일을 하는 것으로 나타났다(Bianchi, Robinson, and Milkie, The Changing Rhythms of American Family Life).

80 June Carbone, From Partners to Parents: The Second Revolution in Family Law (New York: Columbia University Press, 2000).

81 Clare Huntington, Repairing Family Law, 57 Duke L.J. 1245 (2008); Patrick Parkinson, "Family Law and the Indissolubility of Parenthood," Family Law Quarterly, 40, 237 (2006).

82 Isaiah Berlin, "Two Concepts of Liberty," in Four Essays on Liberty (Oxford: Oxford University Press, 1969), 168.

5장

1 *Mozert v. Hawkins County Board of Education*, 827 F.2d 1058 (6th Cir. 1987).

2 본서 1장 참조.

3 이 용어는 린지의 용어이다. Duncan Lindsey, *The Welfare of Children* (New York: Oxford University Press, 2003)

4 Cynthia Andrews Scarcella, Roseana Bess, Erica S. Zielewski, and Rob Green, Urban Institute, "The Cost of Protecting Vulnerable Children IV," 6-10 (2004), http://www.urban.org/UploadedPDF/411115 VulnerableChildrenIV.pdf [2009년 9월 18일 접속].

5 The Adoption and Safe Families Act of 1997, 42 U.S.C. 671(a)(15)(B).

6 Ibid.

7 Scarcella, "The Cost of Protecting Vulnerable Children IV," 33-34.

8 Ibid., 16, 19, 21.

9 대부분의 가족보호프로그램은 30일, 60일 혹은 90일로 서비스가 제한된다(Duncan Lindsey, *Preserving Families and Protecting Children: Finding the Balance* [1997], http://www.childwelfare.com/kids/fampres.htm [2010년 3월 15일 접속]). Mark E. Courtney, "Factors Associated with the Reunification of Foster Children with their Families," *Social Service Review, 68*, 1 (1994). (1998년부터 1991년 사이 위탁돌봄에 있는 아동 중 70%는 긴급 서비스만을 받았으며, 20%는 서비스를 받지 않았고, 10%는 광범위한 서비스를 받는 것으로 나타났다). 위탁돌봄을 방지하기 위해 제공하는 상담 서비스는 가족 중 42.7%가 받았다. 재정적 지원을 받은 가족은 7.5%, 교통비를 지원 받은 가족은 16.7%, 취업지원을 받은 가족은 7.5%에 불과하였다. 아이가 위탁돌봄이 된 경우에는 더 적은 가족이 서비스를 받는 것으로 나타났다. 상담 서비스를 35.2%, 취업지원을 3.8%, 경제적 지원을 17.8%, 교통비 지원을 받은 가정은 8.1%로 나타났다 (Lindsey, *The Welfare of Children*, 145).

10 U.S. Department of Health and Human Services, "The AFCARS Report: Preliminary FY 2008 estimates as of October 2009," http://www.acf.hhs.gov/programs/cb/stats_research/afcars/tar/report16.htm (FCARS Report) [2010년 3월 15일 접속]. 2008년 9월 30일 현재 463,000명의 아이들이 위탁돌봄시스템에 의해 보살핌을 받고 있다(Ibid).

11 42 U.S.C. § 675(5)(E)(2006). 이 조항의 목적은 친부모가 개선할 수 있는 기간이 정해져 있다는 명확한 기대를 조성하는 것이다. 그 정해진 기간이 지나면, 시스템은 아이를 다른 가정에 배치하기 위한 신속한 움직임을 시작해야 한다(*Adoption and Support of*

Abused Children: Hearing before the Senate Committee on Finance, 105th Congress [1997] [statement of Rep. Camp]).

12 42 U.S.C. § 671(a)(15)(F)(2006).

13 예를 들어, 다음의 개리슨(Marsha Garrison)의 주장과 비교해 보라. "개혁가들은… 주간보호 또는 재정적 지원만 필요한 부모에게 가정 밖 보호가 자주 영향을 미친다고 주장했다. 그들은 집중적인 가정 내 서비스를 제공하면 더 낮은 비용과 적은 피해로 알선(placement)을 안 받아도 된다고 주장했다 … 이러한 제안을 뒷받침할 증거는 거의 없다. 더 나쁜 것은 모순되는 증거가 있다는 것이다." ("Reforming Child Protection: A Public Health Perspective," *Virginia Journal of Social Policy and the Law, 12*, 591, 597 [2005]); 겔레스(Richard J. Gelles)와 슈와르츠(Ira M. Schwartz)는 주정부가 생물학적 부모의 가정을 유지하기 위해 지나친 노력을 기울인다고 주장한다("Children and the Child Welfare System," *University of Pennsylvania Journal of Constitutional Law, 2*, 95 [1999]); 구겐하임(Martin Guggenheim) 역시 "만약 위탁돌봄에 있는 나머지 90%의 아이들이 심각한 학대 이외의 이유로 그곳에 있다면, 우리는 첫 번째 원칙을 놓친 것이다"라고 지적하며 10% 정도에서 심각한 학대가 있다고 주장한다." ("The Foster Care Dilemma and What to Do About It: Is the Problem That Too Many Children Are Not Being Adopted Out of Foster Care or That Too Many Children Are Entering Foster Care?," *University of Pennsylvania Journal of Constitutional Law, 2*, 141, 147-148 [1999]); 웩슬러(Richard Wexler)는 "ASFA는 1990년대에 시작된 안전하고 효과적인 프로그램에 대한 공격의 정점이었다 … 아이의 안전이라는 명분으로 아이를 덜 안전하게 만들었다"라고 말한다("Take the Child and Run: Tales from the Age of ASFA," *New England Law Review, 36*, 129, 130 [2001]).

14 Joseph J. Doyle, Jr., "Child Protection and Child Outcomes: Measuring the Effects of Foster Care," *American Economic Review, 97*, 1583 (2007). (시설로 이동될 상황에 있는 일리노이주 아이들을 대상으로 한 연구에서 아이들이 가정에 그대로 있는 경우, 비행, 십대 임신율, 소득 등의 측면에서 더 좋은 결과가 확인된다).

15 가난한 가정을 위한 위탁돌봄시스템은 엄청나게 과잉되어 나타났다. 위탁돌봄에 맡겨지는 아이들의 68~71%는 연방복지혜택이나 의료보험을 받은 가정 출신이다(U.S. Department of Health and Human Services, "Dynamics of Children's Movement Among the AFDC, Medicaid, and Foster Care Programs Prior to Welfare Reform: 1995-1996," 9 tbl. 1 [2000]).

16 위탁돌봄 아이들은 일반 아이들에 비하여 2배 반 정도 정신건강에 문제가 보인다(June M. Clausen et al., "Mental Health Problems of Children in Foster Care," *Journal of Children and Family Studies, 7*, 283, 284 [1998]). 또한 위탁돌봄 중인 학령기 아동의

75~80%는 행동 및 사회적 역량 영역 중 하나 또는 둘 모두에서 임상적 또는 경계선 범위의 낮은 점수를 받았다(Molly Murphy Garwood and Wendy Close, "Identifying the Psychological Needs of Foster Children," *Child Psychiatry and Human Development, 32*, 125, 125 [2001]). 위탁돌봄 아이들은 일반 아이들에 비해 확연히 높은 비율로 인지 지연 등의 발달 지연을 겪는 것으로 나타났다(Ibid., 126).

17 *Nicholson v. Williams*, 203 F. Supp. 2d 153, 199 (E.D.N.Y. 2002) (testimony of Dr. Peter Wolf), by *Nicholson v. Scoppetta*, 116 Fed. Appx. 313 (2d Cir. 2004).

18 AFCARS Report.

19 퓨위원회에 따르면 2002년 위탁돌봄 아이들 중 44%는 한 가정에서, 22%는 5곳 이상의 가정에서 살았으며, 평균적으로 아이들은 세 곳의 위탁돌봄 시설에서 생활하고 있다고 한다 (Pew Commission on Children, "Fostering the Future: Safety, Permanence and Well-Being for Children in Foster Care" [2004], 9, available at http://pewfoster-care. org/research/docs/Final Report.pdf [2010년 3월 19일 접속]). 또한 워싱턴주의 아동복지제도를 연구한 결과, 위탁돌봄 아이들 중 3분의 1은 4~9개 사이의 보육 시설에서 머물렀으며 이상하게도 10개 이상의 보육시설을 걸친 사례도 있다 (Washington Department of Social and Health Services, Office of Children's Administration Research, Washington State Department of Social and Health Services, "Foster Youth Transition to Independence Study 4" [2003], http:// www.thesociologycenter. com/GeneralBibliography/FYTRpt_2.pdf [2010년 3월 20일 접속]).

20 Mary I. Benedict et al., "Types and Frequency of Child Maltreatment by Family Foster Care Providers in an Urban Population," *Child Abuse & Neglect, 18*, 577, 581 (1994). 위탁가정에서는 다른 가정에 비해 7배 높게 물리적인 학대가 있었고, 4배 높게 성적 학대가 있었다. 위탁가정은 2배 높은 방임을 보이고 있었다.

21 Barbara Bennett Woodhouse, "Ecogenerism: An Environmentalist Approach to Protecting Endangered Children," *Virginia Journal of Social Policy and the Law, 12*, 409, 417 n.47 (2005) (citing Congressional Record 143, S12, 210 [daily ed. Nov. 8, 1997) [statement of Sen. Grassley]).

22 Press Release, Casey Family Programs, "Former Foster Children in Washington and Oregon Suffer Post Traumatic Stress Disorder at Twice the Rate of U.S. War Veterans, According to New Study," (Apr. 6, 2005), http://www.jimcaseyyouth. org/docs/nwa_release.pdf [2010년 3월 19일 접속].

23 AFCARS 보고서에 따르면 위탁돌봄에 유입된 아이들의 52%가 친부모에게 돌아갔다 (AFCARS Report).

24 Bernard Horowitz and Isabel Wolock, "Material Deprivation, Child Maltreatment and Agency Interventions Among Poor Families," in Leonard Pelton (Ed.), *The Social Context of Child Abuse and Neglect*, 137, 146 (New York: Human Sciences Press, 1985).

25 왈드포겔(Jane Waldfogel)은 매사추세츠주 보스톤의 아동보호서비스 기관에 대한 연구에서, 아동학대 사례 보고의 53%가 아동보호기관에서 발생한다는 것을 확인했다. 사건의 3분의 2는 연구보고가 있을 때까지 종결되었고 나머지는 아직 미결상태이다 (Waldfogel, *The Future of Child Protection*, 15-16).

26 AFCARS Report.

27 ASFA는 아이가 22개월 중 15개월 동안 양육을 받은 경우, 특정 예외를 제외하고는 주정부가 친권 종료 청원을 제기해서는 안 되는 이유를 입증해야 하는 부담을 지게 된다 (42 U.S.C., 675[5][E]). 이 조항의 목적은 "친부모가 개선될 수 있는 기간이 정해져 있고, 그 기간이 지나면 다른 가족에게 아이를 맡기는 방향으로 신속하게 움직여야 한다는 명확한 기대"를 형성하기 위한 것이다("Adoption and Support of Abused Children: Hearing before the Senate Committee on Finance," 105th Congress [1997] [statement of Rep. Camp]). 나아가 ASFA 또한 법원이 가족 재결합을 위한 "합리적 노력"이 필요하지 않다고 판단하는 경우, 주정부는 30일 이내에 허가 청문회를 개최해야 하며 "아동을 위한 다른 영구적 기관을 찾기 위한 합리적 노력"을 해야 한다고 선언하고 있다(42 U.S.C. 671[a][15][E]). 이제는 청문절차를 해마다 열어야 한다(42 U.S.C. 675[5][C]).

28 AFCARS 보고서에 따르면 입양을 기다리는 위탁돌봄 아이들의 평균 대기 개월 수는 38개월이며, 중앙값은 28.7개월이다. 하지만 상당수 아이들은 훨씬 더 오래 대기한다. 전체의 17%인 20,430명의 아이들이 5년 이상 입양을 기다리고 있다(AFCARS Report).

29 Ibid.

30 Ada Schmidt-Tieszen and Thomas P. McDonald, "Children Who Wait: Long Term Foster Care or Adoption," *Children and Youth Services Review, 20*, 13, 15 (1998). Madelyn Freundlich, "Supply and Demand: The Forces Shaping the Future of Infant Adoption," *Adoption Quarterly, 2*, 13, 39 (1998). 초등학생은 미취학 아동에 비해 입양 대신 장기위탁돌봄을 받을 가능성이 거의 4배에 달하며, 청소년의 경우 그 수치는 33배까지 올라간다(Schmit- Tieszen, "Children Who Wait," 23-24). 한편, 다른 변수들이 같다고 할 때, 백인이 아닌 아이는 백인 아이에 비해 장기위탁돌봄을 받을 가능성이 약 3배 더 높다.

31 예를 들어, 시카고대학교의 채핀홀 아동센터(Chapin Hall Center for Children)에서

위탁돌봄을 떠나기 전과 12~18개월 후 청소년을 인터뷰한 연구에 따르면, 전국 19세 청소년의 대학에 재학 중인 비율 57%에 비해 이들은 25% 미만이었으며, 19세에 취업한 비율은 약 40%에 불과해 또래의 약 60%에 비해 낮았고, 취업한 청소년 중 75% 이상이 작년에 5천 달러 미만의 수입을 올린 것으로 밝혀졌다. 이들 중 14%는 위탁돌봄 시설을 떠난 후 한 번 이상 노숙자였다. 이들 중 약 1/3은 외상 후 스트레스 장애, 약물 남용, 우울증 등 정신건강 문제를 겪고 있었다. 거의 절반에 가까운 여성이 19세 이전에 임신했으며, 이는 또래 여성보다 두 배나 많은 수치이다. 젊은 남성과 여성의 약 ¼이 자녀가 있다고 답했는데, 이는 또래보다 두 배나 많았지만 결혼이나 동거를 하고 있을 가능성은 낮았다. 또한 청년 남성의 30%와 청년 여성의 11%는 위탁돌봄에서 벗어난 후 연구자와의 후속 인터뷰 사이에 수감된 적이 있었다(Mark E. Courtney, Testimony before the Subcommittee on Income Security and Family Support, Committee on Ways and Means, United States House of Representatives "Children Who Age Out of the Foster Care System," http://www.chapinhall.org/sites/default/files/old_reports/387.pdf [2010년 3월 19일 접속]). 미국 회계감사원의 장기연구에 따르면 청소년이 위탁돌봄을 떠난 지 2년 반에서 4년이 지나면 젊은 여성의 60% 이상이 아이를 출산한 것으로 나타났다(General Accounting Office, "Child Welfare, Complex Needs Strain Capacity to Provide Services" [1995], http://www.gao.gov/archive/1995/he95208.pdf [2010년 3월 19일 접속], 14-15). Jim Moye and Roberta Rinker, "It's a Hard Knock Life: Does the Adoption and Safe Families Act of 1997 Adequately Address Problems in the Child Welfare System?," *Harvard Journal on Legislation*, *39*, 375, 377 (2002).

32 ASFA 통과 과정에서 의회는 이 같은 사실을 거의 완전히 간과한 것으로 보인다. 실제로 일부 하원의원은 운전자가 자동차를 바꾸듯 아이들이 가족을 바꿀 수 있고 또 그래야 한다는 기괴한 믿음을 드러냈다. Adoption and Support of Abused Children: Hearing before the Senate Committee on Finance, 105th Congress (1997)("입양은 아이들에게 유익한 것이다. 이유는 간단하다. 거의 모든 입양 아이들은 가족이라는 최고의 양육 기관에 입양된다. 특히 결부모 가정에서 자란 아이들은 결혼, 취업, 교육, 범죄 예방, 복지로부터의 독립 등 거의 모든 지표에서 좋은 성적을 거두며 성장한다").

33 위의 주 15 참조.

34 2006년 9월 30일 현재 아프리카계 미국인 아이들은 18세 미만 일반 인구의 15%에 불과하지만 위탁돌봄 아이들의 32%를 차지한다(U.S. Department of Health and Human Services, "The AFCARS Report: Preliminary FY 2006 estimates as of January 2008," http://www.acf.hhs.gov/programs/cb/stats_research/afcars/tar/report14.htm)[2010년 3월 19일 접속]; Annie E. Casey Foundation, "2004 Kids Count Data Book"

7, www.aecf.org/upload/publicationfiles/da0000k218.pdf [2010년 3월 19일 접속]).
대조적으로 백인 아이들은 미국 아이들의 64%를 차지하지만, 위탁돌봄에서는 40%를
차지한다("The AFCARS Report"; "2004 Kids Count Data Book"). 더 나아가, 아프
리카계 미국인의 자녀는 위탁돌봄보다 쉼터나 집단돌봄(group care)을 받을 가능성은
높았지만 가족과 함께하게 될 가능성은 적었다("2004 Kids Count Data Book"). 라틴
아메리카와 아메리카 원주민 아이들도 이 시스템에서 불균형적인 분포를 보인다(Ibid.).

35 Naomi Cahn, "Children's Interests in a Familial Context: Poverty, Foster Care, and
Adoption," *Ohio State Law Journal, 60*, 1189, 1198-1199 (1999) (빈곤과 위탁돌봄의
상관성을 논의함).

36 Scarcella et. al, "The Cost of Protecting Vulnerable Children IV," 6.

37 Ching-Tung Wang and John Holton, Prevent Child Abuse America, "Total Estimated
Cost of Child Abuse and Neglect in the United States," (2007), http://www.prevent
childabuse.org/about_us/media_releases/pcaa_pew_economic_impact_study_final.
pdf (2010년 3월 20일 접속).

38 위의 주 16 참조.

39 빈곤 아동들은 적어도 한 학년을 반복하거나 고등학교를 중퇴할 확률이 2배 이상 높고,
24세가 되었을 때 (취직이나 취학을 하지 않는 등) 경제활동을 하지 않게 될 가능성이
거의 2배 이상 높다(Jeanne Brooks-Gunn and Greg J. Duncan, "The Effects of
Poverty on Children," *The Future of Children, 7[2]*, 58-59 [1997]).

40 Lindsey, *The Welfare of Children*; Cahn, "Children's Interests In a Familial Context."

41 제3차 아동학대 및 방임에 대한 전국 발생률 조사(The Third National Incidence Study
of Child Abuse and Neglect)에 따르면, "연소득이 3만 달러 이상인 가정의 아동에 비
해 연소득이 1만5천 달러 미만인 가정의 아동은 피해 기준에 따라 학대를 경험할 가능
성이 22배 이상, 위험 기준에 따라 학대를 당할 가능성이 25배 이상 높고; 학대에 의해
피해를 입을 가능성이 거의 14배, 위험 기준에 따라 학대를 당할 가능성이 거의 15배
높고; 두 가지 정의 기준에 따라 방임될 가능성이 44배 이상 높고; 피해 기준에 따라 신
체적 학대의 피해자가 될 가능성이 거의 16배, 위험 기준에 따라 신체적 학대의 피해자
가 될 가능성이 거의 12배 높고; 두 가지 결합 기준에 따라 성적 학대를 당할 가능성이
거의 18배 높다(Andrea J. Sedlak and Diane Broadhurst, U.S. Department of Health
and Human Services Administration for Children, Youth, and Families, Executive
Summary of the Third National Incidence Study of Child Abuse and Neglect [1996]).
소득과 학대 사이의 인과 관계가 어느 정도인지, 따라서 빈곤을 줄임으로써 학대를 줄
일 수 있는지, 그리고 이러한 연관성이 가족의 빈곤을 초래한 정신 질환과 같은 제3의
요인과의 상관관계로 인해 발생하는 것인지, 따라서 빈곤 예방 전략으로 치료할 수 없

는지는 명확하지 않다. 연구에 따르면 빈곤과 아동학대 사이에는 적어도 상당 부분 인과관계가 있다는 입장을 뒷받침한다(Christina Paxson and Jane Waldfogel, National Bureau of Economic Research, "Work, Welfare, and Child Maltreatment," Working Paper 7343, [1999], available at http://www.nber.org/ papers/w7343 [2010년 3월 19일 접속]).

42 Janet Currie, "Early Childhood Intervention Programs: What Do We Know?" *Journal of Economic Perspectives*, 15, 213, 217-220 (2001), http://www. econ.ucla.edu/people/papers/Currie/Currie149.pdf [2010년 3월 19일 접속]. 고등범위 교육연구 재단(High/Scope Educational Research Foundation)은 장기 연구에서 유치원 프로그램에 참여한 저소득 계층의 3~4세 아동 40명을 대상으로 교육, 취업, 범죄 발생 가능성 등 다양한 연구를 하였는데, 이 프로그램에 참여하지 않은 아동보다 훨씬 더 성공할 가능성이 높은 것으로 나타났다(Promising Practices Network, "Lifetime Effects: The High/Scope Perry Research Study Through Age 40," [2009], http://www. promisingpractices.net/program.asp?programid=128 [2010년 3월 19일 접속]).

43 A.J. Reynolds and D.L. Robertson, "School-Based Early Intervention and Later Child Maltreatment in the Chicago Longitudinal Study," *Child Development*, 74, 3, 4 (2003); A.J. Reynolds et al., "School-Based Early Intervention and Child WellBeing in the Chicago Longitudinal Study," *Child Welfare, 82(5)*, 633 (2003). 이 프로그램으로 인한 학대 감소는 부모-자녀 관계와 관련이 있는 것으로 나타났다(Reynolds and Robertson, "School-Based Early Intervention," 17-18).

44 미국 인구통계청은 취학 전후 13세 이하 아동 210만 명이 성인의 지도와 감독을 받지 않고 있는 것으로 추산했다(Lindsey, "Preserving Families and Protecting Children," 72). U.S. Department of Health and Human Services, "Executive Summary Third National Incidence Study of Child Abuse and Neglect and Child Maltreatment 1997: Reports from the States," http://www.childwelfare.gov/pubs/statsinfo/nis3.cfm [2010년 3월 19일 접속]).

45 42 U.S.C. 607 (2009)

46 Gornick and Meyers, *Families That Work*, Chapter 7.

47 Deborah S. Harburger and Ruth Anne White, "Reunifying Families, Cutting Costs: Housing—Child Welfare Partnerships for Permanent Supportive Housing," *Child Welfare, 83*, 500-501 (2004); Tamar Lewin, "Child Welfare Is Slow to Improve, Despite Court Order," *New York Times*, Dec. 30, 1995, A6(워싱턴 DC 위탁양육시스템 담당자는 "교육구 위탁 아동의 3분의 1에서 절반이 적절한 주거가 있다면 다시 가정으로 돌아갈 수 있을 것"이라고 추정한다).

48 위의 주 24 참조.

49 위의 주 16 참조.

50 Chris Jenkins, "Mental Illness Sends Many to Foster Care: Medical Costs Overwhelm Va. Parents," *Washington Post*, Nov. 29, 2004, B1 ("총회가 의뢰한 보고서에 따르면 버지니아주 위탁돌봄시스템에 있는 아동 4명 중 거의 1명은 부모가 아동이 정신건강 치료를 받기를 원하기 때문에 그곳에 있는 것으로 나타났다. 버지니아주의 위탁돌봄 및 정신건강 서비스를 수개월에 걸쳐 조사한 결과인 이 연구는 수천 명의 버지니아주 부모들이 자녀양육권을 위탁돌봄시스템에 넘기고 다른 방법으로는 이용할 수 없거나 감당할 수 없는 정신건강서비스를 받기 위해 내린 어려운 결정을 기록하고 있다").

51 1998년 로버트 우드 존슨 전국 가구전화설문조사(Robert Wood Johnson national household telephone survey)에서 인구의 11%가 정신 또는 중독성 서비스가 필요하다고 인식했으며, 이 중 약 25%는 필요한 치료를 받는 데 어려움을 겪고 있다고 응답했다. 치료를 받지 않는 가장 큰 이유로 비용에 대한 걱정을 꼽았으며, 무보험자의 83%와 민간보험 가입자의 55%가 이 이유를 들었다. 11%의 인구가 정신적 혹은 중독성 문제로 서비스가 필요하다고 조사되었고 이 중 25%가 필요한 치료를 받기 어려운 실정임을 보고하였다" (Surgeon General, U.S. Department of Health and Human Services, "Mental Health: A Report of the Surgeon General" [1999], http://www.sur-geongeneral.gov/library/mentalhealth/chapter6/sec1.html#patterns [2010년 3월 19일 접속]).

52 돌봄지원국가는 또한 빈곤 지역에서 지역사회 정신건강서비스를 이용할 수 있도록 보장하여 부모와 자녀가 서비스를 이용할 수 있도록 할 것이다(Julian Chun-Chung Chow, Kim Jaffee, and Lonnie Snowden, "Racial/Ethnic Disparities in the Use of Mental Health Services in Poverty Areas," *American Journal of Public Health*, 93[5], 792 [2003]). 이는 이러한 서비스에 대한 접근성이 낮고, 서비스를 전혀 받지 못할 가능성이 높으며, 서비스를 받더라도 질이 낮은 치료를 받는 경우가 많은 소수 민족에게 특히 문제가 된다(Ibid.).

53 U.S. Department of Health and Human Services, "Blending Perspectives and Building Common Ground: A Report to Congress on Substance Abuse and Child Protection," Ch. 4 (1999), http://aspe.hhs.gov/hsp/subabuse99/suba-buse.htm [2009년 9월 15일 접속].

54 Arthur F. Miller, "A Critical Need: Substance Abuse Treatment for Women With Children," *Corrections Today*, 63, 88-95 (2001); Stephen Magura and Alexandre B. Laudet, "Parental Substance Abuse and Child Maltreatment: Review and Implications for Intervention," *Children and Youth Services Review, 18(3)*, 193, 202 (1996).

55 많은 연구에서 빈곤 지역이 그 지역에 사는 아이들에게 미치는 부정적인 영향이 입증

되었다. 여기에는 열악한 생활 환경과 이웃의 폭력 수준으로 인해 정신건강 문제, 행동 문제, 만성 스트레스 징후에 대한 취약성이 포함된다(Carol Aneshensel and Clea Sucoff, "The Neighborhood Context of Adolescent Medical Health," *Journal of Health and Social Behavior,* 37, 293[1996]; Hope Hill and Serge Madhere, "Exposure to Community Violence and African American Children: A Multidimensional Model of Risksand Resources," *Journal of Community Psychology,* 24, 26, 39 [1996]; Carl Bell and Esther Jenkins, "Community Violence and Children on Chicago's Southside," *Psychiatry,* 56, 46 [1993]).

56 위의 주 24 참조. 게리슨(Marsha Garrison)이 지적했듯이 위탁돌봄 비용은 아동당 연간 5만 달러까지 증가할 수 있다. 이에 비해 학대를 줄이는 것으로 알려진 미취학아동 집중프로그램은 연간 6,692달러의 비용이 든다(Marsha Garrison, "Reforming Child Protection: A Public Health Perspective," *Virginia Journal of Social Policy and Law,* 12, 590 612, 625 [2005]). 1가구 1주택 보조금 추산액은 8,260달러이다(Child Welfare League of America, "Issue Statement on Family and Youth Homelessness" [Washington, D.C.: Child Welfare League of America, 2003]).

57 Emily Buss, "Parents' Rights and Parents Wronged," *Ohio State Law Journal,* 57, 431 (1996).

58 본서 2장 참조.

59 실제로 올슨이 지적했듯이, 국가는 가족 사생활을 지원함으로써 단순히 가족을 각자의 장치에 맡기는 것보다 부모에게 유리한 환경을 조성하는 데 훨씬 더 많은 노력을 기울이고 있다. 이는 자녀에 대한 부모의 권한을 적극적으로 강화한다. 예를 들어, 가출한 미성년자를 부모에게 돌려보내야 하고, 자녀는 청소년 시설에 수감될 경우 부모의 권위에 복종해야 한다는 법률이 있다. 또한 법은 부모에게 자녀에 대한 양육권을 부여하므로 옆집 이웃이나 친구가 부모의 동의 없이 자녀를 데려가 함께 살 수 없다. 부모의 특권은 아동 노동법 및 기타 아동이 독립적으로 생활하지 못하도록 하는 법률과 복지 및 양육권이 아동이 아닌 부모에게 돌아가는 제도를 통해 간접적으로도 시행된다(Frances Olsen, "The Myth of State Intervention in the Family," *University of Michigan Journal of Law Reform,* 18, 835, 837, 850 [1985]).

60 아동의 권리라는 용어는 비교적 다양한 지위(positions)에 적용되어 왔다. 여기서는 아동의 판단과 의견이 법체계에서 더 큰 비중을 차지해야 하며, 아동의 이익에 대한 성인(주로 부모)의 견해가 아동의 견해와 상충될 때는 그 비중을 낮춰야 한다고 주장하는 학자들을 지칭하기 위해 이 명칭을 사용한다(Katherine Hunt Federle, "Looking Ahead: An Empowerment Perspective on the Rights of Children," *Temple Law Review,* 68, 1585 (1995); Barbara Bennett Woodhouse, "Who Owns the Child? *Meyer* and *Pierce*

and the Child as Property," *William and Mary Law Review, 33,* 995, 1001 [1992]; "The Dark Side of Family Privacy," *George Washington Law Review, 67,* 1247, 1253-1254, 1257-1259 [1999]; James G. Dwyer, "Parents' Religion and Children's Welfare: Debunking the Doctrine of Parents' Rights," *California Law Review, 82,* 1371, 1383-1390 [1994]). 아동의 복지는 성인이 고려해야 한다고 주장하지만 아동 스스로 권리를 행사할 수 있도록 권한을 부여하지 않는 이론가들은 아동의 권리에 대한 필자의 정의에서 제외되었다(Annette Appel, "Pursuing Equal Justice in the West: Uneasy Tensions between Children's Rights and Civil Rights," *Nevada Law Journal, 5,* 141, 150-51 [2004]).

61 여러 학자들이 이러한 점을 두둔한다. Martin Guggenheim, *What's Wrong with Children's Rights* (Cambridge: Harvard University Press, 2005), 245-266; Elizabeth Scott and Robert Scott, "Parents as Fiduciaries," *Virginia Law Review, 81,* 2401, 2414-1248 (1995); Elizabeth S. Scott, "The Legal Construction of Adolescence," *Hofstra Law Review, 29,* 547, 559 (2000); Harry Brighouse, "Hearing Children's Voices: How Should Children Be Heard?" *Arizona Law Review, 45,* 691 (2003).

62 Scott and Scott, "Parents as Fiduciaries," 2445.

63 본서 2장 참조.

64 Ian Shapiro, *Democratic Justice* (New Haven: Yale University Press, 2001), 91.

65 Elizabeth Scott, "The Legal Construction of Adolescence."

66 Ibid., 548.

67 스콧이 지적했듯이 모든 영역에서 특히 형사법에서는 그렇지 않다. 청소년기와 그 발달과정을 고려하지 않는 법은 상당한 부조리와 불공정을 낳는다(Ibid.).

68 Ibid., 548-549.

69 Brighouse, "Children's Voices," 703-704.

70 Buss, "Allocating Developmental Control," 34-36.

71 Brighouse, "Children's Voices," 703.

72 Scott, "The Legal Construction of Adolescence," 567-568.

73 대법원도 이에 동의했다(*Bellotti v. Baird,* 443 U.S. 622, 643-644 [1979]).

74 Susan Bordo, *Unbearable Weight: Feminism, Western Culture, and the Body* (Berkeley: University of California Press, 1993), 71-97.

75 Bellotti, 443 U.S. 642.

76 임신한 십대가 낙태 수술을 받기 위해서는 부모 중 한 명 또는 두 명에게 통지하도록 10개 주에서 요구하고 있다. 현재 주정부의 부모통지 및 부모동의 법은 다음을 참조. Guttmacher Institute, "State Policies in Brief: Parental Involvement in Minors' Abortions," (2010), http://www.gutt-macher.org/statecenter/spibs/spib_PIMA.pdf

[2010년 3월 19일 접속].

77 *Hodgson v. Minnesota*, 497 U.S. 417, 439 (1990) (부모통지요건은 가정폭력이 심각한 문제인 많은 경우에서 어려움이 생긴다는 점을 지적함) ; Scott, "The Legal Construction of Adolescence," 567-568.

78 Michael New, "Using Natural Experiments to Analyze the Impact of State Legislation on the Incidence of Abortion," (2006), http://www.heritage.org/Research/Reports/2006/01/Using-Natural-Experiments-to-Analyze-the-Impact-of-State-Legislation-on-the-Incidence-of-Abortion [2010년 3월 15일 접속].

79 대법원은 주에서 부모통지 또는 동의요건을 제정하는 경우 사법적 우회 옵션이 헌법 심사를 통과할 수 있어야 한다고 표명했다(*Bellotti*, 443 U.S. 622, 643).

80 Ibid.

81 Carol Sanger, "Regulating Teenage Abortion in the United States: Politics and Policy," *International Journal of Law, Policy, and the Family*, 18(3) 305. 실제로 낙태 반 대론자들은 낙태율을 낮추기 위해 사법적 우회 방법을 사용하는 것이 효과적이라고 주 장한다(New, "Using Natural Experiments").

82 Sanger, "Regulating Teenage Abortion in the United States: Politics and Policy."

83 Ibid., 306. Scott, "The Legal Construction of Adolescence," 569-576.

84 이와 비슷한 모델이 현재 메인주에 있다(Consent to a Minor's Decision to Have an Abortion, 22 M.R.S. § 1597-A [2010]).

85 William Galston, *Liberal Purposes: Goods, Virtues, and Diversity in the Liberal State* (New York: Cambridge University Press, 1991), 246-48.

86 Eamonn Callan, *Creating Citizens: Political Education and Liberal Democracy* (New York: Oxford University Press, 1997), 254; John Rawls, *Political Liberalism* (New York: Columbia University Press, 1993), 55.

87 Stephen G. Gilles, "On Educating Children: A Parentalist Manifesto," *University of Chicago Law Review*, 63, 937, 940-41 (1996).

88 Nomi Maya Stolzenberg, "He Drew a Circle That Shut Me Out: Assimilation, Indoctrination, and the Paradox of a Liberal Education," *Harvard Law Review*, 106, 581 (1993).

89 Michael J. Sandel, *Democracy's Discontent: America in Search of a Public Philosophy* (Cambridge: Harvard University Press, 1996), 65.

90 Stephen Macedo, *Diversity and Distrust: Civic Education in a Multicultural Democracy* (Cambridge: Harvard University Press, 2000), 5.

91 Ibid., 237; Amy Gutmann, *Democratic Education* (Princeton, NJ: Princeton University Press, 1999), 29. "부모가 가족의 일원으로서 자녀를 교육할 권리(및 책임)를 인정하

는 것과 이러한 가족 교육의 권리가 자녀가 자신과 상충되는 생활방식이나 사고방식에 노출되지 않도록 격리할 권리로 확장된다고 주장하는 것은 완전히 다른 문제이다"(Ibid.).

92 Jonathan Green (Ed.), *Morrow's International Dictionary of Contemporary Quotations* (New York: William Morrow and Company, 1982), 298.

93 Susan Moller Okin, "Political Liberalism, Justice, and Gender," *Ethics*, 105, 23, 26 (1994).

94 Nancy L. Rosenblum, "Democratic Families, 'The Logic of Congruence' and Political Identity," *Hofstra Law Review*, 32, 145, 156-157 (2003).

95 Ibid., 157.

96 Linda McClain, *The Place of Families* (Cambridge: Harvard University Press, 2006), 83.

97 본서 2장 참조.

98 킴리카는 다음과 같이 설득력 있게 주장한다. "개인의 자유를 좋음에 대한 자신의 개념을 추구할 자유로 축소하는 것은 너무 쉽다. 그러나 사실 자유주의 국가의 특징 중 상당 부분은 이미 정해진 개념을 추구하는 것이 아니라 각자 좋음에 대한 개념을 형성하고 수정하는 것과 관련이 있다"(Will Kymlicka, *Multicultural Citizenship: A Liberal Theory of Minority Rights* [New York: Oxford University Press, 1996], 82).

99 Callan, *Creating Citizens*, 154-155.

100 Sandel, *Democracy's Discontent*, 112; Stolzenberg, "He Drew a Circle That Shut Me Out," 611. Callan, *Creating Citizens*, 147.

101 Ibid.

102 Ibid. Gutmann, *Democratic Education*, 30("국가가 성인에게 개인적·정치적 자유를 부여해야 하는 것과 동일한 원칙은 아이들에게도 이러한 자유를 실현할 수 있고 미래에 의미 있는 교육을 보장할 책임이 있다").

103 Shelley Burtt, "Comprehensive Educations and the Liberal Understanding of Autonomy," in Kevin McDonough and Walter Feinberg (Eds.), *Citizenship and Education in Liberal Democratic Societies: Teaching for Cosmopolitan Values and Collective Identities* (New York: Oxford University Press, 2003), 184.

104 Callan, *Creating Citizens*, 132 (1997).

105 Ibid., 133.

106 Ibid.

107 Meira Levinson, *The Demands of Liberal Education* (New York: Oxford University Press, 2002), 65. 이와 비슷한 맥락에서 브리그하우스는 "아이들에게 잘 살 수 있는 진정한 기회를 주기 위해 부모와 다른 사람들의 삶의 방식을 비교 평가하는 데 필요한 기준을 가르쳐야 한다"고 주장한다(Harry Brighouse, *School Choice and Social*

Justice [New York: Oxford University Press, 2000], 72-73).

108　Thomas A. Spragens, Jr., *Civic Liberalism: Reflections on Our Democratic Ideals* (New York: Rowman and Littlefield, 1999), 129-30.

109　Eamon Callan, "Autonomy, Child Rearing and Good Lives," in David Archard and Collin M. Macleod (Eds.), *The Moral and Political Status of Children* (New York: Oxford University Press, 2002), 137. David Archard, "Children, Multiculturalism, and Education," in *The Moral and Political Status of Children*, 158.

110　Stephen Macedo, *Liberal Virtues: Citizenship, Virtue and Community in Liberal Constitutionalism* (New York: Oxford University Press, 1990), 278.

111　다음 단락의 언어는 필자의 것이기는 하지만, 필자는 아이들의 교육에 대한 부모의 이해관계에 대한 논의를 시민 육성(Creating Citizens)(Callan, *Creating Citizens*, 138-45)의 쟁점에 대한 캘런의 식견에 힘입었다.

112　Rob Reich, *Bridging Liberalism and Multiculturalism in American Education*, (Chicago: University of Chicago Press, 2002), 283-84.

113　Ibid., 284.

114　캘런은 "우리는 아이에 대한 억압을 허용하지 않는 교육에 대한 부모의 권리 개념을 원해야 한다. 그러나 또한 우리는 부모가 가진 희망과 자녀에 귀를 기울이는 희생을 정당화할 수 있는 개념을 원해야 한다"고 바르게 주장한다(Callan, *Creating Citizens*, 145).

115　Burtt, "Comprehensive Educations and the Liberal Understanding of Autonomy," 200-201.

116　David Archard, "Children, Multiculturalism, and Education," in *The Moral and Political Status of Children*, 150, 158.

117　Gutmann, *Democratic Education*, 43.

118　Shelley Burtt, "The Proper Scope of Parental Authority: Why We Don't Owe Children an 'Open Future,'" in Stephen Macedo and Iris Marion Young (Eds.), *Child, Family, and State: NOMOS XLIV* (New York: New York University Press, 2003), 243.

119　Ibid., 259.

120　Ibid., 266.

121　아이를 위한 국가의 의무가 아이의 자율성을 장려하는 것과 관련된 정도만큼 사실이 된다. 자율성은 시민의 미덕으로서 중요한 역할을 하기 때문에 국가가 아이에게 더 높은 수준의 자율성을 적절히 장려할 수 있다.

122　Isaiah Berlin, "Two Concepts of Liberty," in *Four Essays on Liberty* (Oxford: Oxford University Press, 1969), 168.

찾아보기

사건색인

돌봄지원국가

초판발행	2025년 1월 10일
지은이	맥신 아이크너(Maxine Eichner)
옮긴이	김희강·나상원·강묘정·안형진
펴낸이	안종만·안상준
편 집	이승현
기획/마케팅	김한유
표지디자인	권아린
제 작	고철민·김원표
펴낸곳	(주)**박영사**
	서울특별시 금천구 가산디지털2로 53, 210호(가산동, 한라시그마밸리)
	등록 1959. 3. 11. 제300-1959-1호(倫)
전 화	02)733-6771
f a x	02)736-4818
e-mail	pys@pybook.co.kr
homepage	www.pybook.co.kr
ISBN	979-11-303-1799-1 93300

* 파본은 구입하신 곳에서 교환해 드립니다. 본서의 무단복제행위를 금합니다.

정 가	19,000원